バスケットボール
アタッキング・ゾーンディフェンス

John Kresse / Richard Jablonski
ATTACKING ZONE DEFENSES

ジョン・クレッセ／リチャード・ジャブロンスキー［著］

加藤大仁／木村和宏［訳］
Hirohito Kato / Kazuhiro Kimura

大修館書店

THE ART & SCIENCE OF COACHING SERIES :
ATTACKING ZONE DEFENSES, 2/E
By John Kresse & Richard Jablonski

Copyright © 1997 by Coaches Choice Books

Japanese translation rights
arranged with Coaches Choice & Healthy Learning
through Japan UNI Agency, Inc., Tokyo.

Taishukan Publishing Co., Ltd.
Tokyo, Japan, 2010

推薦します

　バスケットボールのコーチを務めていると，多くの人に出会い，互いの交流を深めていくことができる。人との出会いはコーチにとって大切な宝物でもある。

　私とジョン・クレッセが初めて出会った頃，セント・ジョーンズ大学ではジョー・ラプチックがヘッドコーチを務めていた。ジョー・ラプチックといえば，今や伝説のコーチである。当時，私は彼の下でアシスタント・コーチを務め，ジョンはチームの一員として名を連ねていた。ジョンの練習態度やバスケットボールに対する情熱を目の当たりにした私は，あるときコーチングに興味はないのかと彼に尋ねたことがある。その年の夏，クレアー・ビーのキャンプに参加したジョンは，徐々にコーチングに関わるようになり，1964年，ニューヨークのクライスト・ザ・キング・ハイスクールで本格的にコーチとしてのキャリアをスタートさせた。1年後，ジョー・ラプチックがヘッドコーチから引退し，幸運にも私がその後任に当たることになった。そこでジョンにアシスタントコーチを引き受けてくれるよう頼んだのである。

　当時の出来事で真っ先に思い出されるのが，私がヘッドコーチに就任して最初におこなった新入生チーム対上級生チームのゲームのことである。このゲームでは，ジョンが新入生チームをコーチし，私が上級生チームをコーチしたのだが，何とジョンのコーチした新入生チームが勝ってしまったのである。ジョンは心底いたたまれない気持ちになったのだろう。次の日の練習には姿を現さなかった。その後，ジョンはセント・ジョーンズ大学で11年，ABAのニューヨーク・ネッツで3年，合計14年にもわたって私のアシスタントコーチを務めてくれた。1979年，カレッジ・オブ・チャールストンのヘッドコーチに就任することが決まり，セント・ジョーンズ大学を離れることになったのだが，以後ヘッドコーチとして大きな成功を収めている。

　私からすれば当然の結果だと思う。ジョンは若い頃からバスケットボールのことをよく勉強していたし，努力によって才能を伸ばしていったことは間違いない。しかし，ジョンのコーチングを見ていると，何か特別な"勘"を持っているように思える。例えば，ジョンがディフェンスを変えるタイミングは絶妙である。これは間違いなくジョンの持っている才能の賜物である。誰かに教えてもらったものではなく，まさに天性のものなのだ。コーチとして本当に成功するためには，ゲームに対する勘のようなものを持ちあわせていなければならない。ジョンはこの才能をカレッジ・オブ・チャールストンでも十二分に発揮している。

　いずれにせよ，ジョンは人生のすべてをバスケットボールに捧げてきた。本書にも彼のバスケットボールに対する愛情が溢れている。本書はあらゆるレベルのコーチに対し，きわめて有益な情報を提供してくれるだろう。

元セント・ジョーンズ大学ヘッドコーチ
ルー・カーネセッカ

読者の皆さんへ

　私は過去30年以上にわたってバスケットボールのコーチを務めてきたが，その間，ゾーンディフェンスは驚くべき早さで普及し，より洗練されたものに進化してきた。かつてはゾーンディフェンスの有効性に対して否定的な考えを持っていたコーチも，今ではゾーンディフェンスを用いている。また，昔からゾーンディフェンスを使っていたコーチは，より激しく，より効果的なゾーンディフェンスを展開している。

　いくつか例をあげてみよう。カレッジ・バスケットボールに興味のある方ならどなたでもジョン・チェイニーが指導しているテンプル大学のマッチアップ・ゾーンがいかに強力なディフェンスなのかご存知だと思う。相手チームをロースコアに抑え，フィールドゴール・パーセンテージ（フリースローを除いたシュートの成功率）を低く抑えるという点で，テンプル大学は長い間，全米で常にトップクラスにランクされてきた。テンプル大学のゾーンディフェンスは昔から変わっていないのである。いっぽう，1996年までプリンストン大学のコーチを務めていたピート・キャリルの場合，かつてはマンツーマンディフェンス一辺倒だったが，徐々にゾーンディフェンスを利用する割合が増えていった。1995年には，ディーン・スミス率いるノースカロライナ大学がNCAAトーナメントのファイナルフォーまで進出したが，ここまで勝ち上がった理由のひとつとして，ゾーンディフェンスをあげることができよう。過去20年のなかで，この年ほどノースカロライナ大学がゾーンディフェンスを用いたことはない。1996年には，ジム・ベーハイムのシラキュース大学が，あのインサイドをがっちりと固めた2-3ゾーンディフェンスで，NCAAトーナメントの決勝に進出している。

　デューク大学のマイク・シュシェフスキーのように，激しいマンツーマンディフェンスを指導することで知られているコーチでも，状況によってはゾーンディフェンスを利用することがある。今日，カレッジでマンツーマンディフェンス以外のディフェンスは使わないというコーチはほとんどいないと思われる。

　もちろん，こう申し上げるにはそれなりの根拠がある。カレッジ・オブ・チャールストンは1993-94年と1994-95年の2シーズンで合計57ゲーム戦ったが，いずれの対戦相手も何らかの形でゾーンディフェンスを用いてきた。このなかには，アラバマ大学，イリノイ大学，ペンシルバニア州立大学，プロビデンス大学，ネブラスカ大学，アラバマ大学バーミンガム校といったチームも含まれている。もちろんカレッジ・オブ・チャールストンのゲームプランのなかにもゾーンディフェンスは含ま

れていた。また，私たちが好成績を収めることができた大きな要因のひとつとして，状況に応じてディフェンスをうまく使い分けられたことがあげられるのではないかと考えている。

　近年これほどまでにゾーンディフェンスが普及してきた背景には，さまざまな理由があるだろう。インサイドで圧倒的な破壊力を持ったプレーヤーが増えてきたこと，1対1の能力が非常に高く，もはやマンツーマンでマークしたのでは抑えきれないようなプレーヤーが出てきたこと，ファウルトラブルを避けるため，マンツーマンディフェンスに比べてゾーンディフェンスのほうが教えやすいと考えられていることなど，ゾーンディフェンスが幅広く使われるようになってきた理由は数え上げればきりがない。

　しかし，理由が何であれ，実際にゲームが始まり，相手チームがゾーンディフェンスでまもってきたら，それに対してオフェンスをしなければならない。つまり，ゾーンディフェンスの好き嫌いは別にして，少なくともゾーンディフェンスを攻略できるようにしておかなければ，常勝チームを作り上げることはできないのである。これはグレードスクール（アメリカの小学校）であれカレッジであれ，また男子であれ女子であれ，どのようなレベルでコーチしているかといったことには関係なく言えることである。

　ここでとくに指摘しておきたいのは，アウトサイドからのショットだけでゾーンディフェンスを攻略するのは不可能だということである。確かにアウトサイドからのショットはゾーンディフェンスを攻略するうえで有効な手段である。しかし，アウトサイドからのショットだけに頼っていると，ショットが入らないときはお手上げということにもなりかねない。これではチーム本来の力を発揮する前に勝負の行方が決まってしまう。

　ゾーンディフェンスを攻略するには，インサイドとアウトサイドの両エリアからバランスよくオフェンスできるような，多面性を持ったシステムを考える必要がある。実際，私はそのようなシステムを利用してきたし，誰もがそのようなシステムを用いるべきだと考えている。私がこの本を書いた理由もここにある。ゾーンディフェンスは必ず攻略できるのである。そして私は，この本を通じて，コーチの皆さんがゾーンディフェンスを攻略するためのお手伝いをしたいと思っている。

　アプローチの方法さえ間違えなければ，ショットの成功率は必ず上がっていく。アウトサイドではシュート力のあるプレーヤーにショットをねらわせ，インサイドではセンターやフォワードが最大限その能力を発揮できるプレーをさせればよいのである。また，オフェンスリバウンドでは，3対2，2対1，あるいは1対0のような状況をつくり出せるように工夫すればよいのである。刻々と変化する市場の中

で，企業が生き残りをかけて自己変革を遂げていくように，読者の皆さんもバスケットボールの戦略や戦術の変化にチャレンジしていこうではないか。

ゾーンディフェンスには長い歴史がある。本来の姿に加え，次から次へと新たな装いをとり入れ，進化している。ゾーンディフェンスでも，シューターをぴったりマークし，シュートさせないようにすることは可能である。今日ではこのようなディフェンスを用いるコーチが多くなっている。

しかし，その一方でいまだに多くのコーチは，ディフェンスが反応できないようにすばやくボールを展開するという，昔ながらのゾーンオフェンスの考え方から抜け出せないでいる。パスをすばやく展開することは重要である。しかし，プレーヤーは動かなくていいのだろうか。そんなことはない。ボールの動き，プレーヤーの動き，そしてスクリーンをうまく組み合わせれば，アウトサイドでシューターをノーマークにすることができるだけでなく，インサイドにパスを供給してポストプレーヤーにショットをねらわせたり，インサイドからパスをさばいてシュートチャンスをつくり出すこともできるのである。

しかしそのためには，どのようなシステムを用いるかが重要となってくる。この本では，私自身が用いているシステムを，ごく基本的な原則から実践段階にいたるまで，ゆっくりと段階を追って説明していく。このシステムを用いれば，ディフェンスが受身にならざるをえないような状況をつくり出していくことができるはずである。皆さんも私といっしょに，あの"恐ろしい"ゾーンディフェンスの正体を暴いていこうではないか。

ゾーンディフェンスを恐れる必要はまったくない。練習どおり，じっくり攻略していけば，ゾーンディフェンスは必ずその弱点をさらけ出す。当たりの激しいマンツーマンディフェンスとは異なり，オフェンスが思い描いたとおりのシュートチャンスをつくり出すことも可能である。正確なパスを心がければ，ターンオーバーを減らすことができるし，シューターが余裕を持ってショットをねらうことも可能になる。また，どのタイミングでシュートチャンスになるのかも予測しやすいので，オフェンスリバウンドが取りやすくなる。

ところで，ゾーンディフェンスを用いれば，ディフェンスのときに一息入れることができると考えているコーチはかなり多い。マンツーマンディフェンスのようにマークするプレーヤーを追って動きまわる必要がないというわけである。しかし，十分練り上げたプランを持ってオフェンスに望めば，ディフェンスを汗びっしょりとなるまで動きまわらせることができる。その一方で，オフェンスは余裕をもってプレーすることができるのである。

ここで少し視点を変えてみよう。ゾーンディフェンスをメインのディフェンスと

して用いているチームも多くある．このようなとき，何をすれば効果的なのか，コーチの皆さんはよくご存知だと思う．もし，ゾーンディフェンスをうまく攻略できれば，彼らのゲームプランは音を立てて崩れ去ってしまうはずである．

　さて，この本の中には，クレアー・ビーやナット・ホールマン，ジョー・ラプチック，ルー・カーネセッカといった伝説的なコーチのアイディアが盛り込まれている．私自身，学生時代はジョー・ラプチックの下でプレーしたし，ルー・カーネセッカの下でセント・ジョーンズ大学やABAのニューヨーク・ネッツでアシスタントコーチを務めたこともある．これらの経験を通じて，偉大なコーチの考え方にじかに触れることができた．また，同僚がオフィスにある椅子やテーブルをものすごい勢いで動かしてゲームのシミュレーションをしているところや，食事中，プレーヤーに見立てた塩入れや胡椒入れなどを使ってあれこれ議論したり，ナプキンにプレーを書きなぐっているのを見て，非常に多くのことを学んだ．当時，ナプキンに書かれたもののなかには，今では誰もが知っているような有名なプレーもあった．もちろん，実際のゲームを通じてもさまざまなことを学ぶことができた．

　ゾーンディフェンスに関しては，次のような思い出もある．1960年代から1970年代にかけて，セント・ジョーンズ大学では毎年フィラデルフィアにある大学との対戦カードが組まれていた．当時，セント・ジョーンズ大学やビラノバ大学，テンプル大学，ペンシルバニア大学といったチームのゾーンディフェンスは全米でもトップクラスだった．コーチはジャック・ラムゼー，ハリー・リトワック，ジャック・クラフトといった錚々たる面々である．このようなコーチが率いるチームと対戦するのだから，しっかりしたゾーンオフェンスを持っていなければ，ゲームに勝つことなど望むべくもなかった．

　この本に書かれている内容の基本的な枠組みは，その当時に練り上げたものである．それをベースして，若手コーチのアイディアや，私がカレッジ・オブ・チャールストンのヘッド・コーチとし17年務めてきた間に発展させてきたアイディアをつけ加えた．

　勝つためにはアイディアが重要である．確かにゲームは勝つか負けるかしかない．しかし，コーチはもっと夢を持つべきではないだろうか．本書を手に取って下さった皆さんが，これまで以上にバスケットボールのことを考え，勝利への夢をかき立てていただけるようになったとしたら，私にとって望外の喜びである．そして，この本の中から勝つための方法を見つけ出し，夢を現実のものとしてもらえればと願っている．

ジョン・クレッセ

目次

推薦します‥‥‥iii
読者の皆さんへ‥‥‥iv

第1章
ゾーンディフェンスを攻めるための基本原則 ‥‥‥**1**

- ●原則1．ゾーンディフェンスのタイプを見極める‥‥1
- ●原則2．冷静かつじっくりとチャンスをうかがう‥‥6
- ●原則3．タイミングよくプレーする‥‥7
- ●原則4．的確なパスをする‥‥7
- ●原則5．すばやくトリプルスレットの姿勢になる‥‥9
- ●原則6．効果的にドリブルを使う‥‥10
- ●原則7．確率の高いショットをねらう‥‥11
- ●原則8．オフェンスのアドバンテージを生かしてリバウンドを取る‥‥12
- ●原則9．オーバーロードをつくる‥‥13
- ●原則10．スクリーンをうまく活用する‥‥15
- ●原則11．ディフェンダーの死角を突く‥‥16

第2章
チームバランス ‥‥‥**17**

1. チームバランスについての考え方‥‥‥18
2. ポジションごとの役割‥‥‥19
3. プレーヤーを評価するための視点‥‥‥21
4. ベンチプレーヤーの重要性‥‥‥22

第3章
ゲームのプランニング ‥‥‥**25**

1. ゲームプランを立てるための準備‥‥‥26
2. コンティニュイティとセットプレー‥‥‥26
3. プレーの適切な使い分け‥‥‥28
4. プレーの伝達（プレーコール）‥‥‥30

第4章
コンティニュイティオフェンス ‥‥‥**33**

A　スプリット‥‥‥34
1. スプリットの基本的な考え方‥‥‥34
2. ポジションごとの役割‥‥‥34
3. ゾーンのタイプに応じた攻略‥‥‥35
4. スプリットのための分解ドリル‥‥‥42

B　サーティーン‥‥‥43
1. サーティーンの基本的な考え方‥‥‥43

  2．ポジションごとの役割‥‥‥43
  3．ゾーンのタイプに応じた攻略‥‥‥44
  4．サーティーンのための分解ドリル‥‥‥48
 C　ビーシ‥‥‥50
  1．ビーシーの基本的な考え方‥‥‥50
  2．ポジションごとの役割‥‥‥50
  3．ゾーンのタイプに応じた攻略‥‥‥52
  4．ビーシーのための分解ドリル‥‥‥60
 D　ブルー‥‥‥62
  1．ブルーの基本的な考え方‥‥‥62
  2．ポジションごとの役割‥‥‥62
  3．ゾーンのタイプに応じた攻略‥‥‥63
  4．ブルーのための分解ドリル‥‥‥69
 E　スペシャル‥‥‥71
  1．スペシャルの基本的な考え方‥‥‥71
  2．ポジションごとの役割‥‥‥71
  3．ゾーンのタイプに応じた攻略‥‥‥72
  4．スペシャルのための分解ドリル‥‥‥76
 F　ゴールド‥‥‥77
  1．ゴールドの基本的な考え方‥‥‥77
  2．ポジションごとの役割‥‥‥77
  3．ゾーンのタイプに応じた攻略‥‥‥78
  4．コーナーフェードのための分解ドリル‥‥‥80

第5章
セットプレー
‥‥‥**85**

 A　レッドシリーズ‥‥‥86
  1．レッドシリーズの基本的な考え方‥‥‥86
  2．ポジションごとの役割‥‥‥87
  3．レッドシリーズのエントリー‥‥‥88
  4．レッドシリーズの各プレー‥‥‥89
   #1．レッド‥‥‥89
   #2．フェード‥‥‥95
   #3．カムバック‥‥‥98
   #4．ミドル‥‥‥102
   #5．ゴー‥‥‥104
   #6．フィリー‥‥‥106
   #7．ドリブルブロック‥‥‥109
 B　ロブプレー‥‥‥111

　　　　　　　　　　　　#1．サウスカロライナ‥‥‥111
　　　　　　　　　　　　#2．アウェイ‥‥‥113
　　　　　　　　　　　　#3．アウェイ3‥‥‥115

第6章
スリーポイントショット
‥‥‥**117**

1．スリーポイントショットがゲームに与えた影響
　　　　　　　　　　　　　　‥‥‥118
2．スリーポイントショットの活用‥‥‥120
3．スリーポイントショットのプレー展開‥‥‥121
　　#1．コンティニュイティ‥‥‥122
　　#2．レッドシリーズ‥‥‥124
　　#3．フレアーアクション‥‥‥126
　　#4．モーション・オフェンス‥‥‥127
4．残り時間がほとんどない場合の対処‥‥‥130

第7章
インバウンズプレー
‥‥‥**133**

1．ベースラインからのスローインが持つ意味‥‥‥134
2．インバウンズ・プレーの実際‥‥‥135
　　#1．コンティニュイティ‥‥‥135
　　#2．レッドシリーズ‥‥‥136
　　#3．ロブプレー‥‥‥139
　　#4．その他のインバウンズプレー‥‥‥141

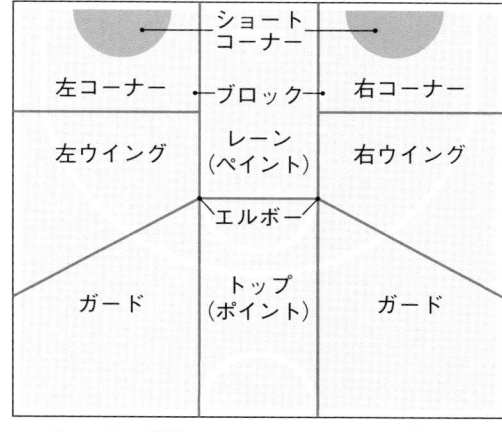

ゾーンのタイプ別インデックス

● **1-2-2, 3-2**
（オッドマンフロント）

1. コンティニュイティ
   - スプリット…35　・ビーシー…52　・ブルー…63
   - スペシャル…75　・ゴールド…78
2. セットプレー
   - レッド…89　・フェード…95　・カムバック…98
   - ミドル…103　・ゴー…104　・フィリー…106
3. ロブプレー
   - サウスカロライナ…112
4. スリーポイントショット
   - フレアーアクション…126

● **1-3-1**
（オッドマンフロント）

1. コンティニュイティ
   - スプリット…39　・ビーシー…54　・ブルー…66
   - スペシャル…72　・ゴールド…80
2. セットプレー
   - レッド…91　・フェード…96　・カムバック…100
3. ロブプレー
   - サウスカロライナ…112
4. スリーポイントショット
   - フレアーアクション…126

● **2-1-2, 2-3**
（イーブンマンフロント）

1. コンティニュイティ
   - ビーシー…57　・サーティーン…44　・ブルー…67
   - スペシャル…75
2. セットプレー
   - レッド…93　・ミドル…103　・ゴー…105
   - ドリブルブロック…109　・フィリー…107
3. ロブプレー
   - サウスカロライナ…113　・アウェイ…114
   - アウェイ3…115
4. スリーポイントショット
   - フレアーアクション…127

● **コンビネーションディフェンス**
   - ビーシー…59

● **マッチアップ・ゾーン**
   - スプリット…41

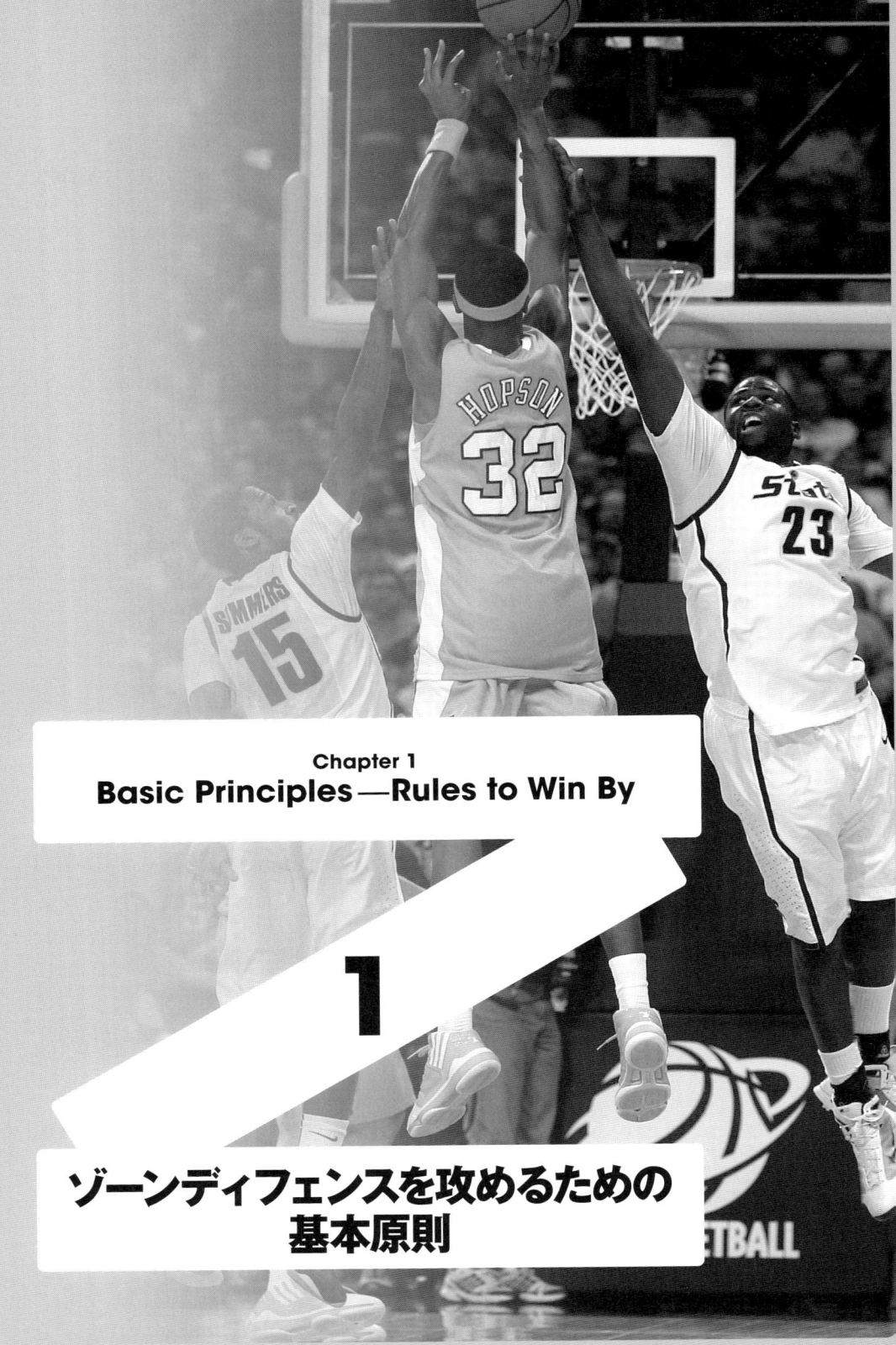

Chapter 1
Basic Principles—Rules to Win By

1

ゾーンディフェンスを攻めるための基本原則

本章では，ゾーンディフェンスを攻略する際に基本となる11の原則を説明していく。これらは，私自身がコーチとしてのキャリアを積み重ねるなかで練り上げてきたものである。11の原則のなかには戦略に関するものもあれば，個人技術に関するものもある。また，なかにはそもそもゾーンオフェンスとはどうあるべきかといった内容のものまで含まれている。それぞれの原則をじっくり検討すれば，以降の内容はより理解しやすくなるはずである。また，これらの原則は，コーチとプレーヤーがゾーンオフェンスに対する共通理解を構築するうえでも役立つに違いない。

ところで，ゾーンディフェンスを攻略するうえで最も効果的な方法は，走り勝つこと，つまりゾーンディフェンスを組まれる前にファストブレイクで攻め切ってしまうことである。しかし本書では，もっぱらファストブレイクが出せなかったときに，どのような攻撃をすればよいかという点に絞って解説を進めていくことにする。

原則1．ゾーンディフェンスのタイプを見極める

チェンジングディフェンス[*1]の出現により，相手チームがオーソドックスなゾーンディフェンスでまもっているのか，マッチアップ・ゾーンなのか，あるいはマンツーマンなのかを正確に見極めることがより重要となってきた。医師が診察や検査の結果に基づいて治療方針を決定するように，バスケットボールでも，相手チームのディフェンスが何であるかを把握できなければ，効果的な対応策をとることなどできないだろう。

オーソドックスなゾーンディフェンス（2-1-2，2-3，1-2-2，3-2および1-3-1）では，個々のディフェンダーのカバーするエリアが決められている。したがって，プレーヤーの1人がトップやウイング，コーナー等からゴール下を通って逆サイドにカットすれば，相手チームのディフェンスがゾーンディフェンスなのかどうか判断できる。もしマンツーマンディフェンスなら，サイドからサイドにコートを横断してカットしていくプレーヤーに対して同じディフェンダーがマークし続けるはずである。

ゾーンディフェンスは，スティールの技術やポストプレーを抑える技術，インサイドでの存在感やブロックショットの技術といった個々のプレーヤーが持っている能力や持ち味を最大限に生かすために用いられることもあるし，オフェンスのプレーヤーが得意としているプレーを封じ，オフェンスの思い通りにシュートさせないようにするために用いられることもある。このため，ゾーンディフェンスは非常にバラエティーに富んだものとなっている。

❶イーブンマンフロント・ゾーン（偶数フロント・ゾーン）

2-1-2や2-3のように，フロントラインに偶数のディフェンダーを配置したゾーンディフェンスをイーブンマンフロント・ゾーンという。これらのゾーンディフェンスは，オフェンスがインサイドでのプレーを得意としている場合，それを封じるために用いられる。2-1-2では，図1-1のように，センターやフォワードがゴール近くに三角形をつ

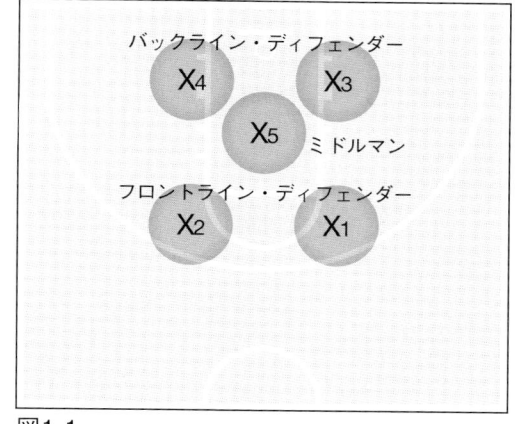

図1-1

[*1．]チェンジングディフェンス：ディフェンスにおける戦略のひとつ。ゲームの展開に応じてディフェンスのタイプを次つぎに変えること。

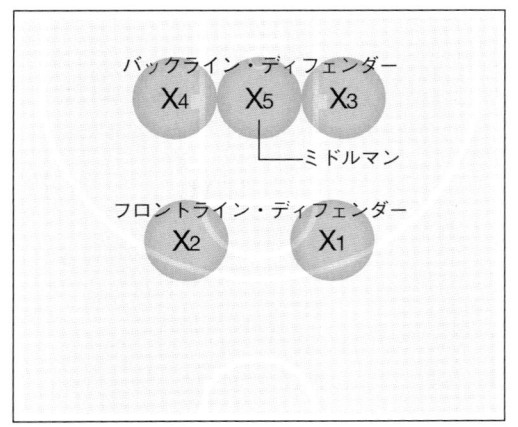

図1-2

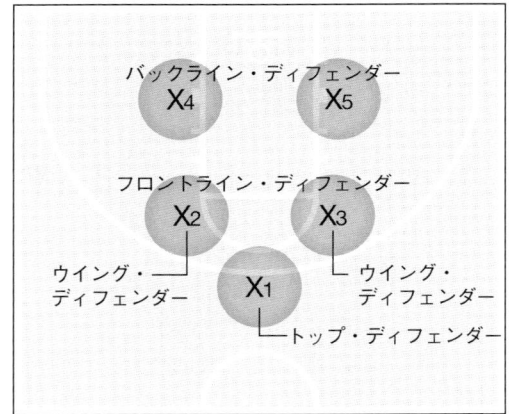

図1-3

くるように配置され，2-3では，図1-2のように，両ブロック（p.x参照）の間に3人が横一列に並んで配置される。また，フロントラインにはガード陣が配置される。これらのゾーンの弱点としては，トップやウイングからのショットをカバーしきれないという点があげられる。

なお，本書ではX_1，X_2をフロントライン・ディフェンダー，X_3，X_4，X_5の3人をバックライン・ディフェンダーと呼ぶことにする。また，X_5をミドルマンと呼ぶこともある。

❷オッドマンフロント・ゾーン（奇数フロント・ゾーン）

1-2-2，3-2，1-3-1のように，フロントラインに奇数のディフェンダーを配置したゾーンディフェンスをオッドマンフロント・ゾーンという。これらのゾーンディフェンスは，ゾーンのトップ，あるいはフロントラインの中央にディフェンダーを1人配置するという点では共通しているが，残り4人の配置については，1-3-1と他の2つのゾーンディフェンスでは大きく異なっている。

1-2-2と3-2は非常によく似た形をしている。1-2-2では，図1-3のように，最前列のプレーヤーが，トップからのショットにも対応できるようにやや前方に位置する。いっぽう3-2では，図1-4のように，フロントラインの3人が横一線に並ぶ。1-2-2や3-2を用いれば，トップやウイングからのショットを抑えることができる。しかし，

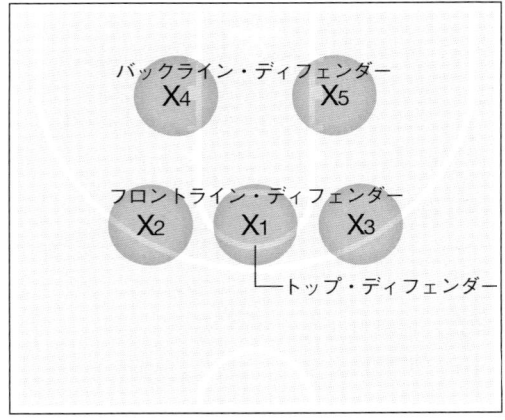

図1-4

ディフェンスの中央部分にある**ギャップ**[*2]や，コーナーを突かれると脆いという一面を持っている。

1-2-2，3-2ともに，X_1，X_2，X_3をフロントライン・ディフェンダーと呼び，X_4，X_5をバックライン・ディフェンダーと呼ぶことにする。また場合によってはX_1をトップ・ディフェンダー，X_2，X_3をウイング・ディフェンダーと呼ぶこともある。

1-3-1では，図1-5のように，トップ，ウイング，フリースローライン周辺やローポストのエリアがカバーされている。しかし，コーナーからの攻めには弱く，また，ウイングがベースラインをカバーするために下がりすぎると，トップからのショ

[*2]. ギャップ：ゾーンディフェンスでまもっているディフェンダーとディフェンダーの間にあるスペースのこと。

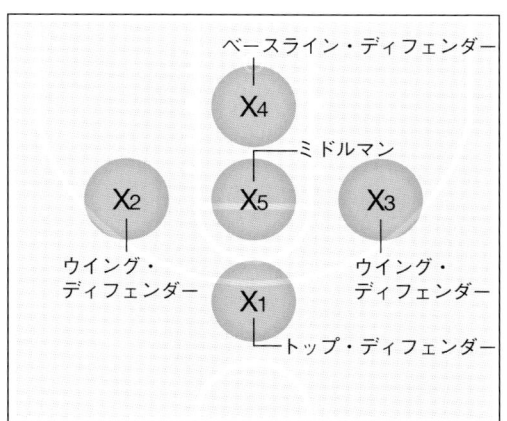

図1-5

ットを抑えられなくなってしまうこともある。

なお，1-3-1では，X_1をトップ・ディフェンダー，X_2，X_3をウイング・ディフェンダー，X_4をベースライン・ディフェンダー，X_5をミドルマンと呼ぶことにする。

❸マッチアップ・ゾーン[*3]

マッチアップ・ゾーンでは，オフェンスがどこからプレーを始めるかによってディフェンスのポジションも変わってくる。例えばオフェンスが1-3-1の形になれば，ディフェンスもただちに1-3-1の形になって**マッチアップ**[*4]する。また，オフェンスが2-1-2の形になれば，ディフェンスも2-1-2のような形になる。

マッチアップ・ゾーンを攻略するためには，ボールを持っているプレーヤーだけでなく，ボールを持っていないプレーヤーからも積極的に1対1をしかけることが大切である。誰か1人でもオフェンスが逆サイドに向かってカットすると，ディフェンスはそのプレーヤーの「受け渡し」をしなければならない。さらに「受け渡し」を済ませた

---

*3．マッチアップ・ゾーン：ディフェンダーの守備範囲をある程度決め，それぞれのエリアにいるオフェンスに対してはマンツーマン気味にマークするゾーンディフェンスのこと。とくにボールマンに対しては必ずマンツーマンでマークする。ただし，自分のエリアから離れていくプレーヤーに対しても，誰か他のディフェンダーがカバーするまでマークし続けることがあり，オーソドックスなゾーンディフェンスのように各ディフェンダーの守備範囲をあらかじめ特定することはできない。

*4．マッチアップ：1対1でマークすること。

ディフェンダーは，元いたエリアに戻って新たにマッチアップする相手を探すことになる。このように，マッチアップ・ゾーンでは個々のディフェンダーが比較的広いエリアをカバーすることになるので，コミュニケーションをしっかりとらないとディフェンスは機能しなくなってしまう。

しかし，オフェンスがあまり動かなければ，ディフェンスは容易にマッチアップすることができ，ディフェンスの穴を見つけることも難しくなる。それこそディフェンスの思うつぼである。マッチアップ・ゾーンを攻略したいのであれば，チームとしてしっかりパスをまわすと同時に，個々のプレーヤーがカットや**フラッシュ**[*5]，スクリーンを使って1つの場所に留まることなく動いていくことが重要である。

マッチアップ・ゾーンはマンツーマンディフェンスと共通する部分が多いので，マンツーマンディフェンスを攻めているときと同じように，アウトサイドやインサイドから1対1をしかけることができる。実際，マッチアップ・ゾーンをマンツーマンディフェンスの一種としてとらえ，マンツーマンディフェンス用のオフェンスをそのまま利用するといったアプローチも可能である。しかし，本書ではそのようなアプローチはとらないことにする。なぜなら，本書で紹介するゾーンオフェンスには，マンツーマンオフェンスと同じようなボールとプレーヤーの動き，スクリーンがしっかり組み込まれており，マッチアップ・ゾーンに対しても十分効果をを発揮するからである。

❹コンビネーションディフェンス

これまで紹介してきたゾーンディフェンスほど多くはないにせよ，ボックス・ワン，ダイアモンド・ワン，トライアングル・ツーといった，いわゆるコンビネーションディフェンスを用いているチームもある。

図1-6のように，ボックス・ワンでは4人のプ

---

*5．フラッシュ：インサイドでボールもしくは空いているスペースに向かってすばやくカットすること。

レーヤーがゾーンを組む。フロントラインの2人は左右のエルボーに立ち，バックラインの2人はローポストの近辺に立つ。残りの1人は自分のマークする相手プレーヤーにボールを持たせないように激しくディフェンスするが，このプレーヤーにボールが渡ったときには，ボックスを組んでいる4人がヘルプする。

ボックス・ワンを少し変形させたのがダイアモンド・ワンである。図1-7のように，1人が前に立ち，その両斜め後方に2人が位置する。さらに長身のプレーヤーがダイアモンドの後方に立つ。残りの1人は特定のプレーヤーをマンツーマンでぴったりマークする。

トライアングル・ツーは，オフェンスの要となっているプレーヤーや得点源となっているプレーヤー2人を抑えるために用いられる。トライアングル・ツーにはゾーンの組み方が2種類ある。1つは，図1-8のように，前側に1人，ブロックの近くに2人が立って三角形をつくるもの，もう1つは，図1-9のように，2人のディフェンダーが左右のエルボーの近くに立ち，長身のプレーヤーがゴール下に立って三角形をつくるというものである。いずれの場合も，残る2人はマンツーマンでオフェンスのプレーヤーをマークする。

コンビネーションディフェンスを攻略するためには，ディフェンスの状態がどのようになっているかを正確に見極めることが重要となる。例えばボックス・ワンの場合，1人がマンツーマンでディフェンスし，残りの4人はゾーンを組む。もしディフェンスがボックス・ワンなのかどうかわか

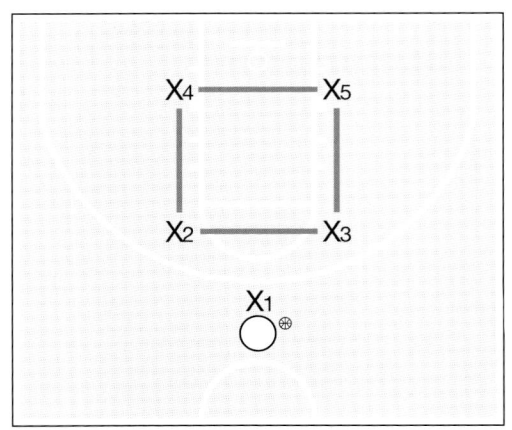

図1-6

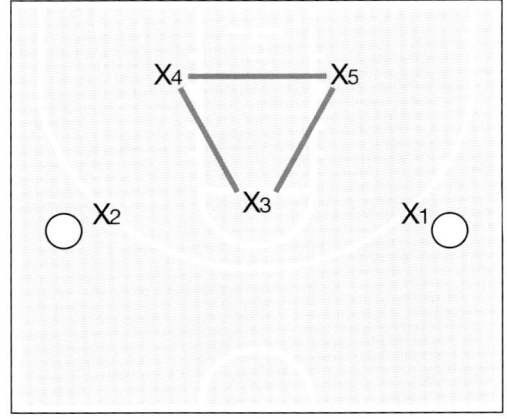

図1-8

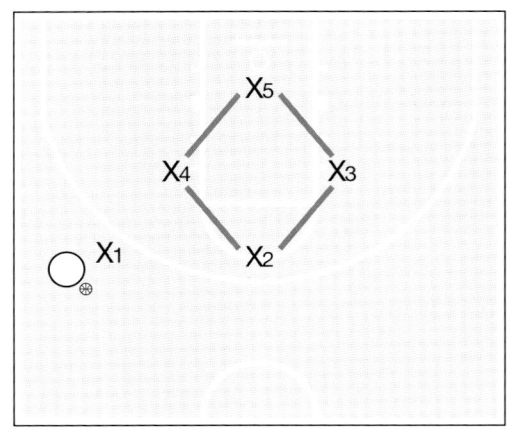

図1-7

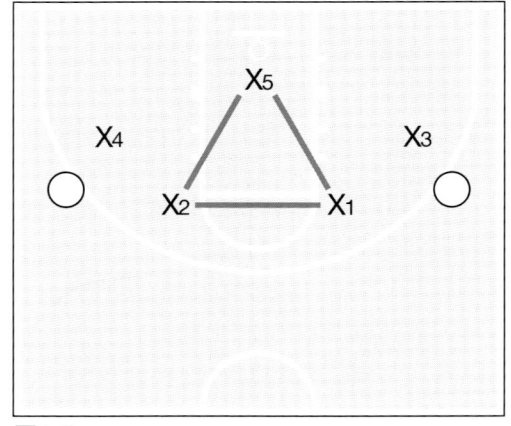

図1-9

らないときには，初めにマンツーマンでマークされているのではないかと思われるプレーヤーを逆サイドにカットさせる。そのうえでもう1人別のプレーヤーをカットさせ，ディフェンスの対応を観察すれば，ディフェンスがボックス・ワンでまもっているのかどうかを判断することができる。

ディフェンスがトライアングル・ツーなのかどうかを見極めるには，まずマンツーマンでマークされていると思われる2人を逆サイドにカットさせ，それから3人目のプレーヤーを同じようにカットさせればよい。このときトライアングルを組んでいるディフェンダーの動きをチェックすれば，トライアングル・ツーでまもっているのかどうかわかるはずである。

いずれにせよ，ある程度訓練を積めば，コンビネーションディフェンスは必ず見分けることができるようになる。しかし，ディフェンスがマッチアップ・ゾーンなのかどうか判断するのはかなり難しい。マッチアップ・ゾーンのなかには逆サイドまでマークし続けるようなタイプのものもあり，マンツーマンディフェンスとの境界は近年ますます曖昧になりつつある。

ところで，相手チームのディフェンスが何なのかを識別し，その攻略法を考えるうえで役立つのがスカウティングである。あらかじめ相手チームに関する情報を集めておけば，相手がどのようなディフェンスを用いてくるのか事前に分析し，何らかの対策を立てることも可能になる。ディフェンスのプランを立てるにあたり，コーチは自分のチームのプレーヤーの能力にフィットするようなディフェンスを選択するはずである。したがって，ゲームごとに次つぎとディフェンスを変えるといったことは考えにくい。つまり，今後対戦予定のあるチームをスカウティングするだけのマンパワーや時間があれば，かなり優位に立つことができるのである。

🏀 原則2．冷静かつじっくりとチャンスをうかがう

第4章で紹介するコンティニュイティオフェンスや第5章で紹介するセットプレーを用いてゾーンディフェンスを攻略し，より確率の高いショットをねらうためには，1つひとつのプレーを正確におこなうことが大切である。1，2回パスしただけで絶好のシュートチャンスが生まれたのなら，ショットをねらって構わない。しかし，どんなに正確にプレーしても，それがただちにシュートチャンスに結びつくとは限らない。このようなときは，何度でもパスをまわし，チャンスが生まれるまで辛抱強くプレーする必要がある。重要なのは，冷静さを失わず，味方と協力してプレーすることである。オフェンスに何度もパスをまわされると，個々のディフェンダーの集中力が続かなくなり，積極性が失われてくることもある。こうなると，ディフェンスは全体的にルーズになってくる。その結果，ノーマークのプレーヤーやカバーされていないエリアが現れてくるのである。

第4章で紹介するコンティニュイティオフェンスのなかには，1，2回のパスでシュートチャンスをつくり出せるようなものもある。しかし，基本的にはしっかりとパスをまわし，カットやスクリーンを織り交ぜながらプレーしていくなかで，シュートチャンスをつくり出していくことになっている。

いっぽう，第5章で紹介するセットプレーでは，あらかじめ決められた1人ないし2人のプレーヤーがショットをねらうことになっている。しかしプレーの結果，当初のプラン通りにシュートできなかったときには，プレーをリセットして根気よくオフェンスを続ける必要がある。

もちろんショットクロックの残り時間がわずかしかないときは，ショットの確率を高めるためにかなり強引にプレーしなければならないこともあるだろう。

原則3. タイミングよくプレーする

バスケットボールでもタイミングは非常に重要である。瞬時にノーマークのプレーヤーや，チャンスになりそうなプレーヤーを探し出せなければタイミングを逃してしまう。

本書で紹介するコンティニュイティオフェンスやセットプレーでは，ボールサイド*6でのオプションをチェックしたら，すばやくウィークサイド*6にパスを展開してディフェンスを攻略するというスタイルをとっているものが多い。ボールサイドに比べてウィークサイドのディフェンダーは油断していることが多いので，すばやくパスを展開し，それに合わせてタイミングよくカットやフラッシュをすれば，アウトナンバー*7をつくり出すこともできる。

いずれにせよ，適切なスペースを保ち，タイミングよくプレーするよう心がければ，ディフェンスはアウトサイドにいるシューターやインサイドにいるプレーヤーを完全にマークすることはできなくなる。

例えば，各プレーヤーが4～5mの距離をとってプレーすれば，1人のディフェンダーによって2人が同時にカバーされてしまうこともない。このように適切なスペースを保つことは，インサイド，アウトサイドを問わずきわめて重要である。

お互いが適切なスペースを保てていれば，ボールを持っているプレーヤーは少なくとも2人のプレーヤーにパスを送ることができるはずである。もし3人のプレーヤーにパスが送れるようであれば，スペーシング*8という点ではかなり望ましい状態にあるといえよう。

4～5mのスペースを保ってプレーするというコンセプトとは異なる要素を持ったプレーとして，ウィークサイドへのスキップパスがあげられる。スキップパスはディフェンスがボールサイドに集まっているときに用いると効果的であるが，この点については「原則4」で改めて取り上げることにする。

タイミングよくプレーができるようになるためには，何度もくり返し練習する必要がある。ダミーのディフェンスを付けての練習や，ライブでの練習を何度もくり返すことによって初めて，パスやカット，スクリーン，ギャップを突くといったプレーが自然にできるようになる。ゲーム中にはタイミングのことをあれこれ考えている余裕などない。したがって，これらのプレーが自然にできるようになるまで，何度もくり返し練習しておくことが重要なのである。

原則4. 的確なパスをする

リバウンドからのショットを除けば，シュートするまでに少なくとも1回はパスをつなぐ必要がある。ゾーンディフェンスは1対1やドリブルに対してはめっぽう強いが，パスに対しては意外にもろい一面を持っている。したがって，ゾーンディフェンスを攻略する際に，正確かつタイミングよくパスすることを心がけるとうまくいくことが多い。

❶チェストパス

アウトサイドでは，できるだけチェストパスを使ったほうがよい。チェストパスなら正確なパスをすばやく出すことができるし，教えるのも簡単である。また，バウンスパスやロブパスに比べてスピードが速いので，逆サイドにすばやくパスを

---

*6. **ボールサイドとウィークサイド**：コートを左右に2分割したとき，ボールのある側をボールサイド，ボールのない側をウィークサイドという。

*7. **アウトナンバー**：2対1や3対2のようにオフェンスがディフェンスよりも数的に有利な状況のこと。

*8. **スペーシング**：味方のプレーヤーどうしの間隔のこと。本文中にあるように，オフェンスでは4～5mの距離を保ってプレーするのが望ましいとされている。

展開しなければならないときにも効果的である。

❷バウンスパス

ローポストやミドルポストにパスを送るときには，バウンスパスを用いると効果的である。ゾーンディフェンスでまもるとき，コーチはプレーヤーにハンズアップするよう指示することが多い。いっぽう，オフェンスはバウンスパスを受けるとき，たいてい膝を曲げてパスをキャッチするため，そのまま左右どちらにでもターンできる体勢になっている。インサイドでまもる長身選手の多くは，低い姿勢をとるのを苦手としているので，バウンスパスをスティールしようとすると，ファウルを犯す可能性が高くなる。

バックドアカット[*9]したプレーヤーにパスを送るときにも，バウンスパスを用いるとよい。ガードからフォワードへのパス，ハイポストからフォワードへのパスなど，ゾーンディフェンスに対してもさまざまなバックドアプレーが考えられるが，とりわけ相手チームがマッチアップ・ゾーンでまもっているときに，バックドアプレーをねらうと効果的である。また，ハイポストからゴールに向かってカットしているプレーヤーにローポストからパスを送るときも，バウンスパスを用いるとよい。

❸ロブパス[*10]

ゾーンディフェンスに対してはロブパスも効果的である。詳しくは第5章で説明するが，本書でもディフェンスの背後を突いて，ジャンプ力のあるプレーヤーにロブパスを送るプレーを3つほど紹介する。

ウィークサイドのローポストにプレーヤーを忍び込ませるなど，何らかの形でディフェンスの背後を突けば，ディフェンダーの頭越しにパスを送ることが可能となる。ゾーンディフェンスでまもっていると，ウィークサイドのディフェンダーが誰をマークすべきかはっきりしないことが多い。これに対してオフェンスは，誰がいつ，どこからパスが来るのかわかったうえでプレーしているので，ロブパスを受けるときかなり有利である。

❹スキップパス[*11]

ディフェンスがボールマンに対して強くプレッシャーをかけてきたり，インサイドにパスを入れさせないよう引き気味にプレーしたりしてきたときには，スキップパスが効果的である。スキップパスをうまく使えば，チャンスにつながることが多い。スキップパスを受けたプレーヤーにシュートさせないようにディフェンスが慌てて飛び出すと体勢を崩してしまうことも多い。このようなときにはドリブルでディフェンスのマークを外し，よりゴールに近いところからショットをねらってもいいし，ディフェンスを引きつけてパスをさばいてもよい。

スキップパスを用いる際に，ウィークサイドをカバーしているディフェンダーの背後からスクリーンをかけると，パスを受けたプレーヤーがノーマークになる可能性が高くなる。というのも，通常ウィークサイドのディフェンダーはレーンの中にまでシフトするので，スクリーンをかけられるとスキップパスへの対応が遅れるからである。したがって，パスを受けたプレーヤーは余裕を持ってショットをねらったり，スクリナーにパスを入れたりすることができる。

❺パスフェイク

ここまで，状況に応じたパスの使い分けについて述べてきた。しかし，場合によってはパスを出さなくても，パスをしたのと同じような効果を得られることがある。

例えば，本来ならディフェンスは，実際にパス

[*9]. バックドアカット：ディフェンスの逆を突いて，すばやくゴールに向かってカットするプレーのこと。パスを受けようとしたが，ディフェンスに激しくマークされたため受けられないときに用いる。

[*10]. ロブパス：ディフェンスの頭越しに高く投げ上げるパスのこと。

[*11]. スキップパス：原則4で説明したスペーシングを保ってプレーしていると仮定した場合，ボールマンの隣のプレーヤーがいるエリアを1パス（1パス・アウェイ）のポジションといい，そのまた隣のプレーヤーのいるエリアを2パス（＝2パス・アウェイ）のポジションという。スキップパスとは2パス以上離れたエリアにいるプレーヤーへのパスのことである。

が出されたのに合わせてシフトするはずである。しかし現実には，パスが出される前にパスコースを予想して動いてくるようなチームもある。このようなときにパスフェイクをうまく使えば，本来カバーすべきエリアやマークすべきプレーヤーからフライング気味に離れてしまうディフェンダーが1人，2人は出てくるものである。とくにボールから2パス以上離れたポジションでまもっているフロントラインやウイングのディフェンダーは，次に出されるパスを予想して動くことが多い。したがって，パスフェイクを用いれば，ディフェンダーを欺き，より確率の高いショットをねらえる可能性も高くなる。

パスフェイクが有効なのはアウトサイドだけではない。パスフェイクによって，レーンの中にいるディフェンダーが慌てて反応し，その結果ローポストやミドルポスト，ハイポストにいるプレーヤーがノーマークになることもある。

また，パスを受けたプレーヤーがパスフェイクしてからパッサーにリターンパスを返すと，チャンスにつながることが多い。とくに，ディフェンスが逆サイドにパスが展開されると予想して動いているときにこのようなプレーをすれば，リターンパスを受けたプレーヤーはノーマークとなり，ただちにショットやドライブをねらうことができるだろう。

🏀 原則5．すばやくトリプルスレット[*12]の姿勢になる

原則4としてあげたように，ゾーンディフェンスを攻略する際には常に的確なパスを出すよう心がけておかなければならない。しかし，いくら的確なパスが出されても，パスを受けたプレーヤーがしっかりプレーしなければすべてが台なしとなってしまう。

アウトサイド，インサイドに関わらず，オフェンスはパスを受けたらただちにショットやパス，あるいはドライブをねらえる体勢をとらなければならない。オフェンスがトリプルスレットの姿勢で構えれば，それだけでディフェンスにとっては脅威となる。オフェンスするのがうまいと言われるプレーヤーは，パスを受けたらまず「点を取る」ことを考える。しかし，ディフェンスの対応が非常に早く，ショットやドライブをねらえそうにないときには，的確なパスを出す必要がある。当然第4章以降で紹介するコンティニュイティオフェンスやセットプレーでも，パスを受けたプレーヤーはパス，ドリブル，ショットからその時どきで最も相応しいプレーを選択しなければならない。

ちなみに，本書ではアウトサイドからの「確率の高いショット」という言葉を，各プレーヤーが自分のシュートレンジの中でディフェンスからプレッシャーを感じることなく放ったショット，と

いう意味で用いている。もちろんプレーヤーのなかには，ディフェンスに密着されていてもシュートできるような腕力や脚力を持った者もいる。しかし，本書で紹介するオフェンスシステムを用いれば，ディフェンスからのプレッシャーを感じることなく，余裕を持ってアウトサイドからショットをねらえるはずである。

アウトサイドと同じように，インサイドでもディフェンスからのプレッシャーを受けずにシュートできることがないわけではない。しかし，インサイドでは，ディフェンスと競り合いながら力強くプレーしなければならないことのほうが圧倒的に多い。

ところで，私自身はゾーンディフェンスに対してドリブルを多用するのはあまり望ましいことではないと考えている。したがって，シュートできないときにはなるべくパスをするよう指導している。しかし，的確なパスを出すためには，パスを受けた時点で，誰がどこでノーマークになっているのか，オーバーロード[*13]は利用できるのか，スキップパスを送ったらどうなるかなど，周りの

---

*12．トリプルスレット：パス，ドリブル，シュートのいずれもがすばやくおこなえるような姿勢のこと。

状況がしっかり把握できていなければならない。もちろん，ドリブルを使ってプレーすることも忘れてはならない。トリプルスレットで構えたとき，ドリブルでゴールに向かえる，あるいはマークマンのポジションがズレていると感じたら，迷わずドライブすべきである。とりわけ本書で紹介するオフェンスシステムを用いれば，ボールマンをカバーするためにディフェンスが慌てて飛び出していかざるを得ないような状況を，数多くつくり出すことができるはずである。このようなときにドライブをねらえば非常に効果的である。

原則6. 効果的にドリブルを使う

一般的に，ゾーンディフェンスに対しては，ドリブルよりもパスのほうが効果的だと考えられている。しかし，だからといってドリブルはまったく役に立たないと考えるのは誤りである。

例えば，オフェンスを始めるとき，プレーを展開しようと考えているサイドにいきなり向かうと，ディフェンスにエントリーパスをディナイ[14]されてしまうだろう。しかし，初めに逆サイドに向かってドリブルし，それからすばやく方向転換してオフェンスを始めれば，ディフェンスにディナイされる前にエントリーパスを出すことができる。また，ドリブルに合わせて他のプレーヤーがサイドからサイドへすばやくカットすれば，2対1，3対2，4対3といった状況をつくり出すこともできる。

ゾーンオフェンスを続けていると，ディフェンスの間隔，すなわちギャップが広がってくることがある。このような状況でギャップに向かって鋭くドリブルしていけば，複数のディフェンダーを引きつけることができる。するとディフェンスはオフェンスにマッチアップできなくなってしまう。ドリブルを用いてギャップを突破してショットやパスができるプレーヤーがいてくれると，チームにとっては大きなプラスである。

ゴールから左右に5m程度離れたエリアは，1対1をしかける絶好の場所である。このエリアでパスを受けたとき，ゴールまでのコースが空いているなら迷わずドライブすべきである。また，たとえゴールまでのコースが空いていなくても，1対1に長けたプレーヤーならドリブルで突破することもできるはずである。しかし，いかにドリブルで突破していくことが得意でも，周りにいるディフェンスの動きには十分な注意を払う必要がある。ゾーンディフェンスでは，ゴールの近くでディフェンダーが突然コースに入ってくることが多い。ゴールに向かうコースが空いているならドライブしていくべきではあるが，コントロールを失ってしまったのではそれこそディフェンスの思うつぼである。ギャップに向かってドリブルするときは，あらかじめショットやパスを頭に描いてプレーすべきだということを忘れてはならない。これらの点についてコーチは練習のときから十分注意を促し，ドリブルからすばやくストップしてジャンプショットをするための練習をさせておく必要がある。

インサイドでプレーするときには，なるべくドリブルを使わないほうがよい。もしドリブルするのなら，周りの状況をよく確認しておく必要がある。なぜなら，アウトサイドや背後にいるディフェンダーが突然スティールをねらってくるかもしれないからである。もちろん，インサイドで絶対にドリブルしてはいけないと断言することはできない。実際，ゴールに向かって力強くドリブルしていくプレーは非常に効果的である。しかし，あまりドリブルしすぎるとスティールされる可能性が高くなることも常に頭に入れておくべきである。いずれにせよ，ポストからはまずショットやパス

---

[13]. オーバーロード：ハーフコートでのオフェンスの際，3対2や4対3のような数的に優位な状況をつくり出すためのプレーヤーの配置のこと。原則9を参照。

[14]. ディナイ：パスを受けるべきプレーヤーに密着し，簡単にはパスを通させないようディフェンスすること。

をねらうほうが望ましい。また，ローポストやハイポストからはコート全体を見渡すことができるので，うまくパスの起点となれれば，他のプレーヤーのシュートチャンスをつくり出すこともできるだろう。

🏀原則7．確率の高いショットをねらう

しっかりしたゾーンオフェンスのシステムを持っているチームであれば，どこがプレーのねらい目なのか，いつどこでシュートチャンスとなるのかなどについて，チームとして明確な共通理解を持っているはずである。これは本書で紹介するコンティニュイティオフェンスやセットプレーでも言えることである。したがって，練習ではあらかじめ決められたルートやパターンに沿って動き，プラン通りの場所からのシュートするドリルを何度もくり返しおこなう。こうしてプレーに対する理解を深めていくのである。

❶アウトサイドからのショット

まずアウトサイドだが，もともとゾーンディフェンスの多くはインサイドを抑えるためにデザインされてきたものなので，アウトサイドからショットをねらうのは比較的簡単である。シュート力のあるプレーヤーにリズムよくシュートさせること，これがアウトサイドショットの確率を上げる秘訣である。

本書で紹介するオフェンスシステムを用いると，トップではシューティングガードがシュートチャンスを得ることが多い。またフリースローラインの延長線上の，エルボー（p.x参照）から1m前後離れたエリアからは，ポイントガードやシューティングガードがショットをねらうことになる。このエリアからはインサイドへのパスもねらいやすい。

ウイングでは，シューティングガードやスモールフォワードがプレーすることが多い。このエリアからはショットをねらってもよいし，インサイドへパスを入れたり，トップにパスを返してもよい。また，2-1-2や2-3ではウイングにギャップができていることが多いので，シューターにはこのエリアから積極的にショットをねらうように指示しておくとよいだろう。

一般的にコーナーでプレーすることが多いのはスモールフォワードやパワーフォワードであるが，本書で紹介するオフェンスシステムでは，シューティングガードもコーナーからのショットや，ローポストやミドルポストへのパスをねらうことになる。

ベースラインに沿ってゴールから4～5mほど離れたエリアはショートコーナーと呼ばれている（p.x参照）。ショートコーナーからはショットをねらってもよいし，ドライブしてもよい。ベースラインに沿ってドライブすれば，ゴール下でシュートすることもできる。またショートコーナーは，ローポストやミドルポストにパスを送るうえで絶好のポジションである。さらにショートコーナーからディフェンスの背後を突いてプレーすれば，ロブパスを受けることも可能である。

アウトサイドからドリブルでディフェンダーを1人，2人と抜き去りゴールに近づいていくと，ディフェンスはレーンの中に集まってくる。このようなときはすばやくストップし，ジャンプショットやパスをねらえればよいのだが，誰もがこのようなプレーに長けているわけではない。すでに述べたように，私自身はゾーンディフェンスに対してはあまりドリブルを用いないほうがよいと考えている。しかし，ディフェンスが密集していてもドリブルで突破していけるだけのボールハンドリング能力と瞬発力を兼ね備えたプレーヤーがいるなら，その能力を活用しない手はないだろう。

❷インサイドでのショット

次にインサイドでのプレーについて考えてみよう。まずハイポストであるが，このエリアでシュート力と広い視野，パス能力を兼ね備えたプレーヤーがプレーすると非常に効果的である。ノーマ

ークのときだけでなく，マークマンが自分より背が低いときに身長差を生かしてシュートすることができるようであれば，ハイポストでかなりの存在感を示せるだろう。また，ハイポストからウイングやコーナー，あるいはバックドアカットしたプレーヤーにパスが送られると，シュートチャンスにつながりやすい。

　ミドルポストでポジションをとると，トップやウイング，コーナーからパスが送られてくることが多くなる。ミドルポストではターンアラウンドショットやジャンプフック，あるいはフックショットをねらうとよい。

　ローポストへはハイポストやウイング，あるいはコーナーからパスが送られてくることが多い。ローポストではディフェンスの当たりに負けずに力強くプレーする必要があるが，ディフェンスが密集してくるので，ドリブルは極力避けたほうがよい。もちろん絶対にドリブルしてはいけないと言い切ることはできない。いずれにせよターンアラウンドショットやジャンプフック，フックショット，レイアップなどをねらうとよい。

　センターやフォワードがミドルポストやローポストでパスを受けると，ディフェンスはインサイドに集まってくる。ここですばやくアウトサイドのプレーヤーにパスが出せれば，絶好のシュートチャンスとなる。このように，インサイドにパスが入れば，それだけでアウトサイドからのシュートチャンスが生まれるのである。

🏀 原則8．オフェンスのアドバンテージを生かしてリバウンドを取る

　本書で紹介するオフェンスシステムのなかでも，オフェンスリバウンドはきわめて重要な位置を占めている。

　ゾーンディフェンスの場合，各々のディフェンダーは，「人」をカバーすることよりも「エリア」をカバーすることを優先しがちになる。その結果，オフェンスリバウンドに飛び込んでくるプレーヤーを見失い，オフェンス2人に対してディフェンスが1人になってしまうというようなことも起こりうる。そもそもディフェンダーにスクリーンアウトされなければ，オフェンスは思い通りにリバウンドに向かうことができる。結果としてオフェンスがどれだけ有利になるかは言うまでもない。また，ウィークサイドのディフェンダーがゴール下までシフトすると，スクリーンアウトすることができなくなることもある。このように，いかにスクリーンアウトを心がけていても，スクリーンアウトすることができないという場面が生じてくるのである。

　第5章で紹介するセットプレーでは，特定のプレーヤーにショットをねらわせるためにプレーが組み立てられている。したがって，リバウンダーはいつ，どこで，誰がショットをねらうのかを予測し，ディフェンスよりも先にゴール下で有利なポジションをとることができる。

　いっぽう，コンティニュイティオフェンスでは，誰がどこからショットを打つのかということがあらかじめ決められているわけではない。しかし，プレーのねらい目はある程度限定されているので，ショットのタイミングを予測してリバウンドに向かうことも不可能ではない。ただし，コンティニュイティオフェンスではプレーが右サイドから左サイド，左サイドから右サイドに展開されるたびに，リバウンドに参加すべきプレーヤーが変わる。したがって，集中力を切らすことなく，プレーの展開に合わせて何度もリバウンドの準備をする必要がある。

　プレーのなかでどのようなパスやドリブルをするのか，そしてどのようにショットをねらうのかあらかじめ綿密に計画しておけば，それだけオフェンスリバウンドを取れる可能性も高くなる。ただし，間違ってもオフェンスリバウンドが計画通りに転がり込んでくるなどと考えてはならない。オフェンスリバウンドを獲得するためには，身体を張って激しくプレーすることが絶対条件となる。いずれにせよ，セットプレーやコンティニュイテ

ィオフェンスを用いれば，誰がどこにいるのかお互いわかったうえでプレーできるため，リバウンドでも3対2，2対1，1対0といったオフェンスにとって有利な状況をつくり出しやすくなる。

オフェンスリバウンドでのアドバンテージを最大限利用したいのであれば，コーチはプレーを綿密に検討しておく必要がある。オフェンス，ディフェンスそれぞれのプレーヤーがどのポジションでプレーするのかを，作戦盤の上でもコートの上でもしっかりチェックし，いつどこでショットが起こりうるのかを検討しておくようにする。こうすることによって，誰がリバウンドのトライアングル[*15]をつくればいいのか，またどのようにしたら数的に優位な状況をつくり出せるのか見えてくるはずである。

原則9．オーバーロードをつくる──7つのトライアングル

バスケットボールでいうトライアングルは，3人のプレーヤーを頂点にしてつくられる。通常このトライアングルはカットやフラッシュにともない形づくられていくが，トライアングルの各頂点に立つプレーヤーは，互いに4～5mの距離をとってシュートチャンスをうかがう。もちろん1人のプレーヤーが同じポジションに留まるのはあまり好ましいことではないので，パスが1回，2回とまわされたら，トライアングルを形づくっているプレーヤーも次のポジションにすばやく移動する。

トライアングルがつくられたとき，同時にオーバーロード，すなわちオフェンス3人に対してディフェンスが2人という状況になっていると理想的である。オーバーロードがつくられれば，3人のうちのいずれかが必ずショットをねらえるはずである。オーバーロードに対して，ディフェンスがマンツーマンディフェンスのようにマッチアップしてきたら1対1をねらうとよい。

トライアングルをつくる際に重要なのは，ディフェンスのギャップにポジションをとることである。そうすれば，どの3人でトライアングルをつくっても効果的に機能するはずである。

図1-10～図1-16[*16]は，本書で紹介するオフェンスシステムのなかで出てくる，7つのトライアングルを示している。いずれもプレーを展開していく過程で，自然につくられていく。これらのトライアングルをしっかり頭に入れておけば，第4章以降のプレーも理解しやすくなるだろう。

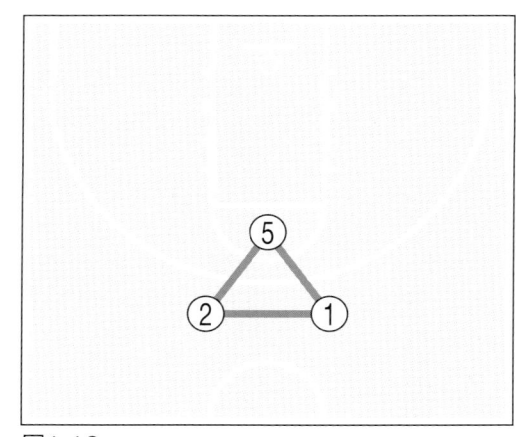

図1-10

*15．リバウンドトライアングル：ゴール下におけるリバウンドポジションのこと。両ブロックに1人ずつとゴールの正面に1人を配置し，三角形をつくる。
*16．訳者注：図1-11～図1-16におけるプレーヤーの番号は，第4章（コンティニュイティオフェンス），第5章（セットプレー）を参考にしている。しかしこれらはあくまで代表的な例にすぎず，プレーの展開とともにトライアングルを形成するプレーヤーも変化する。

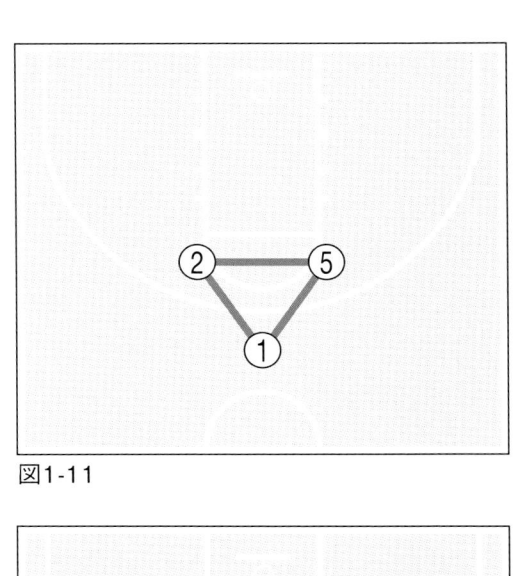

図1-11

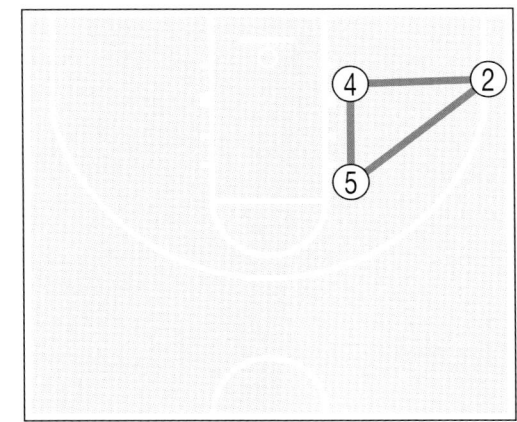

図1-14

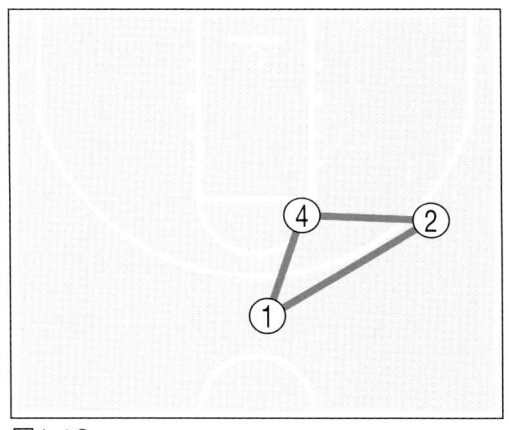

図1-12

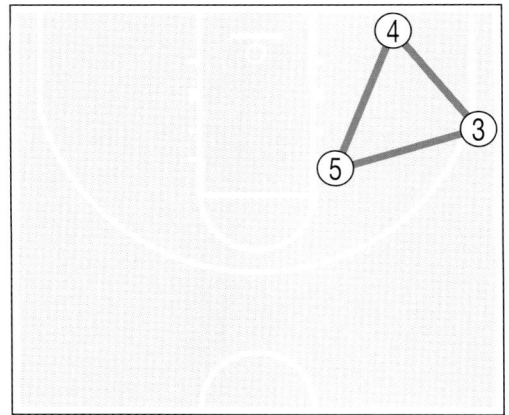

図1-15

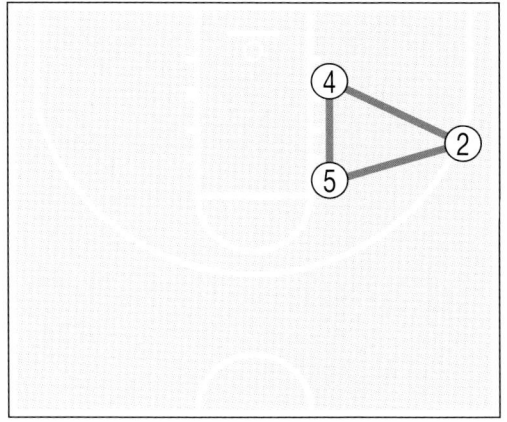

図1-13

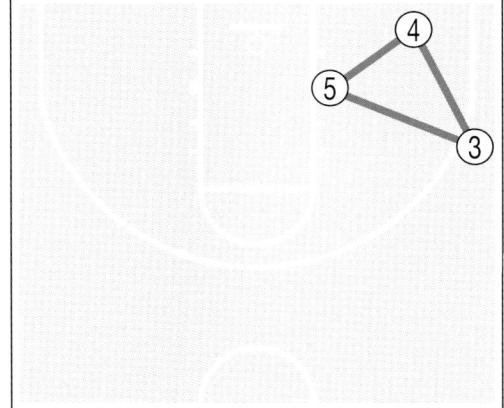

図1-16

原則10. スクリーンをうまく活用する

　長年にわたり，ゾーンディフェンスを攻略するためには，ボールをすばやく動かすことが重要だという考え方が支配的であった。プレーヤーはほとんど動かずに，あたかも茹であがったばかりのジャガイモを扱うかのようにすばやくパスをまわすというやり方である。

　私も基本的にはこの考え方に賛成する。すばやいパスまわしは，ゾーンオフェンスを組み立てるうえで重要な構成要素のひとつである。しかし，そこから一歩進んで，カットやスクリーンのように，マンツーマンオフェンスでも用いるプレーをゾーンオフェンスに取り入れることもできるはずである。例えば，マンツーマンディフェンスでまもっているときにスクリーンをかけられると嫌なものである。だとしたら，ゾーンディフェンスに対してもスクリーンを使わない手はないだろう。実際，スクリーンはゾーンディフェンスを攻略する際に非常に有効なプレーとなる。

　本書で紹介するコンティニュイティオフェンスやセットプレーでは，基本的にフォワードやセンターがスクリーンをかけることになっているが，いずれの場合もスクリーナーは次のような点に注意してプレーする必要がある。まず，スクリーンをかける際には，スクリーンのターゲットとなるディフェンダーの位置を確認し，それからスクリーンに向かう。その際3m以上は動かない。スクリーンをかけるタイミングが遅れるとファウルになる可能性が高くなるので，スクリーナーは早めにスクリーンに向かうよう心がける。また，ディフェンスと接触したときにボディバランスを崩さないようにするためにも，足を広げ，なるべく大きくて幅のあるスクリーンとなるようにする。

　さて，本書で紹介するオフェンスシステムで用いる1つ目のスクリーンプレーは，図1-17[*17]のようなインサイドでのスクリーンプレーである。このようなスクリーンを利用するプレーとして第4章で紹介する「ビーシー」（p.50）をあげることができるが，スクリーンのターゲットは3-2のバックライン・ディフェンダーや，1-3-1のミドルマンなど，インサイドをカバーしているディフェンダーである。スクリーンを利用するプレーヤーはスクリーンがセットされたらすばやくカットできるよう準備しておかなければならない。また，スクリーナーの横を通るときは，互いの肩や腰がぶつかるくらいギリギリのところをカットするよう心がけるとプレーがより効果的となる。

　2つ目のスクリーンプレーは，図1-18[*18]のようにバックライン両サイドのディフェンダーに対

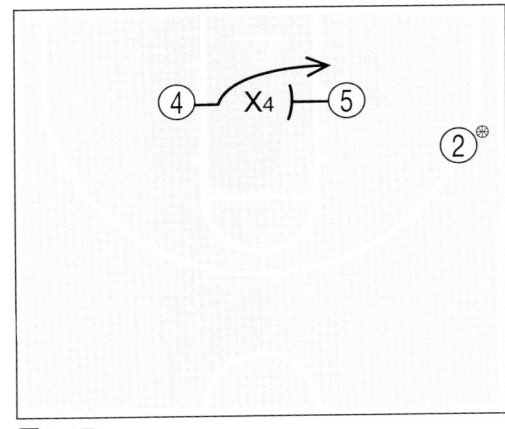

図1-17

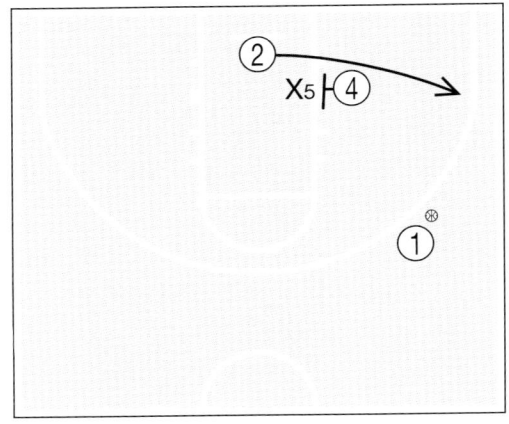

図1-18

*17. 訳者注：この図はビーシー（図4-44）を参考にしている。

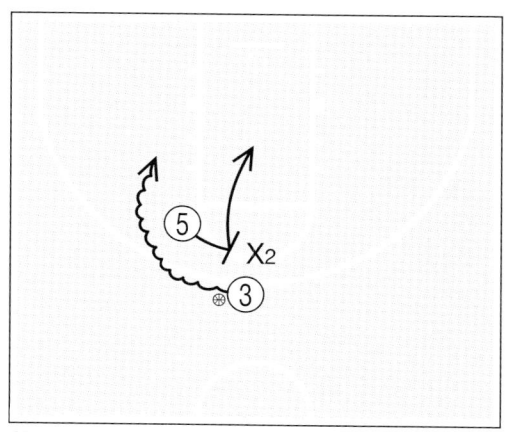
図1-19

するスクリーンを利用したプレーである。このようなスクリーンを用いるプレーとして，第4章で紹介する「ゴールド」(p.77)や，第5章で紹介する「レッド」(p.89)や「フェード」(p.95)をあげることができるが，スクリーンの目的は，ガードやフォワードにコーナーからショットをねらわせことである。

3つ目のスクリーンプレーは，図1-19[*19]のようなハイポストエリアでのスクリーンプレーである。このようなスクリーンを利用するプレーとしては，第5章で紹介する「ドリブルブロック」をあげることができる。トップやフロントラインのディフェンダーにスクリーンをかけ，ピックアンドロール[*20]と同じようにプレーすれば，ドリブラーはジャンプショットやパスをねらうことができる。

🏀 原則11．ディフェンダーの死角を突く——ゾーンの背後からの攻撃

バスケットボールで最もエキサイティングなプレーといえば，空中でパスを受けそのままダンクショットを決めることではないだろうか。これはディフェンスの背後を突いたプレーの最も典型的な例であるが，ダンクが決まると一気にオフェンス側のテンションが上がるだけでなく，ディフェンス側を意気消沈させることができる。したがって，このプレーには単に2点を加えた以上の価値がある。

ゾーンディフェンスでは，個々のディフェンダーは想像以上に広いエリアをカバーしなければならない。もちろん，オフェンスがあまり動かなければディフェンスも動く必要はない。しかし，ディフェンスにとって都合がいいようなプレーをするのはナンセンスである。ディフェンスが反応できないように，ボールのないところでのカットやポジション移動も取り入れながらプレーすれば，アウトサイドからのショットやポストでの1対1など，さまざまなチャンスを生み出すことができる。

例えば，ポイントガードやシューティングガード，あるいはスモールフォワードがベースラインをスイング[*21]，すなわちディフェンスの背後を通ってウイングやコーナーに向かえば，ショットあるいはポストへのパスをねらうことができるだろう。また，センターやフォワードがゾーンの背後を突くようにプレーすれば，ローポスト，ミドルポスト，ハイポスト等，さまざまなエリアにフラッシュしてパスを受けることができるはずである。場合によっては，ロブパスを受けてショットをねらうこともできる。

いずれにせよ，これらの動きについてはあとの章で詳しく説明することにしよう。

---

*18．訳者注：この図はレッドシリーズ＃2のフェード（図5-27）を参考にしている。

*19．訳者注：この図はレッドシリーズ＃7のハイブロック（図5-74）を参考にしている。

*20．ピックアンドロール：ボールを持っていないプレーヤーが，ボールを持っているプレーヤーのマークマンにスクリーンをかけるプレーのこと。ボールを持っているプレーヤーがドリブルを始めたら，スクリーンをかけたプレーヤーはゴールに向かってカットしていく。

*21．スイング：逆サイドに向かって大きくカットすること。なお，パスを逆サイドに展開するという意味で用いられることもある。

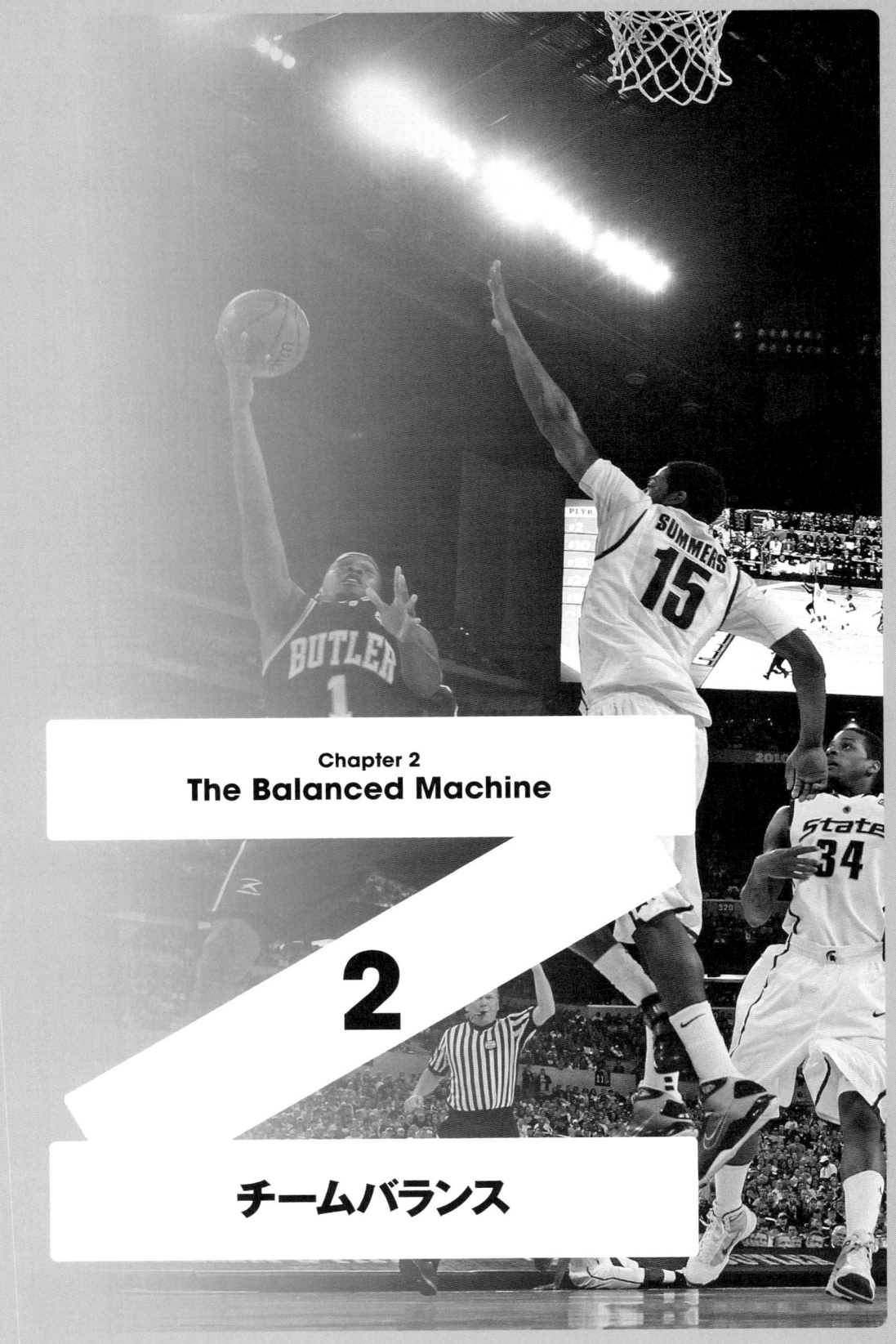

Chapter 2
The Balanced Machine

2 チームバランス

1. チームバランスについての考え方

　チームスポーツを指導しているコーチと話をしていると，遅かれ早かれ必ず「バランス」のことが話題になる。フットボールのコーチであれば，オフェンスとディフェンスのバランスがとれたチームのほうが望ましいと考えるだろう。また，オフェンスでは，ランプレーとパスプレーの両方をしっかりこなせるチームのほうが望ましいし，ランプレーでは人混みをかき分けてパワフルにプレーできるプレーヤーと，オープンサイドをスピーディーに駆け抜けられるプレーヤーが揃っているほうが望ましい。そのうえ両バックスがパスキャッチやブロックもそつなくこなせるようなら申し分ない。

　このようにバランスのとれたチームなら，スーパーボウルで勝つことも夢ではないだろう。もちろんバスケットボールでもバランスのとれたチームのほうが圧倒的に有利である。

　5人全員がオールラウンドプレーヤー，つまりシュート力があり，ドリブルで相手をかわし，的確なパスを出し，リバウンドをもぎ取り，よく走り，そのうえディフェンスも素晴らしい。こんなチームをコーチできたら，どんなに幸せだろうか。

　しかし，残念ながらマイケル・ジョーダンやマジック・ジョンソン，ラリー・バードやオスカー・ロバートソンのようなプレーヤーにはそうそうお目にかかれるものではない。むしろ，このようなプレーヤーがチームに1人でもいてくれたら幸運である。「完璧な」プレーヤーなどほとんどいないからこそ，コーチには常日頃からプレーヤーの能力をしっかり評価し，的確な判断を下すことが求められるのである。

　かつてオリジナル・セルティックス[*22]のメンバーとして活躍し，セント・ジョーンズ大学でコーチを務めたこともあるジョー・ラプチックは，彼独特の方法でプレーヤーを評価していた。例えば，ガードを評価する際には，得点力，ボールハンドリング，ディフェンス力の3点をチェックしていた。このうち1つのことしかしかできないプレーヤーは限られた出場時間しか与えられなかったのに対して，2つのことができるプレーヤーはかなりの出場時間を与えられていた。また，3つともしっかりこなせるプレーヤーはゲームで素晴らしい活躍を見せていた。

　いっぽう，フォワードやセンターを評価する際には，得点力，リバウンド力，ディフェンス力をチェックしていた。ここでも2つの領域をこなせるプレーヤーはゲームで活躍していたし，3つともこなせるプレーヤーは，間違いなく将来スター選手になるだろうと確信させてくれるような素晴らしいプレーを見せてくれた。

　ジョー・ラプチックは私の大学時代の恩師でもある。そこで，私自身もラプチックコーチのシステムを拝借し，ハイスクールやNAIA[*23]，NCAA[*24]，プロなど，さまざまなレベルでプレーヤーの評価をおこなってきた。

　では，プレーヤーを評価する際，どのような点に注意すればバランスのとれたチームをつくることができるだろうか。どのようなレベルであれ，勝てるチームをつくるためにはオフェンス，ディフェンスそれぞれで絶対に必要な要素というものがある。本書ではディフェンスについてあれこれ書くのはやめておくが，ゲームに勝つためはディフェンスに秀でたプレーヤーが少なくとも2人か3人は必要だということだけは指摘しておこう。勝てるチームをつくりたいのであれば，アウトサ

[*22]. オリジナル・セルティックス：1920年代から1930年代初頭にかけ，各地を巡業して大成功を収めたプロバスケットボールチーム。現在NBAに所属しているボストン・セルティックスとは関係ない。

[*23]. NAIA：全米大学運動選手協会(National Association of Intercollegiate Athletics)の略称。NCAAに加入している大学と比べると比較的小規模の私立大学が多い。

[*24]. NCAA：全米大学体育協会 (National Collegiate Athletic Association)の略称。

イドとインサイドにディフェンスを得意とするプレーヤーが最低でも1人ずつは必要なのである。プレーヤーのオフェンス力やチームへの貢献度を評価する際にはこの点にも注意を払うべきである。もしオフェンスの能力が同じなら，よりディフェンス力のあるプレーヤーを使うべきだし，場合によっては多少オフェンス力が劣っていても，ディフェンス力のあるプレーヤーを使ったほうがよい場合もあるだろう。

2. ポジションごとの役割

　ここで，オフェンスに際してどのような能力がプレーヤーに求められるのか，ポジションごとに見ておこう。

❶ポイントガード

　ポイントガードには，判断力，コミュニケーション能力，ボールハンドリング，シュート力などが要求される。なかでも最も重要なのは，コーチと協力して相手チームがどのようなディフェンスを用いているのかをチェックし，プレーコールやハンドシグナルで次のプレーの指示を出すことである。そのうえで，ドリブルやパスを使ってプレーをスタートさせる。ポイントガードはパッサーとして優秀であることはもちろんのこと，ときにはドライブをしかけて状況を打開できるようでなければならない。

　ポイントガードには必ずしも高い得点能力が求められているわけではない。しかし，積極的にショットをねらう姿勢を見せれば，アウトサイドでディフェンスを引きつけることができる。

　ところで，ショットがはずれたりパスミスなどが起きたりしたときには，ただちに誰かがバックコートまで戻ってゴールをまもらなければならない。コート上でのポジションを考えるとポイントガードが戻るのが自然だろう。ポイントガードはオフェンスをしているときでも，常にディフェンスに戻れるよう準備をしておかなければならないのである。

❷シューティングガード

　ポイントガードとともにバックコート陣を形成するのがシューティングガードであり，オフガードと呼ばれることもある。アウトサイドからショットを決められるプレーヤーがいなければ，ディフェンスはインサイドを固めるために引き気味にプレーしてくるだろう。このようなとき，ディフェンスに代償を支払わせるのがシューティングガードの役割である。コンティニュイティオフェンスやセットプレーで攻めているときは，チャンスを逃さずプレーの計画通りにシュートできるようでなければならない。名前が表すとおり，シューティングガードの役割とは，ショットをネットに沈めてくることなのである。

　シューティングガードの能力が高ければ，ディフェンスはウイングやコーナーでシューティングガードにボールを持たせないようにプレーしてくるはずである。したがって，シューティングガードがボールを持っていないときにも効果的に動くことができるかどうかは重要なポイントになる。例えば第5章で紹介する「レッド」のように，シューティングガードにスクリーンをかけても，シューティングガード自身がうまくスクリーンを利用できなければ，シュートチャンスをつくり出すことはできない。しかし，うまくスクリーンを利用することができれば，ディフェンスの反応に応じてドライブしたり，スクリナーにパスを入れたりすることも可能となる。

　ところで，シューティングガードはオフェンスリバウンドに参加したほうがよいのだろうか。それとも，すばやくディフェンスに戻ったほうがよいのだろうか。相手のオフェンスが比較的スローペースで攻守の切り替えがそれほど早くないようであれば，シューティングガードもオフェンスリバウンドに参加したほうがよいだろう。逆にアッ

プテンポなオフェンスをしかけてくるチームに対しては，すばやくバックコートに戻ってディフェンスしたほうがよい。

　以上，ポイントガードとシューティングガードの役割について述べてきたが，両者が協力してチームをリードし，アウトサイドから攻撃をしかけ，ディフェンスへの切り替えにも気を配ることができる，言い替えればバランスのとれたコンビになっていると理想的である。

❸スモールフォワード

　フォワードのポジションでプレーする2人についてもバランスが重要となる。一般的に，フォワード2人のうちの小さいほうのプレーヤーがスモールフォワードとしてプレーすることが多い。スモールフォワードに求められるのは，アウトサイドからのシュート力やパッサーとしての能力である。またシューティングガードと同じように，ボールを持っていないときにしっかり動き，ウイングやコーナーなどに**スポットアップ**[25]してシュートする能力や1対1の能力が要求される。

　また，スモールフォワードがローポストやミドルポスト，ハイポストなどにフラッシュして，**ポストアップ**[26]からの1対1やターンアラウンドショットをねらうことができれば理想的である。

　カレッジ・オブ・チャールストンでは，フォワードやセンターに対して必ずオフェンスリバウンドに参加するよう指示している。味方がいつどこでシュートするかを予想するとともに，クイックネスを生かしてうまくディフェンスをかわすことができれば，スモールフォワードもかなりの数のリバウンドを稼げるはずである。

❹パワーフォワード

　スモールフォワードがおもにアウトサイドでプレーするのとは対照的に，パワーフォワードにはインサイドで力強くプレーすることが求められる。もちろんパワーフォワードがアウトサイドでもプレーできれば攻撃の幅が広がるが，そのような能力が必ずしも必要とされるわけではない。時折ショートコーナーからジャンプショットを決めたり，ベースライン沿いにドライブすることなどができればそれで十分である。これに対して，ポストアップしてプレーする能力とリバウンド力を持ち合わせていなければ，パワーフォワードとしては失格である。もちろんポストアップしたり，オフェンスリバウンドを取るためには，タイミングよく動けるかどうかが重要となる。また，パワーフォワードはスクリーンを利用してプレーするよりは，むしろ他の4人のためにスクリーンをかけることのほうが多い。

　要するに，黙々ときつい仕事をこなすのがパワーフォワードの役割なのである。スモールフォワードがスポットライトを浴びて華々しくプレーするいっぽうで，パワーフォワードは人知れず身体を張ってプレーする。ここでも2人のプレーヤーのバランスが重要となる。

❺センター

　ガード，フォワードと話を進めてきたので，残るはセンターである。本書で紹介するコンティニュイティオフェンスやセットプレーでは，センターがきわめて重要な役割を果たすことが多い。それはあたかも車輪の軸のようなもので，センターを中心にプレーが組み立てられているのである。

　例えば，センターがインサイドからうまくパスをさばくことができれば，他の4人がシュートチャンスになる可能性は高くなる。したがって，インサイドでパスを受けたときには，自らショットをねらうだけでなく，パスをさばけるようでなければならない。また，誰かがディフェンスからプレッシャーをかけられているときには，すばやく動いてパスを受けることも必要となる。センターが常にパスのターゲットになってくれれば，それだけプレーの選択肢は広がってくる。

　基本的にセンターがプレーするエリアはインサ

---

*25．スポットアップ：シュートをねらうために，ディフェンスのいないエリア，もしくはあらかじめチームで計画されているエリアに移動してパスを待つこと。

*26．ポストアップ：アウトサイドにいるプレーヤーからパスを受けられるように，インサイドでディフェンスを押さえてポジションをとること。

イドなので，ゴールを背にした動きをしっかりマスターしておく必要がある。また，オフェンスリバウンドやスクリナーとしての技術も，センターとしてプレーするためには不可欠である。いうまでもなくセンターがオフェンスで存在感を示してくれると，チームにとっては非常に大きな武器となる。しかし，完璧なセンタープレーヤーなどめったにお目にかかれるものではないし，場合によってはオフェンスよりもディフェンスを重視してプレーさせたほうがよい場合もある。

例えば，ブロックショットのうまいセンターがいれば，チームにとってはそれだけで貴重な戦力になる。このようなときは，オフェンスの欠点には多少目を瞑ってでもゲームで使ったほうがよいだろう。オフェンスの能力は一生懸命練習させれば，それなりに高めていくことができる。しかし，ブロックショットの能力は練習してもなかなか身につくものではないのである。

3. プレーヤーを評価するための視点

これまでポジションごとに，どのような能力が必要とされるかを述べてきた。ではどのようにすれば，各ポジションにマッチしたプレーヤーを見つけることができるのだろうか。また，各プレーヤーの能力を評価するにはどのようにしたらよいのだろうか。

ゾーンディフェンスを攻略するにあたっては，誰にプレーさせれば最も効果的なのかをよく考える必要がある。ポイントガードとしてリーダーシップを発揮できるのは誰なのか。ガード，フォワードのなかでディフェンスを引きつけられるだけのシュート力を持っているのは誰なのか。パワーフォワードとしてプレーするだけの力強さや忍耐力を持っているのは誰なのか。センターと呼ぶにふさわしいプレーヤーはいるのか。もしいないのであれば，誰がその穴を埋めるのか。

いうまでもなく，プレーヤーの能力を正確に把握しておけば，ゾーンディフェンスを攻略する際にも役に立つ。なかにはゾーンオフェンスにうってつけだというようなプレーヤーもいる。ではどうすれば，ゾーンディフェンスを攻略するのに必要な状況判断力や身体能力を備えているプレーヤーと，そうでないプレーヤーを見分けることができるだろうか。

当然のことではあるが，シーズン開始当初は，まったくの白紙の状態からスタートし，一歩一歩段階を追って指導していくことになる。まずはディフェンスを付けないダミーでの練習，つまり1対0，2対0，3対0といった形で，ゾーンオフェンスのファンダメンタルや駆け引きについて教える。このようなプロセスを経て何をすべきかひと通り説明したら，次はどのようにプレーすればよいのかを示す。そのうえで，プレーヤーがこちらの要求した通りにプレーしているかどうかチェックする。優れたコーチであれば，練習のときから1つひとつのプレーを正確におこなうよう要求するものである。

次にダミーのディフェンスを付けての練習をおこない，最終的にはディフェンスをライブにする。この段階にきたら，各プレーヤーの持っている1対1の能力がどの程度なのかをチェックする。そのうえで，チームの全体像を描いてみる。また，2人，3人のコンビネーションプレーとしてどのようなプレーが使えそうか考える。さらには，ゲームの展開を判断する能力があるかどうか，ディフェンスの状況を読んでプレーすることができるかどうか，ゲームを通じて激しい肉弾戦を戦い抜くだけの強さはあるのか，1つひとつのプレーを正確におこなうことができるかどうかなどを，細かくチェックしていくことになる。

トライアウト[*27]では各プレーヤーが持っている能力を見逃すことのないように，できる限り時間をかけて，あらゆる角度から検討を重ねるべきである。完璧なプレーヤーなどめったにいるもの

ではないし，1回のスクリメージ*28だけでは実力を発揮しきれないということもあろう。そもそも，個々のプレーヤーが持っている潜在能力を見極めたうえで，その能力に磨きをかけ，それらの能力を組み合わせることによって強いチームをつくりあげていくのがコーチの仕事である。

なかにはゾーンディフェンスに対してはめっぽう強いといったプレーヤーもいるはずである。アウトサイドからのシュート力があるプレーヤーをリクルートしたり，トライアウトの期間中に発掘することができれば，ゾーンディフェンスを攻略する際に大きな武器となる。第4章以降に紹介するオフェンスシステムを用いれば，簡単にアウトサイドショットのチャンスをつくり出すことができる。ディフェンスがこれらのショットをすべてカバーするのは不可能である。したがって，アウトサイドからのショットを確実に沈めてくることができるスペシャリストを1人，2人擁しているかどうかはまさに勝負の分かれ目となる。

4．ベンチプレーヤーの重要性

本章では「バランス」が重要だということを何度も述べてきた。これは人の集まりであるバスケットボールのチームでも，個々の部品の集まりである機械でも同じである。誰でも知っているように，人間が状況に応じて部品を入れ替えなければ，機械は本来の性能を発揮してくれない。機械を動かすうえで，オリジナルの部品を使うかどうかということは重要ではない。オリジナルの部品であれスペアの部品であれ，機械本来の性能を維持できるかどうかが重要なのである。例えば，夏に車を運転するときはノーマルタイヤを使う。しかし冬になって道路のコンディションが変わってきたら，スノータイヤに付け替えなければならない。乗っている車は同じでも，季節によってタイヤの種類を使い分けることによって初めて，目的地まで移動するという車本来の目的を達成できるのである。

バスケットボールでも，ゲームごとに条件は異なるし，ゲームが進行していくなかでも状況は刻々と変化していく。したがって，チームのパフォーマンスを最大限引き出すためには，メンバーを入れ替えることを考えなければならないときもある。言い替えれば，スターター以外の，いわゆるベンチプレーヤーをいかに活用するかがカギとなるのである。

❶ベンチプレーヤーの役割のとらえ方

ベンチプレーヤーの役割についてはいろいろな考え方があろう。例えば，スターターに一息つかせたり，けが人が出た場合のバックアップとしてのみプレーさせるという考え方もあるだろう。このようにベンチプレーヤーの役割をかなり限定的に考えた場合でも，ゲームではスターターを含めて最低8人は必要となる。つまり少なくともガード3人，フォワード3人，そしてセンターを2人は育てておかなければならない。

しかし，チームの持っている能力を最大限引き出したいのであれば，このようなアプローチはとらないほうがよい。ベンチプレーヤーを単にスターターを休ませるだけの存在として考えるのではなく，むしろ刻々と変化する状況に応じて，コーチがとりうる選択肢の幅を広げるうえで欠かせない存在としてとらえたほうが生産的である。例えば，ゲーム当初はマンツーマンディフェンスでもっていたチームも，もし個々のマッチアップという点で相手のほうが圧倒的に優位だとわかれば，アウトサイドからのショットをある程度捨てててで

---

*27．トライアウト：シーズン当初，チームのメンバーを選抜するための練習期間のこと。一般的にアメリカではチームのメンバーとして登録できる人数に上限が設けられており，この人数を超える入部希望者がいる場合はトライアウトの期間中にメンバーを選抜しなければならない。

*28．スクリメージ：ゲーム形式でおこなう5対5での練習のこと。

もゾーンディフェンスに切り替え，1対1やパワーで劣る部分をカバーしようとするだろう。

ここで，待っていましたとばかりにベンチからアウトサイドショットの得意なプレーヤーが出てきて活躍してくれたらどうだろうか。そもそもアウトサイドからのショットが得意なプレーヤーには欠点が多く，ゲームでの使い方が難しい場合のほうが多いかもしれない。しかし，ゾーンディフェンスを攻略するためにどうしてもアウトサイドからのショットがほしいときに，このようなプレーヤーがいてくれると，チームにとって非常に大きな武器となる。

❷ベンチプレーヤーの活用

本当にバランスのとれたチームをつくろうと考えているのであれば，ベンチプレーヤーの能力も十分に活用することが重要である。もちろん1つのことしかこなせないロールプレーヤー[*29]が8人いてもゲームに勝つことはできない。しかし，ゾーンオフェンスのスペシャリストやディフェンスのスペシャリストとして活躍できるプレーヤーがいなければ，常勝チームをつくりあげることができないのも事実である。

プレーヤーの層を厚くしたいのであれば，ポジションごとにプレーヤーの状況をしっかり検討しておく必要がある。例えば，ポイントガードとして2人，シューティングガードとして2人の合計4人がガードのポジションでプレーできればチームとしても理想的だろう。しかし，現実にはガードとしてプレーできるのは3人だけということのほうが多い。このような場合，3人のうちの誰かがポイントガードとシューティングガードの両ポジションをこなさなければならなくなる。

フォワードやセンターも各ポジションに2人ずつ，つまりフォワードが4人とセンターが2人いると理想的である。最低でもフォワード3人，センター2人は必要だろう。場合によってはパワーフォワードがセンターの代わりを務めることもあるだろう。また，ゾーンオフェンスが得意なスモールフォワードをセンターとしてプレーさせ，スモールフォワードのポジションには別のフォワードを持ってくるといったことも考えられる。

プレーヤーをどのように使えばよいかを考えることは，チェスの駒の動かし方を考えることと似ていなくもない。チェスの場合，持ち駒の数が多ければ多いほど，相手に勝てる可能性は高くなる。バスケットボールでも，2つのポジションをそつなくこなしてくれるプレーヤーがいてくれれば，コーチがとりうる選択の幅も広くなる。いずれにせよ，ゾーンオフェンスを成功させるためには，メンタル面を含めて個々のプレーヤーが持っている能力をうまく組み合わせ，チーム全員に協力してプレーさせなければならないのである。個々のプレーヤーの能力をしっかり把握したうえで，状況に応じてメンバーを入れ替えるのはコーチの仕事である。ここぞというときに，チームにとって必要な能力を持ったプレーヤーをベンチに座らせておくほどバカバカしいことはないだろう。

[*29]. **ロールプレーヤー**：リバウンダーやスクリナーなど，ある特定の役割だけを果たすためにゲームに出るプレーヤーのこと。

Chapter 3
Planning Each Trip Downcourt

3

ゲームのプランニング

1. ゲームプランを立てるための準備

❶相手チームのスカウティング

　実際にプレーヤーを評価してみると，マンツーマンディフェンスを攻略するほうが得意なプレーヤーもいれば，ゾーンディフェンスを攻略するほうが得意なプレーヤーもいる。

　ここで重要なのは，手持ちのプレーヤーの特徴を正確に把握しておくことである。この点をしっかり踏まえたうえで，相手チームのディフェンス，つまりディフェンスで何をしようとしているのか，またそのパフォーマンスはどの程度なのかといったことを分析していくことになる。

　ゾーンディフェンスを攻略するにあたっては，相手がどのようなゾーンディフェンスを用いているのかを把握しているだけでは不十分であり，その特徴，長所や短所などまで踏み込んで分析しておく必要がある。

　例えば，最初から最後まで激しくディフェンスしてくるチームもあれば，5，6回パスをまわされると集中力が切れてしまうようなチームもある。また，インサイドにパスされるのを覚悟のうえで，アウトサイドまで大きく広がって激しくプレッシャーをかけてくるチームもあれば，アウトサイドからのショットを捨ててでも，インサイドを固めるために引き気味にディフェンスしてくるチームもある。スクリーンを使うと効果のあるディフェンスもあれば，スクリーンをかけてもあまり効果のないディフェンスもある。

❷スカウティングできなかった場合の対処法

　ゲームに先立って相手チームの長所や短所をスカウティングしておくことができればそれに越したことはない。しかし，スカウティングできなかった場合は，次善の策として，ゲーム開始後なるべく早い段階にコンティニュイティオフェンスやセットプレーをあれこれ試してみることをお勧めする。ヘッドコーチやアシスタントコーチは，1つひとつのプレーの成り行きをじっくり観察し，それをスタッツやショットチャートとつき合わせて確認する。スタッツやショットチャートで確認すれば，インサイドにうまくボールを入れることができているのか，アウトサイドショットの確率がどうかなどといったことも一目瞭然である。

　いずれにせよ，自分達の状態に加えて相手チームの特徴をしっかり把握できれば，俄然有利となるのは間違いない。そのためには，ゲームの序盤でしっかり情報を集めておくことが必要となる。そして，ここが勝負だというときにそれを有効に活用すればよいのである。そうすれば，いざというときにゲームの勝敗を左右するショットが不発に終わってしまうというようなことは避けられるだろう。

2. コンティニュイティとセットプレー

　ゾーンディフェンスを攻略するにあたって，カレッジ・オブ・チャールストンでは，コンティニュイティとセットプレーという2通りのアプローチを採用している。

🏀コンティニュイティオフェンス

❶コンティニュイティオフェンスとは

　本書では第4章で6つのコンティニュイティオフェンスを紹介し，各オフェンスの長所やねらい目について解説していくが，そもそもコンティニュイティオフェンスとは何なのだろうか。

　コンティニュイティオフェンスの「コンティニュイティ」とは「連続する」，あるいは「継続する」という意味の言葉である。この点からも推察していただけると思うが，コンティニュイティオフェンスとは，決められたルートに沿ってボールとプ

レーヤーが右サイドから左サイド，左サイドから右サイドと何度も行ったり来たりするようなプレーのことである。理論上はシュートチャンスが生まれるまで，時間の許す限り何度でもプレーを続けることができる。したがって，1回パスしただけでシュートできることもあれば，7，8回のパスが必要になることもある。場合によっては時間の許す限りひたすらパスをまわし続けることも可能である。

　コンティニュイティオフェンスの利点としては次の3つをあげることができる。

(1) インサイドを攻略することを強調しつつも，アウトサイドのプレーヤーを含む5人全員に得点のチャンスが与えられる

(2) スクリーンを利用してディフェンスのインサイドを攻略するようなプレーも含まれているので，過去にこのようなオフェンスに直面した経験がないチームは対応に手間どる可能性が高い。

(3) ゲームの終盤に時間稼ぎをするためのプレーとしても用いることができる

❷トライアングルを活用したインサイドの攻略

　第1章では原則11として，トライアングルをつくってディフェンスを攻略することを紹介した。すなわち，特定のエリアに3人のプレーヤーを配置し，オーバーロードをつくり出すという考え方である。とくにゾーンディフェンスをインサイドから攻略したいのであれば，トライアングルを活用するというのが最も基本的な方法である。第1章で紹介した7つのトライアングルをみると，ポスト2人にアウトサイド1人という配置になっているものが3つ，ポスト，ショートコーナー，アウトサイドにそれぞれ1人ずつ配置しているものが2つある。セットプレーと比較すると，コンティニュイティオフェンスではトライアングルがつくられる可能性が高くなる。つまり，コンティニュイティオフェンスは，インサイドを攻略するうえで非常に有効な手段なのである。

❸インサイドにボールを集める効果

　では，インサイドにボールを集めると，どのような効果が現れてくるのだろうか。第1にあげられるのは，ゴールの近くから確率の高いショットをねらえる可能性が高くなるということである。また，相手チームのビッグマンをファウルトラブルに追い込める可能性も高くなる。インサイドから積極的に攻撃をしかけると，ディフェンスはポストやレーンの中にパスを入れさせないよう引き気味にプレーしてくるはずである。こうなると，アウトサイドからのショットもねらいやすくなる。オフェンスがインサイドで得点を重ねれば重ねるほど，アウトサイドでのチャンスも増えてくるのである。ポストからリターンパスを受けてのショットやスキップパスからのショットは，ディフェンスがインサイドを固めれば固めるほどねらいやすくなる。先ほど，コンティニュイティオフェンスを用いればインサイドから攻略することを強調しつつも，アウトサイドを含めた5人全員に得点のチャンスが与えられると述べたのはこういう意味なのである。したがって，チャンスであるならアウトサイドからも積極的にショットをねらうべきである。

　ディフェンスがインサイドを固めざるを得ないような状況をつくり出すことができれば，相手チームのファストブレイクに悩まされることも少なくなる。インサイドを固めれば固めるほど，ディフェンスはファストブレイクを出しにくくなる。たとえ相手チームのガードがすばやくアウトレットパスを受けたとしても，ボールに先行して走るプレーヤーやパスを送る相手がいなければ，スムーズにファストブレイクに移行することはできない。つまり，ディフェンスはファストブレイクを出したくても出せなくなってしまうのである。

　最後に，コンティニュイティオフェンスの利点の1つとして，ビッグマンに気持ちよくプレーさせることができるという点も加えておこう。昔から言われてきたように，オフェンスで気分よくプレーできているときは，ディフェンスでも実力以

上の力を発揮してくれることが多い。もしビッグマンがリバウンドやディフェンス，ブロックショットでいつも以上の力を発揮してくれるのであれば，コーチにとっては願ったり叶ったりであろう。

⬤ セットプレー

❶セットプレーとは

　コンティニュイティオフェンスでは，5人全員にシュートチャンスが巡ってくるようにプレーがデザインされているのに対し，セットプレーでは，チームのなかで最も得点力のあるプレーヤーにシュートチャンスを与えるべきだという考え方に基づいてプレーがデザインされている。したがって，基本的にはあらかじめ決められたプレーヤーだけがショットをねらうことになる。

❷各プレーヤーの役割

　シューターにはシューターとしての役割があるように，他のプレーヤーにもそれぞれの役割がある。例えばセットプレーが滞りなく機能するためには，優秀なパッサーと優秀なスクリナーの存在が不可欠だが，これらの役割を担うプレーヤーも，自分自身が果たす役割の重要性を十分理解しておく必要がある。また，自分自身の能力や味方プレーヤーの能力をしっかり把握したうえでプレーしなければならない。

　どうしても得点がほしいときに，ショットが苦手なプレーヤーにボールを渡すのはナンセンスである。このようなときには，シューターが最も得意とする場所で，タイミングよくボールを手にすることができるようにすべきであろう。リバウンダーの役割がリバウンドを取ることであり，パッサーの役割がアシストパスを出すことであるのと同じように，シューターの役割はボールをネットに沈めてくることなのである。もし，コーチが各プレーヤーのパフォーマンスを客観的な数字によって示すことができれば，チーム内での役割分担に関する共通理解を構築するうえでも役立つだろう。そのためにも，コーチはしっかりスタッツをつけておくべきである。

3．プレーの適切な使い分け

❶2つのプレーの関係

　コンティニュイティオフェンスではインサイドを攻略することに重点が置かれているのに対して，セットプレーでは主としてアウトサイドからのプレーに重点を置いている。したがって，両者は互いに補い合うような関係にある。

　インサイドでのオフェンスを強調するにせよ，アウトサイドからのオフェンスを強調するにせよ，ゾーンディフェンスを攻略するためには最低限のバランスが必要である。私自身の32年間に及ぶコーチとしての経験のなかでも，インサイドのパワープレーだけ，あるいはアウトサイドからのショットだけで勝ったチームなど見たことがない。ゾーンディフェンスを攻略するのがうまいチームは，必ずといっていいほど，ファストブレイク，アウトサイドからのショット，インサイドでのパワープレー，ドライブイン，リバウンドからのショットという5つ要素をうまくミックスさせながらプレーしている。

　ただし，本書のテーマはハーフコートのゾーンオフェンスなので，ここでファストブレイクに関してあれこれ議論するのは控えておこう。今後の議論の対象はもっぱらハーフコート・オフェンス，つまりコンティニュイティオフェンスとセットプレーに絞ることにする。

❷コンティニュイティを選択する場合

　では，コンティニュイティオフェンスとセットプレーはどのように使い分ければよいのだろうか。両者を適切に使い分けるためには，自分達の長所や短所と同時に，相手チームの特徴をしっかり観

察しておく必要がある。詳しくは次章以降で説明するが，セットプレーに比べてコンティニュイティオフェンスでは，より多くのプレーヤーが積極的にプレーに関わることになる。したがって，相手チームがシューターに的を絞ってディフェンスしているときにコンティニュイティオフェンスを選択すれば，他のプレーヤーがショットをねらうこともできる。すばやくパスを展開すれば，左右どちらのサイドからでも攻撃をしかけることができるし，一度ボールをインサイドに入れてからアウトサイドでシュートチャンスをうかがっているシューターにパスアウトしてもいいだろう。とりわけディフェンスがシューターに対して**オーバープレー**[*30]してきたときには，このような**インサイド-アウト**[*31]のプレーが効果的となる。

インサイドで力強くプレーして得点を重ねることができるだけでなく，アウトサイドにパスをさばくのもうまいプレーヤーは，ディフェンスにとって厄介な存在となる。このようなプレーヤーがインサイドでボールを持つと，ディフェンスはアウトサイドでパスを待っているシューターをマークすべきか，それともインサイドにヘルプに行くべきかという決断を迫られる。しかし往々にしてどっちつかずのポジションとなってしまい，ディフェンスとしてほとんど意味をなさないような状態に陥ってしまうことが多くなる。

❸セットプレーを選択する場合

チーム事情によっては，1人ないし2人のシューターを中心にオフェンスを組み立てたほうがよい場合もある。このようなときには，セットプレーを選択すべきだろう。セットプレーのなかにはインサイドでのオフェンスに重点を置いたものもあるが，基本的にはアウトサイドでシュートチャンスをつくり出せるようにプレーがデザインされている。もちろんアウトサイドのプレーが抑えられてしまったときには，インサイドにパスを入れればよい。ちなみに，第5章で紹介する「レッドシリーズ」という7つのセットプレーは，すべて1-3-1**アラインメント**[*32]からプレーを始める。このため，ディフェンスがあらかじめオフェンスの動きを予測することは難しい。

ここで実際にゲームに望むに当たってのコメントを2点ほど加えておこう。1点目は私の個人的な考えなのだが，オフェンスのたびに次から次へとプレーを変えるのはいかがなものかと思う。あるプレーがうまく機能しているときに，ディフェンスの目先を変えるために他のプレーを織り交ぜて使うのは構わない。しかし，うまくいっているプレーをやめてしまうのはナンセンスである。オフェンスではプレーをくり返して用いることのほうが重要である。2点目として，コンティニュイティやセットプレーを用いる際には，左右どちらのサイドから攻撃をしかけ，どのようにディフェンスの弱点を攻略していくのか判断したうえでプレーを始める必要があるということをあげておこう。とりわけ，セットプレーを用いる場合には，誰のショットが当たっているのか見極めたうえで，できるだけ調子のいいプレーヤーにボールを集めるようにすべきである。

[*30]. オーバープレー：シューターやオフェンスのキー・プレーヤーなどに対し，ボールを持たせないように密着してディフェンスすること。

[*31]. インサイド-アウトのプレー：センターをはじめとするインサイドのプレーヤーがディフェンスを引きつけてアウトサイドにパスを出したり，逆にアウトサイドでのショットを得意とするプレーヤーがディフェンスを引きつけてインサイドにパスを入れるプレーのこと。

[*32]. アラインメント：コート上でのプレーヤーの配置や並び方のこと。

4. プレーの伝達（プレーコール）

　ファストブレイクや，プレスアタックを試みたあとは，できるだけスムーズにハーフコート・オフェンスに移りたい。

　本書で紹介するコンティニュイティオフェンスやセットプレーでは，ポイントガードがプレーをスタートさせることになっている。したがって，なるべく早くポイントガードにボールを渡すように心がけるべきである。前章で述べたように，ポイントガードはコーチとプレーヤーのコミュニケーションの橋渡し役も務めることになる。

❶プレーコールのタイミング

　コーチはプレーヤーに対し，いつどのような方法でプレーを指示すればいいのだろうか。カレッジ・オブ・チャールストンでは，ゲームの前やタイムアウトの際に，最大で4つのプレーを指示することがある。プレーヤーはコーチから指示された順番通りにプレーをおこなうのである。こうしておけば，プレーコールやハンドシグナルを送る必要はなくなる。

　このようなやり方に対しては，プレーヤーに精神的な負担をかけることになってしまうのではないかという疑問を持たれるかもしれない。しかし，練習を通じてくり返し訓練すれば，プレーヤーも次第に負担を感じることなくプレーをこなせるようになっていく。ある意味これも，ゾーンディフェンスを攻略する際には欠かすことのできない能力の1つなのである。言い換えれば，4つのプレーを忘れることなく正確にこなしていくことができるという能力は，身体的な能力と同じように重要なものとして位置づけられるべきなのである。

　なるべく早くプレーを伝えたいのであれば，ディフェンスに戻るときに次のオフェンスでおこなうプレーを指示してもいいだろう。相手チームにフィールドゴールを決められたときにはボールをスローインするときに，また相手がショットをはずしたときにはバックコートにボールがあるうちにプレーコールすべきだろう。また，相手チームにフリースローが与えられたときにプレーコールしてもいいだろう。いずれにせよ，早めにプレーを指示しておけば，プレーヤーがフロントコートに入ってからポジションをとるためにあたふたすることはなくなるだろう。

❷プレーのスタート

　5人全員にプレーコールが伝わり，それぞれがしかるべきポジションに着いたら，ポイントガードがパスもしくはドリブルでプレーをスタートさせる。ここで「しかるべきポジション」という言葉を使ったが，これは何を意味しているのだろうか。

　例えば，シューティングガードがエントリーパスを受けたとき，即座にショットやパスをねらうことができなければプレーの効果は半減してしまう。なるべくゴールに近いところにポジションをとることを心がければ，パスを受けると同時にショットをねらうこともできるし，チャンスになっているプレーヤーへのパスもねらいやすくなる。その結果，コンティニュイティオフェンスやセットプレーの有効性が最大限に引き出されるのである。

　なお，本書で紹介するプレーでは，スモールフォワードとパワーフォワードはほとんど同じ役割を担うことが多い。したがって，両者はポジションを入れ替えてプレーさせても構わない。ただし，コンティニュイティオフェンスの「サーティーン」と「ブルー」の2つは例外である。この2つを用いる場合は，アウトサイドでのショットやパス，ドライブを得意とするプレーヤーと，インサイドでのパワープレーやショートコーナーからのプレーを得意とするプレーヤーを区別してプレーさせたほうがよい。

❸相手チームのディフェンスが変わった場合の対処

　ゲーム中，相手が突然ディフェンスを変えてくることがある。以前に比べ，チェンジングディフ

ェンスを用いるチームは多くなっており，ダブルチームをしかけてきたり，ボールを持ったプレーヤーをサイドラインに追い込むようなディフェンスをするチームも増えきている。

　では，相手チームがディフェンスを変えてきたときには，どのように対処すればいいのだろうか。ディフェンスの変化をすばやく見抜き，ただちにコミュニケーションをとることが重要なのは言うまでもない。あらゆるディフェンスに対して1つのプレーで対抗できないのと同じように，あらゆるプレーに対して1つのディフェンスで対処することもできないのである。ディフェンスの状態をしっかり把握したうえで，適切なプレーを選択することを心がけていれば，ディフェンスが何かをしかけてきても恐れる必要はないだろう。

　例えば，ディフェンスが何の前触れもなく突然ダブルチームをしかけてきたとしよう。このとき即座にパスする相手を2，3人見つけられれば，それほど困ることはない。本書で紹介するオフェンスは，このようなパスが簡単にできるようにプレーがデザインされている。パスを受けたプレーヤーはただちにショットをねらってもよいし，チャンスになりそうなプレーヤーにパスを展開してもいいだろう。とりわけハイポストやトップでパス受けたプレーヤーが逆サイドにパスを展開すると，シュートチャンスにつながることが多い。もちろん，当初のプランに沿ってプレーを続けてもいいだろう。

　相手チームが，オフェンスを左右いずれかのサイドに追い込むようなディフェンスをしてくるのであれば，初めにプレーを展開したいサイドとは逆のサイドに向かう振りをしてから，すばやく方向転換してプレーを始めるようポイントガードに指示しておけばよい。また場合によっては，逆サイドにいるガードやフォワード，あるいはハイポストにパスを送り，そのプレーヤーを起点にしてプレーを始めさせてもよい。もし，どうしてもポイントガードを起点にプレーをスタートさせたいのであれば，ポイントガードにパスをフォローさせればよい。この場合，ポイントガードはリターンパスを受けると同時に，改めてプレーをスタートさせることになる。

Chapter 4
Continuities

4

コンティニュイティオフェンス

A スプリット
コンティニュイティオフェンス
SPLIT

1. スプリットの基本的な考え方

「スプリット」とは何かを「分断する」、あるいは「分割する」という意味を持つ言葉である。この名称からも想像していただけるように、本項(スプリット)で紹介するオフェンスでは、ディフェンスのギャップを突きながら攻撃を展開していくようなスタイルをとっている。ただし、攻略の対象となるのは、オッドマンフロント・ゾーン(奇数フロント／1-2-2、3-2、1-3-1)である。

アウトサイドでは、4人のプレーヤーがディフェンスのギャップにポジションをとる。また、センターとフォワードはロールアンドリプレース、すなわち、パスに合わせて互いにポジションを入れ替わりながらローテーションし、インサイドのギャップを突いてパスを受けるチャンスをうかがう。するとディフェンスはマッチアップ上深刻な問題を抱えることになる。ガード陣は、センターとフォワードがロールアンドリプレースするのに合わせて、インサイドへのパスをねらうと同時に、ディフェンスの隙を突いてアウトサイドからのショットチャンスをうかがう。

2. ポジションごとの役割

❶ポイントガードとシューティングガード

スプリットでは、ポイントガードとシューティングガードはほとんど同じような役割を果たす。ただし、2人のうちのいずれかは、ドリブルでギャップを突き、ディフェンダーを引きつけてからパスを出すというプレーに長けていなければならない。これに対してもう1人のガードは、おもにパスを受けてショットをねらうことになる。

❷スモールフォワードとパワーフォワード

フォワードの2人についても、あまり厳密にポジションを区別してプレーさせる必要はない。むしろ重要なのは、それぞれの能力に適したプレーをさせることである。例えば、スモールフォワードはアウトサイドからのショットや1対1をねらったほうが能力を発揮できるし、パワーフォワードは、レーンの中にフラッシュしてショットをねらったほうが能力を発揮できるだろう。

❸センター

スプリットを用いる際に、カギとなるのはセンターである。センターは常にパスのターゲットとなるようにプレーし、パスが来たらただちにショットや他のプレーヤーへのパスをねらう。したがって、スプリットでは他のプレー以上に身体の大きさやタイミングよくプレーする能力が要求される。

3. ゾーンのタイプに応じた攻略

🏀 1-2-2, 3-2に対するスプリット ………………………………

図4-1のように1-2-2や3-2では，トップと両ウイングのディフェンダー，および両サイドのウイングとベースラインのディフェンダーの間にギャップが生まれる。

したがって，ガードの2人がトップとウイングのディフェンダーの間に立ち，フォワードの2人がウイングとベースラインにいるディフェンダーの間に立てば，ディフェンスを分断することができる。

❶基本アラインメントとエントリー
ⓐセンターのハイポストフラッシュから2-1-2アラインメントへ

図4-2のように，①と②はトップと両ウイングのディフェンダーのギャップに立ち，③と④は両サイドのウイングとベースラインのディフェンダーのギャップに立つ。また⑤は右のローポストにポジションをとる。①がギャップに向かってドリブルしていくのに合わせて[*33]，⑤はゾーンの死角を突くようにX_5の背後にまわりこみ，ハイポストに向かってフラッシュする。すると，オフェンスは2-1-2のアラインメントになる。これがスプリットの基本アラインメントである。

左右いずれのサイドでプレーを展開しても構わないが，ガードからフォワード，あるいはガードからハイポストにフラッシュしてきたセンターへのパスによってプレーがスタートする。

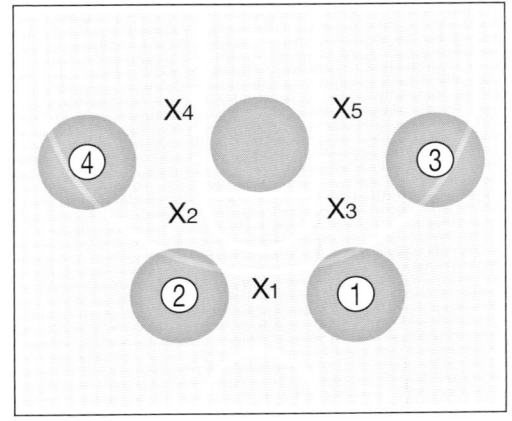

図4-1

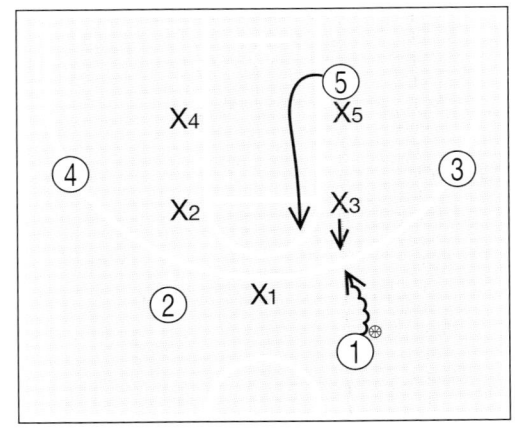

図4-2

＊33．**訳者注**：①はX_1とX_3のギャップを突くようにドリブルするが，なるべくX_3を引きつけるよう心がける。

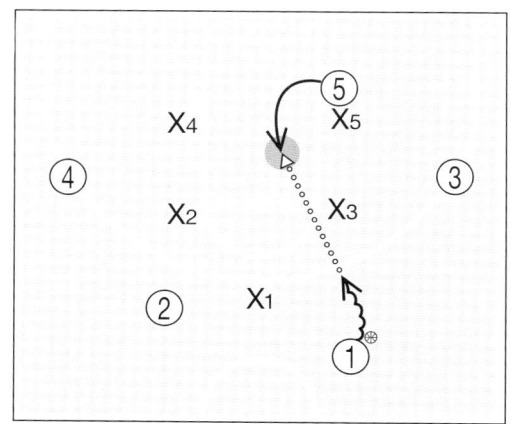

図4-3

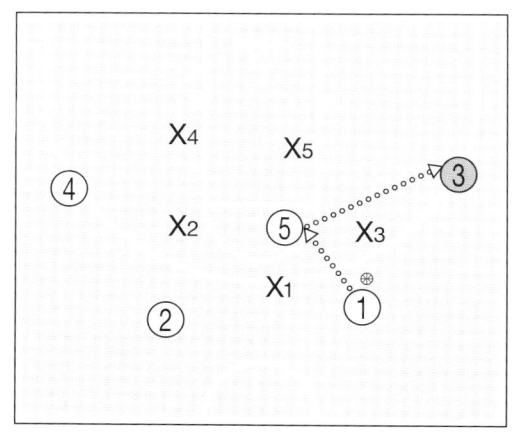

図4-4

b センターのオプション

図4-3のように，⑤がゾーンの背後を突くようにプレーすると，ディフェンスが⑤を見失う可能性がある。ここで①が⑤にパスを入れると，ただちにシュートチャンスとなる。

図4-4のように，ハイポストでパスを受けた⑤は自らショットをねらってもよいし，③にパスをさばいてもよい。パスを受けた③はただちにショットをねらう。

図4-5のように，⑤が左サイドにいる②にパスを送ると，オフェンス2人（②，④）に対してディフェンス1人（X_4）という状況になる可能性がある[*34]。

❷ 右サイドでの展開
—— ロールアンドリプレース

a センターのローポストカット

図4-6のように，①が③にパスしたら，⑤は右ローポストにカットする。この際，③がX_5を引きつけることができるかどうかがカギとなる。もしX_5が③のマークに出れば，⑤がローポストでチャンスになる[*35]。③はX_5の出方に応じてショット

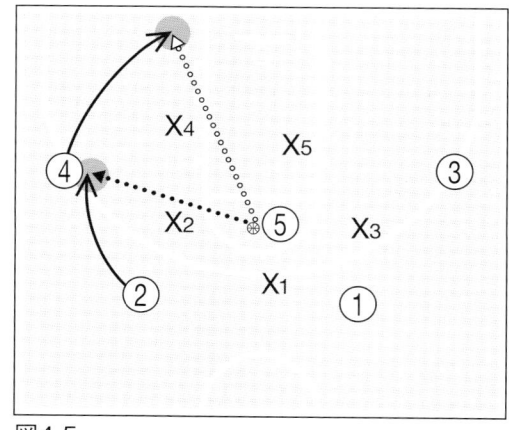

図4-5

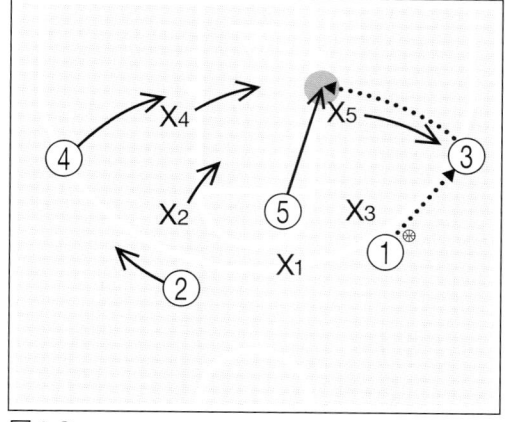

図4-6

[*34]. 訳者注：ハイポストへのフラッシュは，必ずX_4がマークするといったディフェンスをしてくるチームもある。この場合，②，④がX_2と2対1になる。

[*35]. 訳者注：③にパスがわたるとディフェンスは，(1)X_5がいったん③のマークに向かい，X_3が③をカバーしたらX_5はローポストに戻る，(2)X_5が③のマークに向かい，X_1が右ローポストをカバーする，というような対応をしてくる場合がある。このようなディフェンスに対しては，アウトサイドですばやくパスを展開し，ウイングやトップのディフェンダーに負荷をかけながらチャンスをうかがうとよい。

やドライブ，あるいは⑤へのパスを選択する。また，ディフェンスがインサイドでの動きに気をとられているようなら，①，②にパスを展開してショットをねらわせる。④は左ローポストに移動してリバウンドに備える。

b パワーフォワードのハイポストフラッシュ

図4-7のように，③が①にパスを返したら，④はレーンの中にフラッシュする。X₃がタイトにマークしてきたら，①はオーバヘッドパスやバウンスパスを使って④にパスを入れる。また①は左ローポストに移動してリバウンドに備えている⑤へのロブパスをねらってもよい。

c パワーフォワードのローポストカット

図4-8のように，①が③にパスを返したら，④は右ローポストに向かってカットする。先ほどのセンターのローポストカットと同様，X₅が③のマークに出れば，④がローポストでチャンスになる。ディフェンスがインサイドでの動きに気をとられているようなら，③は自らシュートしてもよいし，①にパスしてショットをねらわせてもよい。

d センターのハイポストフラッシュ

図4-9のように，③が①にパスを返すと同時に⑤はレーンの中にフラッシュし，ハイポストに上がる。

このように，①と③のパス，および⑤と④のロールアンドリプレースをくり返しながらショットのチャンスをねらう。

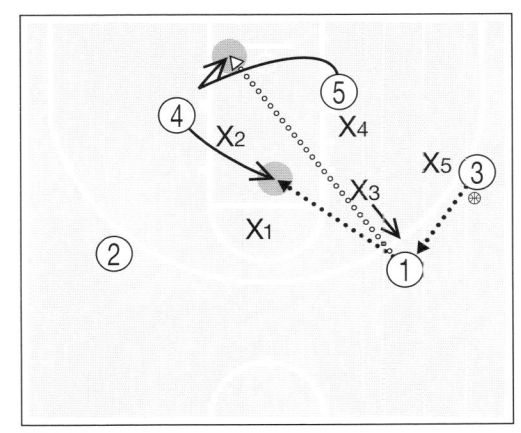

図4-7

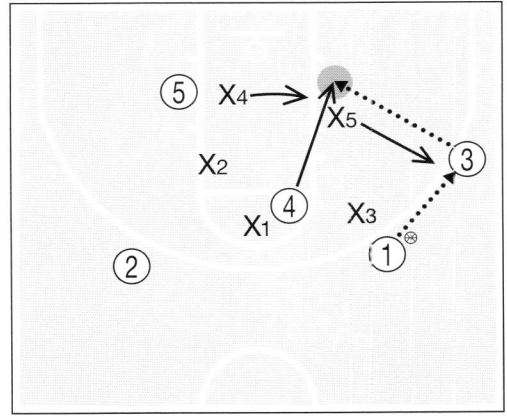

図4-8

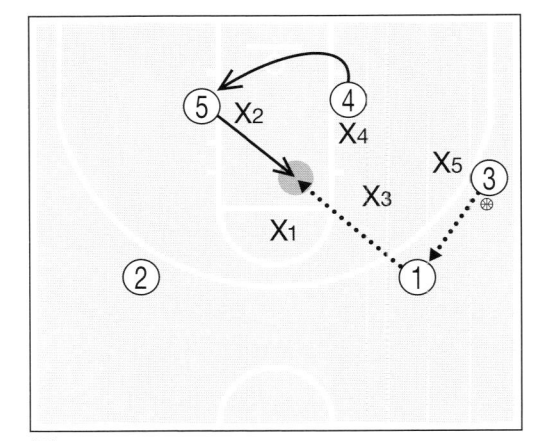

図4-9

A スプリット

❸左サイドでの展開
──ロールアンドリプレース

図4-10のように，①が②にパスすると同時に，⑤は右ハイポストから左ハイポストに，④は左ウイングのポジションに移動して2-1-2のアラインメントへ戻る。②が④へパスすることによって，左サイドでのプレーがスタートする。

基本的な動きやオプションは，右サイドでの展開と同じで，図4-11，図4-12のように，②と④のパス，および⑤と③のロールアンドリプレースをくり返しながらショットのチャンスをねらうことになる。

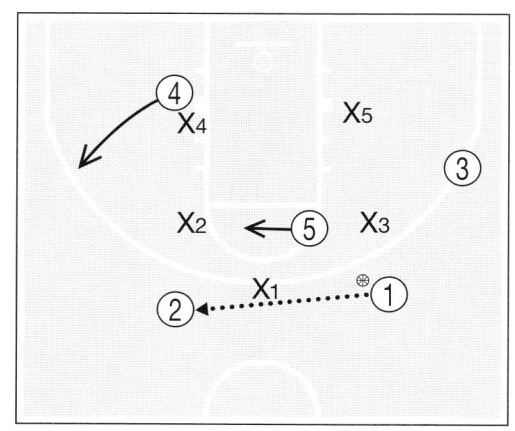

図4-10

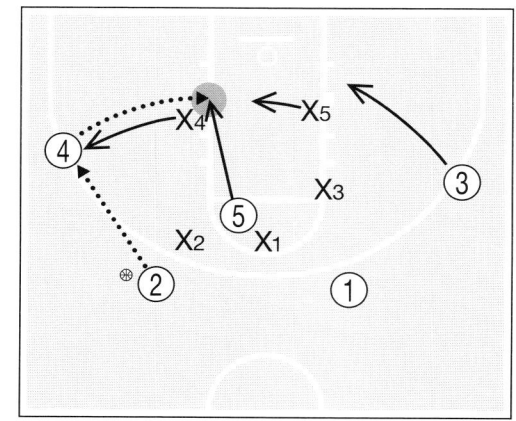

図4-11

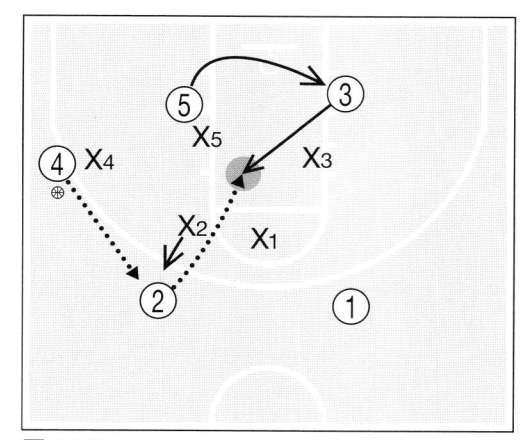

図4-12

🏀 1-3-1に対するスプリット

図4-13のように，1-3-1では，トップと両ウイングのディフェンダーの間，および両サイドのコーナーにギャップが生まれる。したがって，ガードの2人がツーガードポジションをとれば，トップとウイングのディフェンダーを分断することができるし，フォワードの2人が両サイドのコーナーに立てば，ウイングとベースラインのディフェンダーが誰をマークすればいいのか判断しにくい状況をつくり出すことができる。

このように，アウトサイドにいる4人がディフェンスのギャップに立てば，トップやウイング，ベースラインをカバーしているディフェンダーは，ただちにマッチアップ上の問題に直面することになる。

❶基本アラインメントとエントリー
—— センターのハイポストフラッシュから2-1-2アラインメントへ

図4-14のように，①と②はトップと両ウイングのディフェンダーのギャップに立ち，③と④は両サイドのコーナーのギャップに立つ。また⑤は右ローポストにポジションをとる。①がギャップにドリブルをしていくのに合わせて⑤はX_4の背後にまわり込み，ハイポストに向かってフラッシュする。すると，オフェンスはスプリットの基本アラインメント（2-1-2）になる。

❷右サイドでの展開
—— ロールアンドリプレース

ⓐセンターのローポストカット

図4-15のように，①が③にパスしたら，⑤は右ローポストにカットする。

1-2-2，3-2に対するスプリットと同様に，ここでも③がX_4を引きつけることができるかどうかがカギとなる[36]。X_4が③のマークに出れば⑤がロ

---

[36] 訳者注：X_4のポジションにパワーフォワードを配置しているチームの場合，X_4が③マークに向かい，その後X_3に受け渡すという対応をしてくる場合がある。このようなディフェンスに対しては，アウトサイドですばやくパスを展開し，ウイングのディフェンダーに負荷をかけながらチャンスをうかがうとよい。

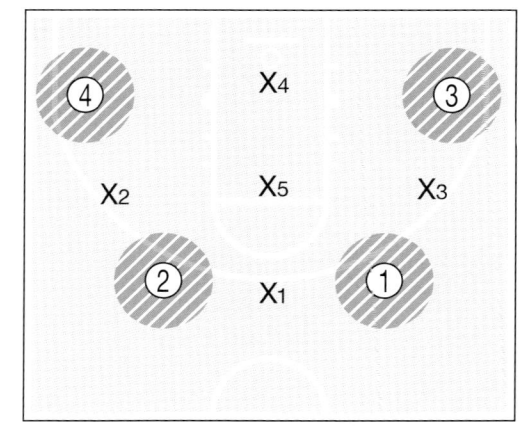

図4-13

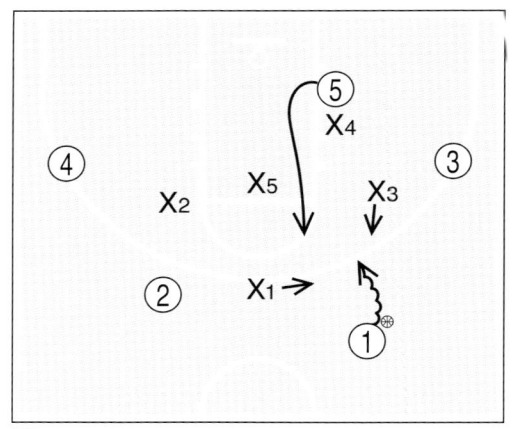

図4-14

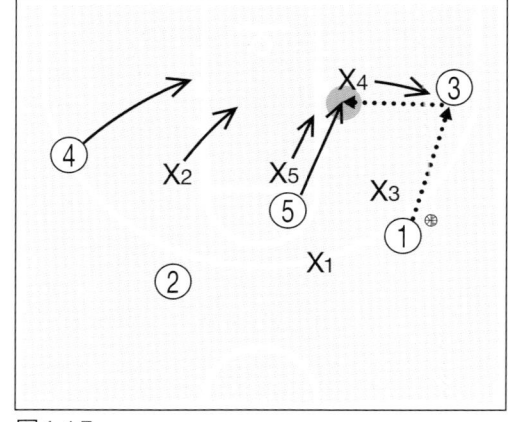

図4-15

ーポストでチャンスになる。③はX₄の出方に応じてショットやドライブ，あるいは⑤へのパスを選択する。④は左ローポストに移動してリバウンドに備える。

b パワーフォワードのハイポストフラッシュ

図4-16のように，③が①にパスを返したら，④はレーンの中にできたスペースにフラッシュする。①はオーバヘッドパスやバウンスパスを使って④へのパス，あるいは左ローポストに移動してリバウンドに備えている⑤へのロブパスをねらう。

c パワーフォワードのローポストカット

図4-17のように，①が③にパスしたら，④はローポストに向かってカットする。ディフェンスがインサイドに気をとられているようなら，③は自らショットをねらう。

d センターのハイポストフラッシュ

図4-18のように，③が①にリターンパスすると同時に，⑤はレーンの中にフラッシュする。

1-2-2，3-2に対する場合と同様に，ここでも①と③のパス，および⑤と④のロールアンドリプレースをくり返しながらショットのチャンスをねらう。

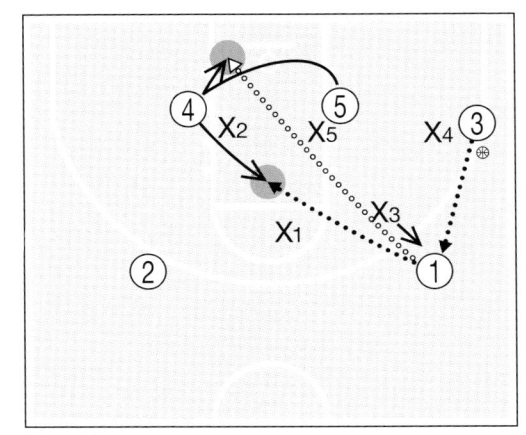

図4-16

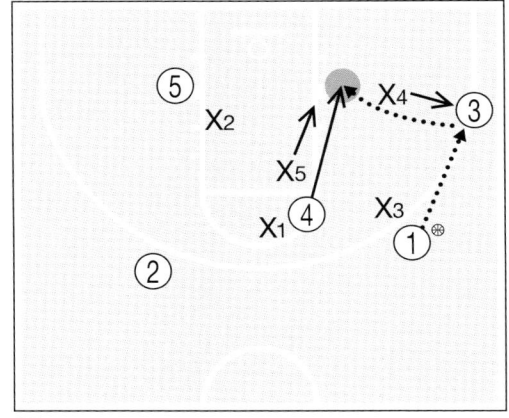

図4-17

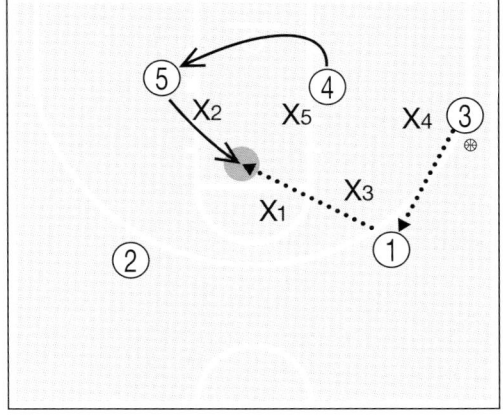

図4-18

❸左サイドでの展開
──ロールアンドリプレース

　図4-19のように，①が②にパスすると同時に，⑤は右ハイポストから左ハイポストに，④は左ウイングポジションに移動して，2-1-2のアラインメントへ戻る。②が④へパスすることによって，左サイドでのプレーがスタートする。

　基本的な動きやオプションは，右サイドでの展開と同じで，図4-20，図4-21のように，②と④のパス，および⑤と③のロールアンドリプレースをくり返しながらショットのチャンスをねらうことになる。

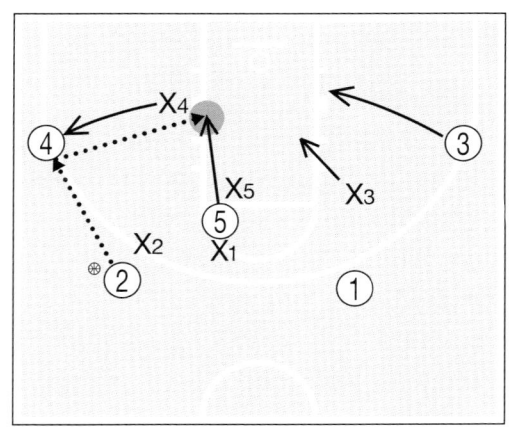

図4-20

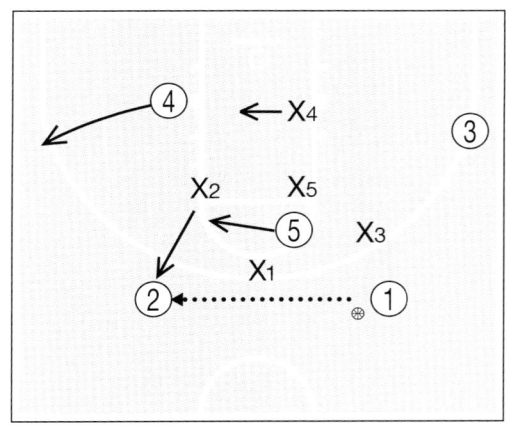

図4-19

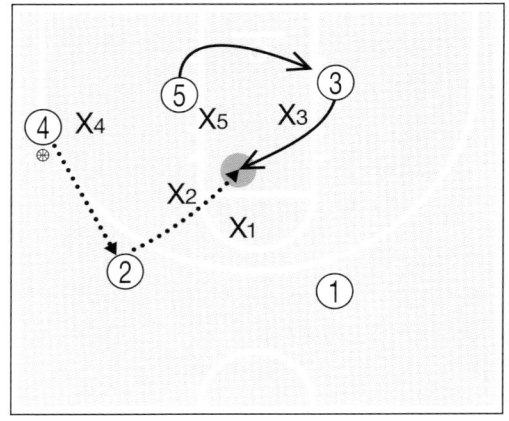

図4-21

🏀 マッチアップ・ゾーンに対するスプリット

　カレッジ・オブ・チャールストンでは，ボックス・ワンやトライアングル・ツーといったコンビネーションディフェンスに対してスプリットを用いたことはない。しかし，マッチアップ・ゾーンに対しては，かなりの効果があることを確認している。例えばスモールフォワード，パワーフォワード，センターがマンツーマンに近い形でマークされたときに，ロールアンドリプレースの動きを用いてバックラインのディフェンダーを攻略すれば，インサイドでノーマーク，あるいは1対1の状況をつくってシュートすることができるはずである。

4. スプリットのための分解ドリル

プレーヤーの配置

オフェンス3人(①, ④, ⑤)と補助者1人(Ⓒ₃)で実施する。1-2-2もしくは3-2を想定して練習する場合はディフェンスを4人、また1-3-1を想定する場合はディフェンスを3人配置する。

目的

プレーのタイミングおよび、個々のプレーヤーのパスやショットの能力を高める。必ず左右両サイドで練習する。

手順

(1)センターのハイポストフラッシュ

図4-22のように、①がギャップに向かってドリブルを始めたら、⑤はレーンの中にフラッシュし、シュートチャンスをうかがいながら右ハイポストに移動する。

(2)センターのローポストカット

図4-23のように、⑤にパスを入れられないと判断したら、①はⒸ₃にパスを送る。⑤は右ローポストに向かってカットし、シュートチャンスをうかがう。④は左ローポストに移動し、リバウンドに備える。

(3)パワーフォワードのフラッシュ

図4-24のように、Ⓒ₃が①にパスを返したら、④はレーンの中に向かってフラッシュし、シュートチャンスをうかがう。もし①からパスが来ないようであれば、右ハイポストに移動する。

⑤は左ローポストに移動し、①からのロブパスを待つと同時に、リバウンドに備える。

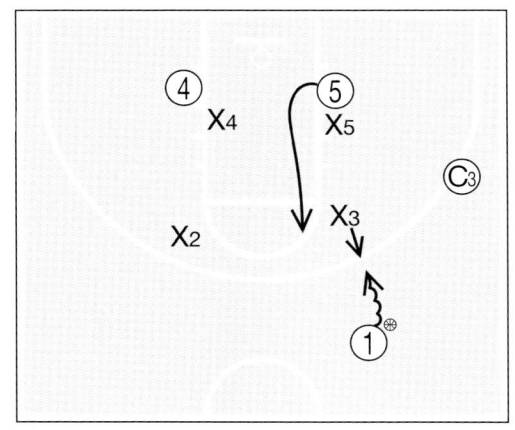

図4-22

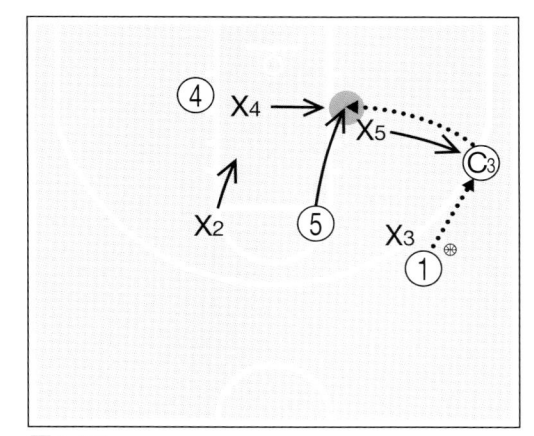

図4-23

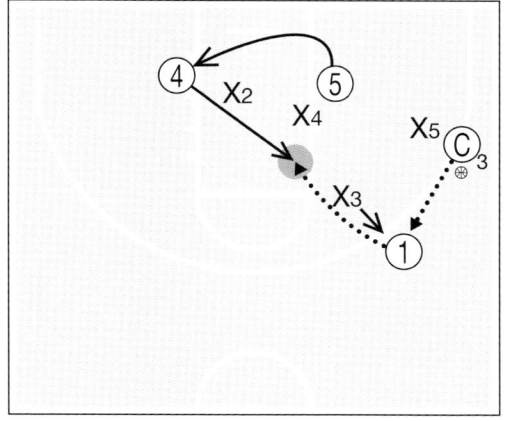

図4-24

B サーティーン
コンティニュイティオフェンス
13

1. サーティーンの基本的な考え方

　前項で紹介した「スプリット」が，オッドマンフロント・ゾーン（奇数フロント）を攻略の対象としていたのに対して，本項で紹介する「サーティーン」は，イーブンマンフロント・ゾーン（偶数フロント／2-1-2，2-3）を攻略の対象としている。したがって，スプリットとサーティーンをマスターすれば，オーソドックスなゾーンディフェンスであればどのようなタイプのものでも効果的に攻略できるようになる。

　ディフェンスのギャップを突き，ロールアンドリプレースを用いてプレーを進めていくという点では，スプリットもサーティーンも同じコンセプトに基づいたプレーだといえるが，サーティーンではショートコーナーを活用してディフェンスを攻略していくことも重視している。

　なお，スプリットやサーティーンは，ディフェンスがカバーするエリアを拡大し，フルコートでプレーしてきたときに用いることも可能である。しかしここでは，ハーフコートの状況に絞って解説を進めていくことにする。

2. ポジションごとの役割

❶ポイントガード

　ポイントガードは，オフェンス全体をリードしてプレーをスタートさせるだけでなく，シューターとしてプレーを締めくくる役割も果たす。ポイントガードがフロントライン・ディフェンダー2人のギャップを突くようにドリブルすると，ディフェンスはマッチアップするのが非常に難しくなる。もし，ディフェンスが何らかの形でマッチアップしてきたら，ポイントガードは，ノーマークになっているプレーヤーがいるサイドにすばやくパスを送る。場合によっては，センターがレーンの中でノーマークになっている可能性もある。また，パワーフォワードへのロブパスをねらえるかもしれない。

　ポイントガードには，シューターとしての役割も期待されている。ポイントガードがトップからショットを決めることができれば，ディフェンスにとって大きな脅威となる。

❷シューティングガードとスモールフォワード

　シューティングガードとスモールフォワードは，ウイングとも呼ばれることもある。両者とも，フロントラインとバックラインのディフェンダーのギャップに立ってシュートチャンスをうかがう。ディフェンスが広がっているときには，ギャップにドライブしてショットやパスをねらえるようでなければならない。また，ウィークサイドからレーンの中にフラッシュしてインサイドでプレーする能力も要求される。

　ウイングから，ミドルポストにいるセンター，ローポストやショートコーナーにいるパワーフォワード，あるいはトップにいるポイントガードにパスが渡るとチャンスにつながることが多い。したがってシューティングガードとスモールフォワードは，パッサーとしても優れた能力を備えている必要がある。

❸パワーフォワード

基本的に，パワーフォワードはベースラインに近いエリアでプレーする。そのため，ショートコーナーからショットやドライブをねらうことが多くなる。もちろん，ローポストにフラッシュしてポストアップすることもある。

また，ディフェンスの意表を突いてゾーンの背後にフラッシュすれば，ポイントガードからロブパスを受けることもできるだろう。

❹センター

センターの役割は，スプリットの場合とほとんど同じである。センターは攻撃の要であり，ハイポスト，ミドルポスト，ローポストいずれのエリアでも，存在感を示すようでなければならない。

3. ゾーンのタイプに応じた攻略

🏀 2-1-2, 2-3に対するサーティーン

2-1-2ゾーンでは図4-25，2-3ゾーンでは図4-26のように，フロントライン2人のディフェンダーの間や，左右各サイドのフロントラインとバックラインのディフェンダーの間にギャップが生じる。したがって，ポイントガードがトップに立ち，シューティングガードとスモールフォワードが左右のウイングにポジションをとれば，ディフェンスを分断することができる。

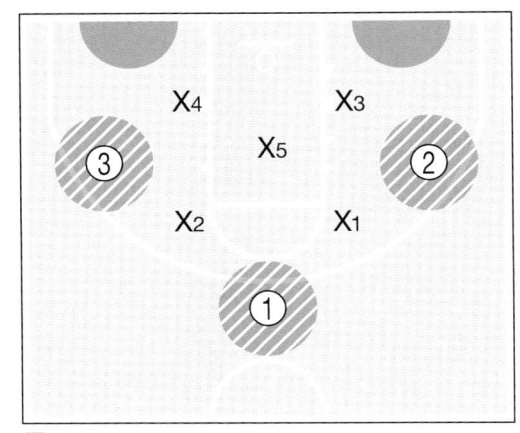

図4-25

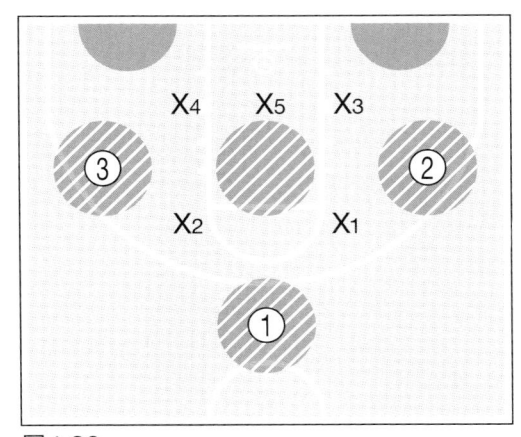

図4-26

❶基本アラインメントとエントリー

ⓐセンターのハイポストフラッシュから1-3-1 アラインメントへ

図4-27のように，①はフロントライン2人のディフェンダーのギャップに立ち，②と③はフロントラインとバックラインのディフェンダーのギャップに立つ。また④と⑤は左右のローポストにそれぞれポジションをとる。①がトップに向かってドリブルしてX_1とX_2のギャップを突くのと同時に，⑤はゾーンの背後を通って，シュートチャンスをうかがいながらハイポストに向かってフラッシュする。するとオフェンスは1-3-1のアラインメントになる。これがサーティーンの基本アラインメントである。

ⓑハイポストからのオプション

図4-29のように，ハイポストでパスを受けた⑤は自らショットをねらってもいいし，X_4の死角にまわり込んでいる④，あるいは②や③にパスしてもよい。

②，③は，①や⑤からパスを受けたらただちにショットやパス，ドライブをねらえるよう準備しておく。

ⓒパワーフォワードへのパス

図4-28のように，④がタイミングよくX_4の死角にまわり込めば，①からロブパスを受けることもできる。

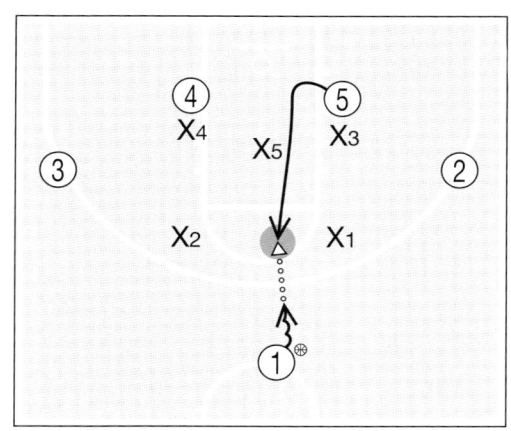

図4-27

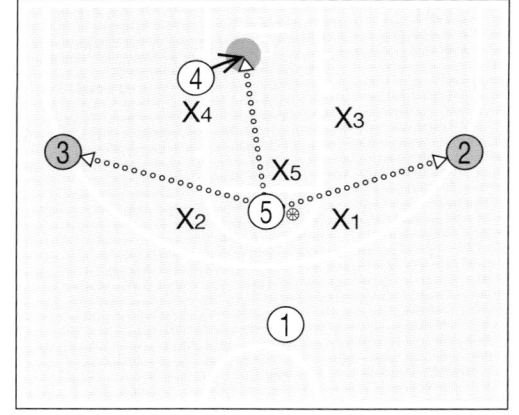

図4-28

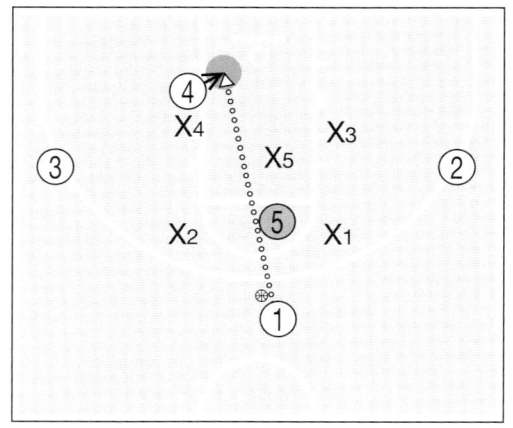

図4-29

❷右サイドでの展開
──ロールアンドリプレース

ⓐ パワーフォワードのフラッシュ

図4-30のように，①が②にパスしたら，④は右ローポストに向かってフラッシュする。⑤はボールの動きをフォローして，常にパスのターゲットとなれるようポジションを調整する。

②がX_3を引きつけることができれば，④はゴール下でのショットか，もしくはローポストでのポストアップをねらうことができるはずである[*37]。

ⓑ パワーフォワードのポップアウトとセンターのローポストカット

図4-31のように，ローポストでパスを受けられないと判断した④は，ショートコーナーにポップアウトし，ボールの動きをフォローしてハイポスト付近にいた⑤はローポストへカットする。

②はショートコーナーにポップアウトした④にパスを送る。②からパスを受けた④は，ショットやドライブ，あるいはローポストにカットしてくる⑤へのパスをねらう[*38]。また③は，左ローポストに移動してリバウンドに備える。

ⓒ スモールフォワードのハイポストフラッシュ

図4-32のように，④が②にパスを返したら，⑤は左ローポストに移動し，③は⑤が動いたことによって生まれたスペースに向かってフラッシュする。このとき，ディフェンスがインサイドに集中しているのであれば，①と②がアウトサイドからショットをねらうとよい。

このように，②と④のパス，および③と⑤のロールアンドリプレースによってインサイドを攻略することができる。

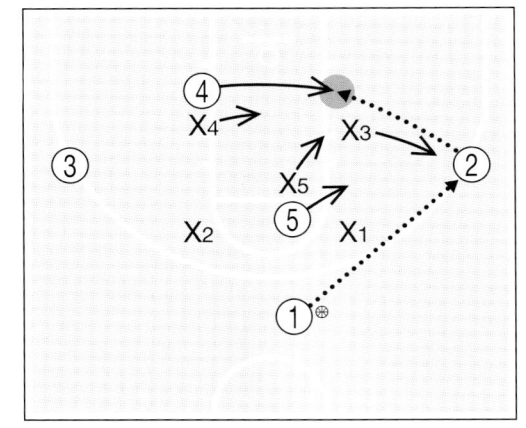

図4-30

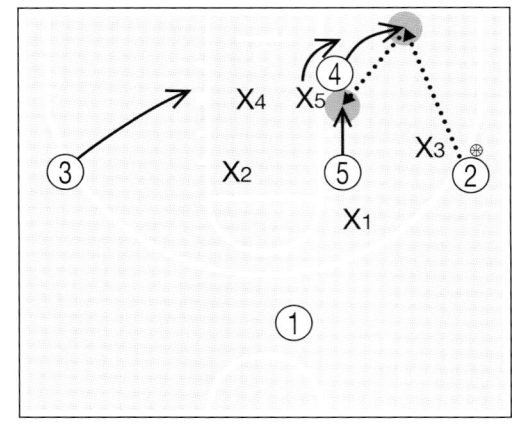

図4-31

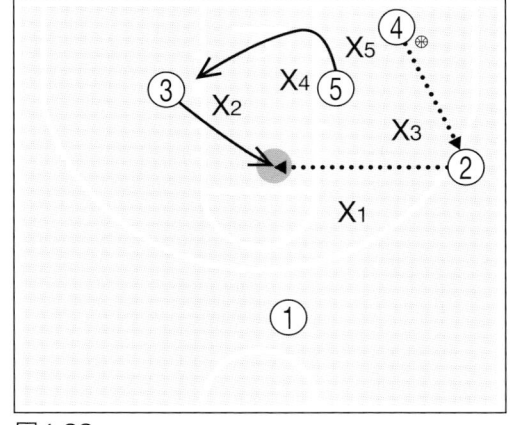

図4-32

[*37]. 訳者注：ここで③がタイミングよくゴールに向かえば，②からロブパスを受けることもできる。

[*38]. 訳者注：X_5がすばやく④をマークしてきたら，②は⑤へのパスをねらう。⑤は自分からX_4に向かっていくと，よりゴールに近い位置でポジションをとることができる。

❸左サイドでの展開
——ロールアンドリプレース

　図4-33のように、②が①にパスを返したら、⑤はシュートチャンスをうかがいながら右ハイポストに向かってフラッシュする。また、③は最初にいた左ウイングのポジションへ、④は左ローポストにすばやく移動し、1-3-1アラインメントに戻る[*39]。①が③へパスすることによって、左サイドでのプレーがスタートする。

　基本的な動きやオプションは、右サイドでの展開と同じで、図4-34〜36のように、③と④のパス、および⑤と②のロールアンドリプレースをくり返しながらシュートチャンスをねらうことになる。ただし、⑤とロールアンドリプレースをおこなうのはシューティングガードの②であり、この点が右サイドでプレーを展開する場合とは異なっている。

　左サイドから右サイドに展開する場合は、図4-37のように、③が①にパスを戻す。②は最初にいた右サイドのポジションにすばやく移動し、⑤はハイポストに向かってフラッシュする。続いて④もローポストの位置に移動すれば、最初の1-3-1アラインメントへ戻る。

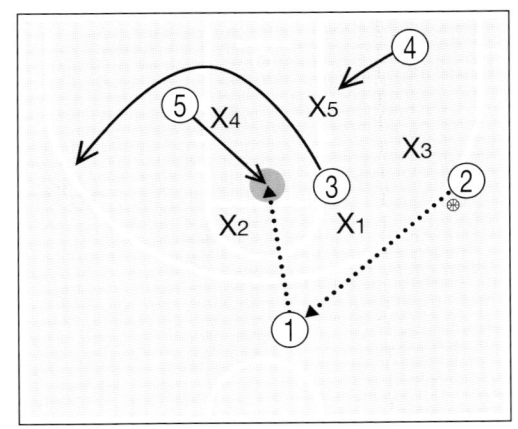

図4-33

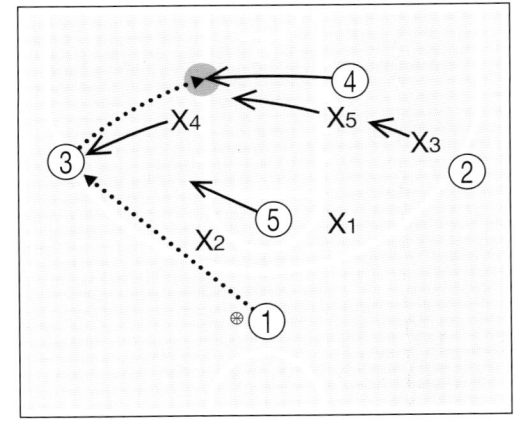

図4-34

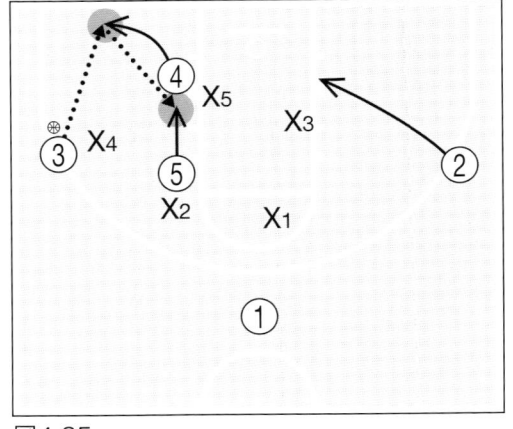

図4-35

---

*39. 訳者注：ディフェンスが⑤のフラッシュやパスの展開に気をとられていたら、①は④へのロブパスをねらってもよい。

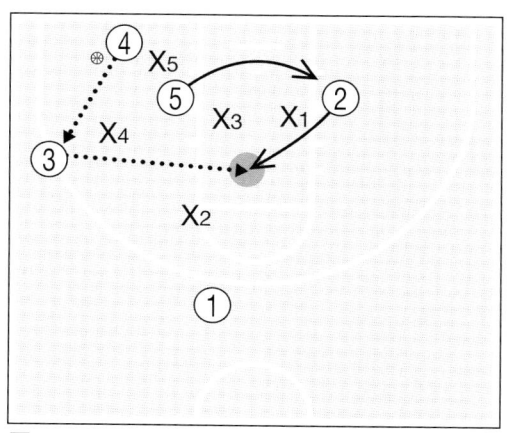

図4-36

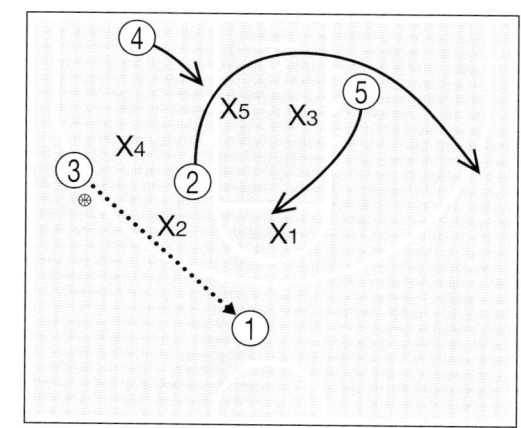

図4-37

4. サーティーンのための分解ドリル

プレーヤーの配置

オフェンス3人（③，④，⑤）と補助者2人（Ⓒ₁，Ⓒ₂）で実施する。

目的

タイミングのとり方やパス，ショットの能力を高める。そのために何度もくり返し練習する必要がある。なお，左サイドで練習するときには，補助者を左ウイングに移動させ，右ウイングに②を配置する。

手順

(1) センターのハイポストフラッシュ

図4-38のように，すばやく1-3-1のアラインメントに変化して，タイミングよく攻撃を始められるようにする[*40]。

③と右ウイングにいるⒸ₂は，パスを受けたらただちにトリプルスレットの姿勢をとれるように準備しておく。⑤はシュートチャンスをうかがいながら，レーンの中にフラッシュする。⑤がハイポストでパスを受けたら，④はレーンの中にフラッシュする。補助者Ⓒ₁は④にロブパスを送ってもよい。

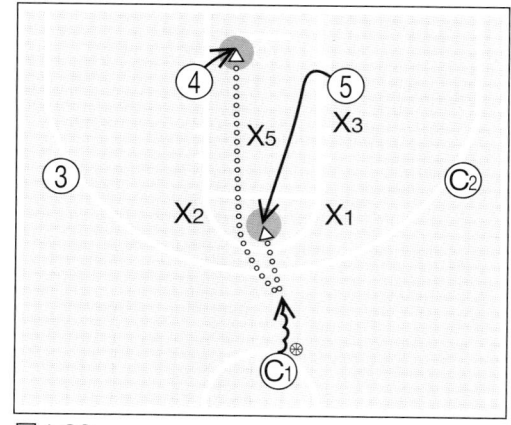

図4-38

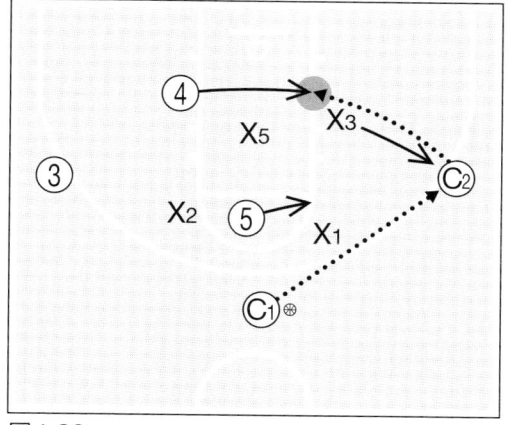

図4-39

[*40]. 訳者注：ここではディフェンダーを4人配置しているが，ローポストやショートコーナーでのプレーをより向上させるためには，ディフェンスを5人にしたほうがよいだろう。

(2) パワーフォワードのフラッシュ

図4-39のように，①が②にパスしたら，④は右サイドにフラッシュし，ゴール下でのショットや，ローポストでポストアップするチャンスをうかがう。⑤は常にボールの動きをフォローする。

(3) パワーフォワードのポップアウトとセンターのローポストカット

図4-40のように，ショートコーナーで④がパスを受けたら，⑤はローポストに向かってカットする。ここで④が⑤にパスすればシュートチャンスになる。③はローポストに向かい，リバウンドに備える。

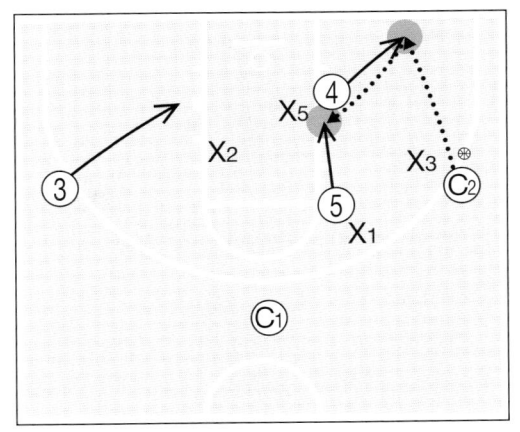

図4-40

(4) スモールフォワードのフラッシュ

図4-41のように，ショートコーナーの④が②にパスを返したら，③はレーンの中にフラッシュする。⑤は左ローポストに移動して，リバウンドに備える。

(5) センターのフラッシュ

図4-42のように，②が①にパスを返したら，⑤はシュートチャンスをうかがいながらハイポストに向かってフラッシュする。③は最初にいた左サイドのポジションに戻る。④はローポストに移動し，①からのロブパスを待つ。

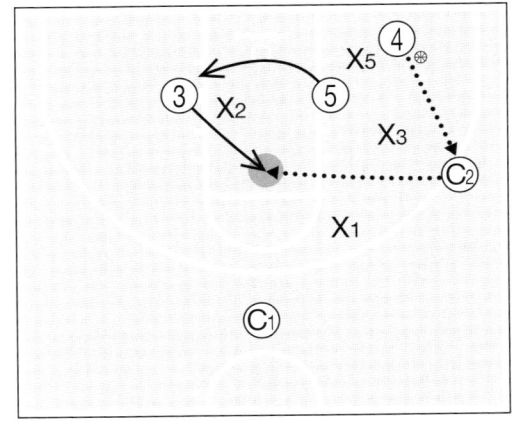

図4-41

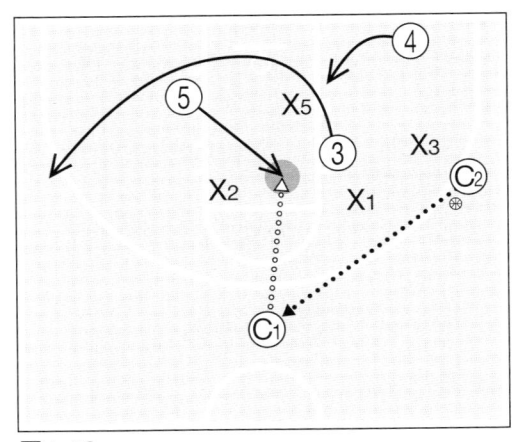

図4-42

C ビーシー
コンティニュイティオフェンス
BC

1. ビーシーの基本的な考え方

　ここで紹介するプレーの名称は，かつてジョージ・ビームがコーチを務めていたサウスカロライナ州コロンビアのブルックランド・ケイシー・ハイスクール（Brookland-Cayce）にちなんでつけられたものである。彼はこのハイスクールで非常に優秀なチームをつくり上げていた。カレッジ・オブ・チャールストンでは彼のアイディアを取り入れ，バックラインのディフェンダーにスクリーンをかけることによってゾーンディフェンスを攻略していくことを試みた。その結果，以前に比べてインサイドのプレーヤーにボールの渡る回数が増加した。

　ビーシーは，あらゆるゾーンディフェンスに対して用いることができる。例えば，2-1-2や2-3でディフェンスされると，通常インサイドでシュートする機会は少なくなる。しかし，すばやくパスを展開し，インサイドで何度もスクリーンをかけながら辛抱強くプレーを続ければ，ローポストやミドルポストにパスを入れるチャンスは必ず訪れる。もちろん，ディフェンスがインサイドに集中しているなら，アウトサイドからショットをねらってもよい。

　しかし，ビーシーの有効性を最大限実感できるのは，1-2-2や3-2，1-3-1やコンビネーション・ゾーン，あるいはマッチアップ・ゾーンに対して用いたときであろう。

　例えば，1-2-2や3-2では，バックラインにディフェンダーが2人しか配置されていない。したがって，バックラインのディフェンダーがコーナーをカバーせざるを得ないような状況をつくり出し，そのうえで逆サイドのバックライン・ディフェンダーにスクリーンをかければ，ローポストにスペースをつくり出すことができる。

　いずれにせよ，ビーシーを用いる際に重要なのは，センターやフォワードがその能力を最大限生かせるように，プレーするポジションを選択することである。例えば，プレーヤーのなかにはスクリーンをかけるのが得意な者もいれば，スクリーンを利用してプレーするほうが得意な者もいる。とくにビーシーの場合，インサイドでスクリーンをかけるプレーヤーの状況判断力が優れていれば，スクリーンをかけたあとにシュートチャンスをつくり出すことができる。したがって，スモールフォワードやパワーフォワード，センターといった名称に関係なく，個々の能力に応じてポジションを選択すべきである。

2. ポジションごとの役割

❶ポイントガード

　プレーをスムーズにスタートさせるという点で，最も大きな役割を担っているのはポイントガードである。とくに，1回のスクリーンプレーでシュートチャンスをつくり出したいのであれば，ポイントガードがウイングエリアをカバーしているディフェンダーを引きつけることが絶対条件となる。

　そのためには，まず逆サイドに向かってドリブルしてからすばやく方向転換し，ウイングエリアをカバーしているディフェンダーに向かっていくとよい。するとコーナーにいるシューティングガードは，バックラインのディフェンダーがカバー

せざるを得なくなる。

　なお，シューティングガードからリターンパスを受けたら，ショット，インサイドへのパス，逆サイドへの展開という選択肢のなかから的確にプレーを選択し，実行できるようでなければならない。

❷シューティングガード

　シューティングガードが果たすべき最も重要な役割は，文字通りショットを決めてくることである。ビーシーでは左右両サイドをすばやくスイングしてプレーするので，とりわけコーナーからショットをねらう機会が多くなる。コーナーでパスを受けた際には，ショット，ローポストへのパス，ミドルポストへのパスという3つのオプションが考えられるが，まずはベースラインに沿ってローポストに向かってくるスモールフォワード，もしくはパワーフォワードへのパスをねらうべきである。次にミドルポストの状況をチェックして，スピンバックしてくるセンターにパスを入れることができるかどうかを判断する。いずれにせよ，パスを受けたらただちにトリプルスレットの姿勢をとれるよう常に準備しておくことが重要である。

　なお，シューティングガードは自分で放ったショットをフォローすれば，リバウンドを取ることもできるということを忘れてはならない。

❸スモールフォワードとパワーフォワード

　ビーシーでは，パスが逆サイドに展開されるとスモールフォワードとパワーフォワードの役割が入れ替わる。したがって，両者は基本的にまったく同じ役割を果たすことになる。

　❸，❹ともに，ローポストやミドルポストにタイミングよくフラッシュできるようでなければならない。また，ウィークサイドでプレーしているときには，リバウンダーとしての能力を発揮することが要求される。なお，アウトサイドでパスを受けたときには，すばやくパスをコーナーに展開するよう心がけなければならない。

❹センター

　センターは，基本的にスクリナーとしてプレーする。したがって，センターががっちりとした体格をしていれば，それだけスクリーンも効果的となる。スクリーンをかけたあとはスピンバックして自らショットをねらってもいいし，他のプレーヤーにパスをさばいてもよい。

　なお，プレーするエリアは基本的にゴールから3m以内の範囲に限られるので，ショットの際には必ずリバウンドに参加するように心がける。

3. ゾーンのタイプに応じた攻略

［1］オッドマンフロント・ゾーンに対して

🏀 1-2-2，3-2に対するビーシー

❶基本アラインメントとエントリー
──ポイントガードのドリブルから2-3アラインメントへ

図4-43のように，①がトップ，②が右コーナー，③がハイポスト中央，④と⑤が左右のローポストにそれぞれポジションをとる。①がX_3を引きつけるようにドリブルするとオフェンスは2-3のアラインメントになる。これがビーシーの基本アラインメントである。すると，X_5がコーナーにいる②へのパスをカバーすることになり，バックラインのディフェンダー2人で②，⑤，④の3人をカバーせざるを得ないような状況が生まれる。

いずれにせよ，オフェンスにとって理想的な状況をつくり出せるかどうかは，①と②の働き次第である。

❷右サイドでの展開
ⓐセンターのクロススクリーン*41とスピンバック*42

図4-44のように，①が②にパスし，②がX_5を引きつけることができれば，右ローポスト周辺のディフェンスが手薄になる。ここで⑤がX_4にスクリーンをかければ，④がローポストでノーマークになる可能性が非常に高くなる。X_4が④をマークしたら，⑤はミドルポストにスピンバックし，③は左ローポストに移動してリバウンドに備える。もし，ディフェンスがインサイドでの動きに気をとられているようなら，①と②がショットをねらう。

なお，右ローポストに向かう④は基本的にベースライン側をカットする。こうすれば，ディフェ

ンスの背後を突くと同時に，⑤がスピンバックするためのスペースをミドルポストに残しておくことができる。

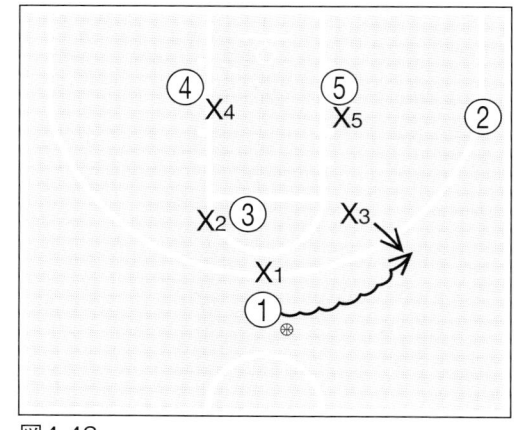

図4-43

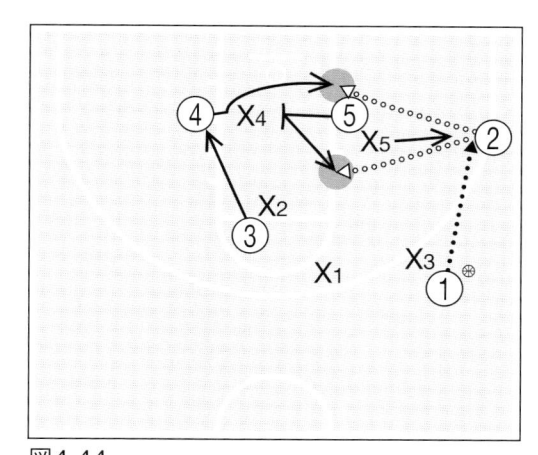

図4-44

---

*41．**クロススクリーン**：レーンを横切るようにしてかけるスクリーンのこと。
*42．**スピンバック**：スクリーンをかけたあと，スクリナーが身体を回転させてボールに向かっていく動きのこと。

b シューティングガードのスイング

　初めの形が何であれ，ほとんどのゾーンディフェンスはコーナーにパスがわたると2-3の形に変化して，コーナーからのショットやポストプレー，ウィークサイドへのロブパスやリバウンドなどをカバーしようとする。図4-45のように，右サイドでのプレーにディフェンスが対応してきたら，②は①にパスを返す。パスと同時に④は左サイドのエルボーに移動し，②はベースラインに沿って左サイドのコーナーに向かう。

c センターのダウンスクリーン

　図4-46のように，ミドルポストにスピンバックした⑤は，X_4にダウンスクリーン[*43]をかける。するとレーンの中にスペースが生まれる。③は⑤のスクリーンを利用してレーンの中にフラッシュし，シュートチャンスをうかがう。①はX_1を引きつけるようにドリブルで移動し，③がプレーするスペースをつくり出す。X_4にスクリーンをかけた⑤は左ローポストに移動する。

　このようにビーシーでは，⑤がスクリナーとしてプレーする。⑤は，ファウルや3秒オーバータイムをとられないよう注意する。

❸ 左サイドでの展開

　図4-47のように，①が④にパスすると同時に③は右ローポストに移動する。次に図4-48のように，④は②にパスをしたら右ローポストに向かう。こうして左サイドでのプレーがスタートする。

　基本的な動きやオプションは，右サイドでの展開と同じで，センターのクロススクリーンとスピンバック（図4-48），シューティングガードのスイング（図4-49），センターのダウンスクリーン（図4-50）へとプレーを展開させながらショットのチャンスをねらう。

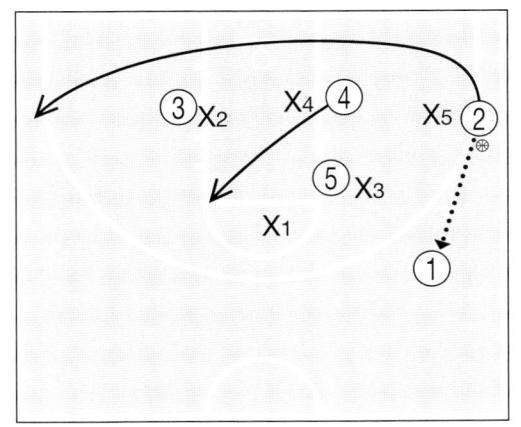

図4-45

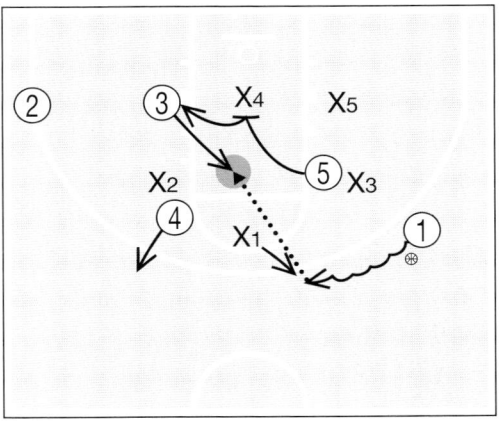

図4-46

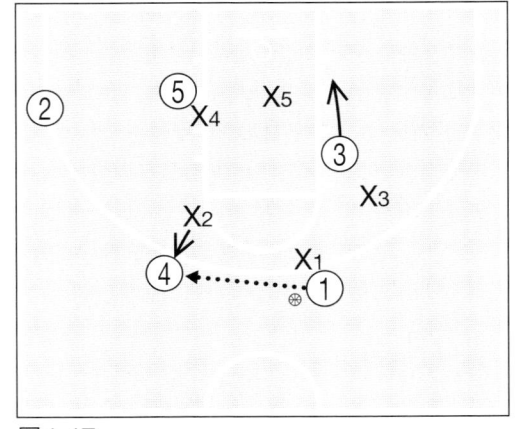

図4-47

[*43] ダウンスクリーン：スクリナーがベースライン側（下側）に移動してかけるスクリーンのこと。

図4-48

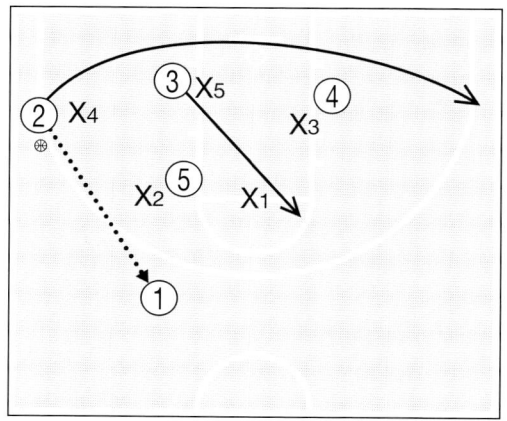

図4-49

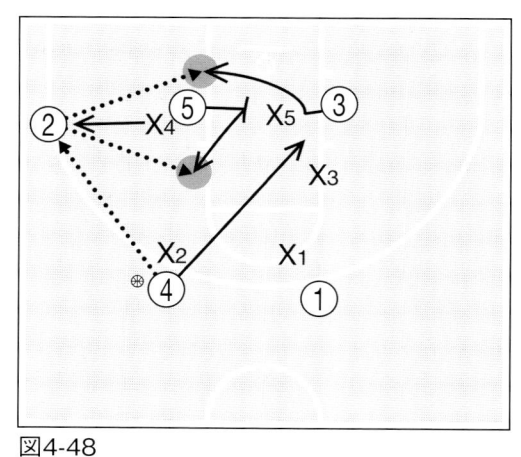

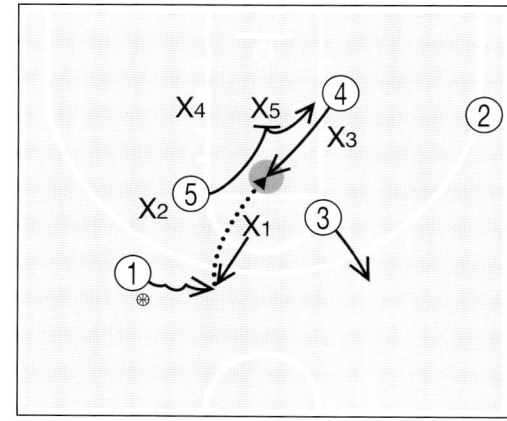

図4-50

1-3-1に対するビーシー

❶基本アライメントとエントリー
―ポイントガードのドリブルから2-3アラインメントへ

図4-51のように、①がトップ、②が右コーナー、③がハイポスト中央、④と⑤が左右ローポストにそれぞれポジションをとる。ここで①がX_3を引きつけるようにドリブルすると、X_4がコーナーにいる②をマークせざるを得なくなる。

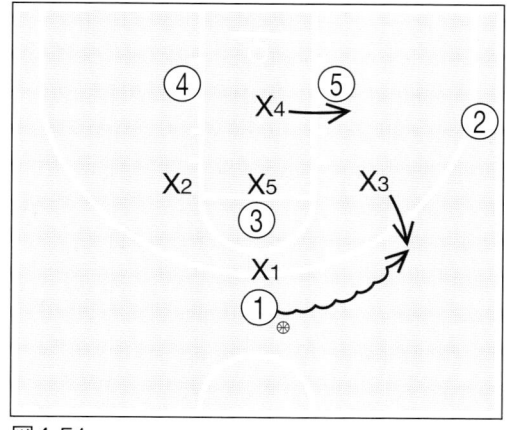

図4-51

❷右サイドでの展開
ⓐセンターのアップスクリーン[*44]とスピンバック

図4-52のように，①から②へのパスと同時に⑤はX_5にアップスクリーンをかけ，④をローポストにカットさせる。同時に⑤はミドルポストにスピンバックしてシュートチャンスをうかがう。③は左ローポストに移動してリバウンドに備える。

1-3-1に対しては，コーナーにいる②がX_4を引きつけられるかどうかがポイントとなる。X_4が②のマークに出れば，X_5がローポストをカバーせざるを得なくなるからである。

ⓑシューティングガードのスイング

図4-53のように，②が①にパスを返したら④は左エルボーに移動し，②はベースラインに沿って左サイドのコーナーに向かう。

ⓒセンターのダウンスクリーン

図4-54のように，⑤はX_5にダウンスクリーンをかけて左ローポストに移動し，③はスクリーンを利用してレーンの中にフラッシュする。

❸左サイドでの展開

図4-55のように，①が④にパスすると同時に③は右ローポストに移動する。次に図4-56のように，④は②にパスをしたら右ローポストに向か

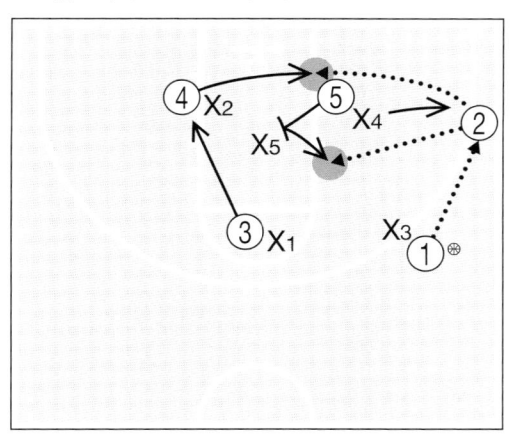

図4-52

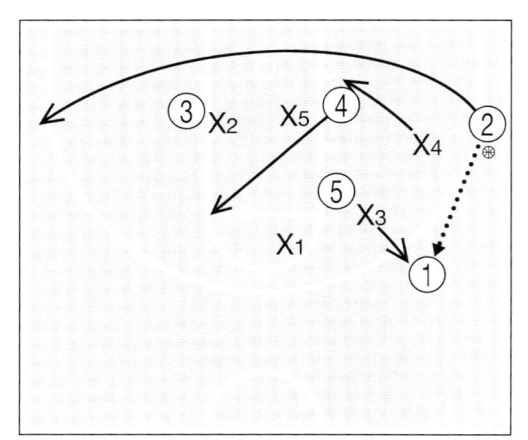

図4-53

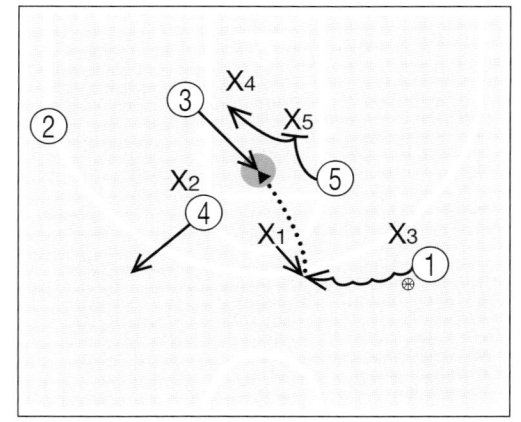

図4-54

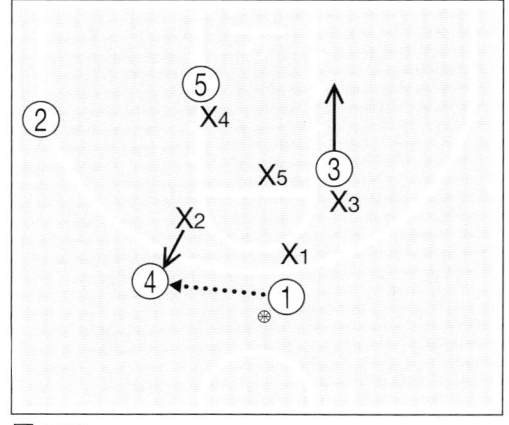

図4-55

---

*44．アップスクリーン：スクリーナーが下（ベースライン側）から上に移動してかけるスクリーンのこと。

う。こうして左サイドでのプレーがスタートする。
　基本的な動きやオプションは、右サイドでの展開と同じであり、センターのアップスクリーンとスピンバック（図4-56）、シューティングガードのスイング（図4-57）、センターのダウンスクリーン（図4-58）へとプレーを展開させながらシュートチャンスをねらう。

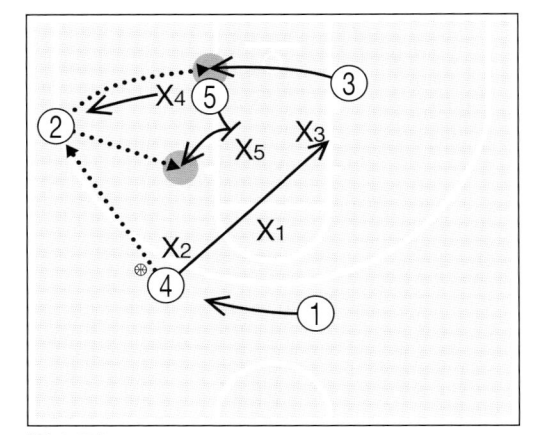

図4-56

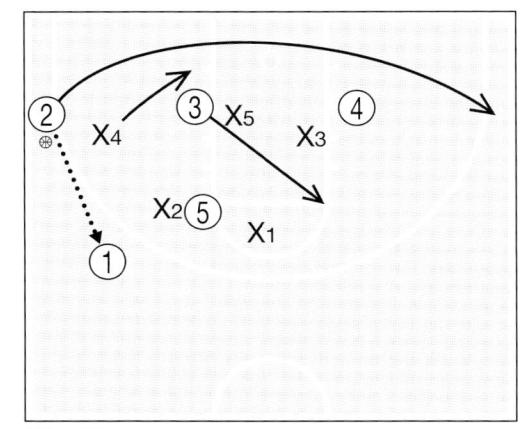

図4-57

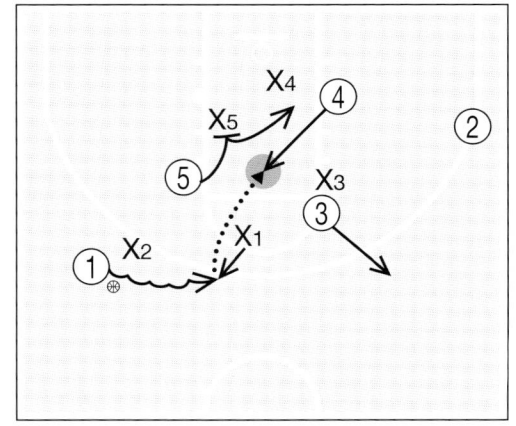

図4-58

[2]イーブンマンフロント・ゾーンに対して

🏀 2-1-2, 2-3に対するビーシー

❶基本アラインメントとエントリー
──ポイントガードのドリブルから2-3アラインメントへ

　図4-59のように，①がトップ，②が右コーナー，③がハイポスト中央，④と⑤が左右ローポストにそれぞれポジションをとる。①がX_1を引きつけるようドリブルする。そうすると，X_3がコーナーにいる②へのパスをカバーせざるを得ないような状況が生まれる。

❷右サイドでの展開

ⓐ センターのアップスクリーンとスピンバック

　図4-60のように，①から②へのパスと同時に，⑤はX_5にスクリーンをかけ，④をローポストにカットさせる。同時に⑤はミドルポストにスピンバックしてシュートチャンスをうかがう。③は左ローポストに移動してリバウンドに備える。

ⓑ シューティングガードのスイング

　図4-61のように，②が①にパスを返したら，④は左エルボーに移動し，②はベースラインに沿って左サイドのコーナーに向かう。

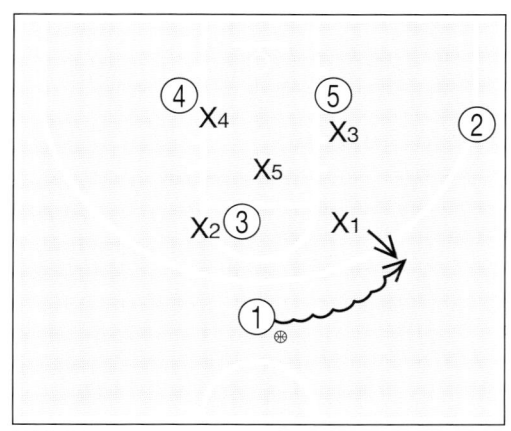

図4-59

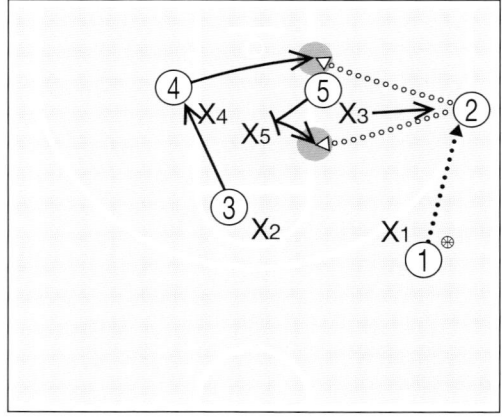

図4-60

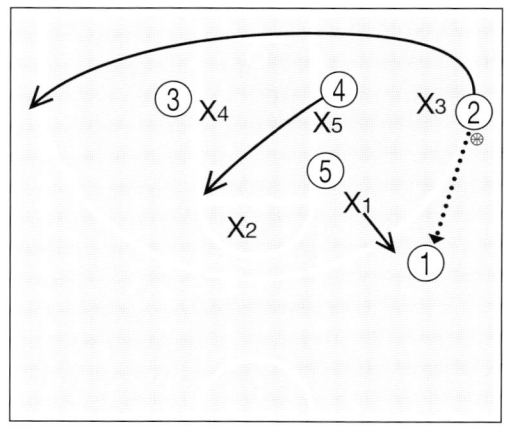

図4-61

C センターのダウンスクリーン

図4-62のように、⑤はX₅にダウンスクリーンをかけて左ローポストに移動し、③はスクリーンを利用してレーンの中にフラッシュする。①がX₁をしっかり引きつけることができれば、③がプレーするスペースはより広くなる。

❸左サイドでの展開

図4-63のように、①が④にパスすると同時に③は右ローポストに移動する。次に図4-64のように、④は②にパスをして右ローポストに向かう。こうして左サイドでのプレーがスタートする。

基本的な動きやオプションは右サイドでの展開と同じで、センターのスクリーンとスピンバック（図4-64）、シューティングガードのスイング（図4-65）、センターのダウンスクリーン（図4-66）へとプレーを展開させながらショットのチャンスをねらう。

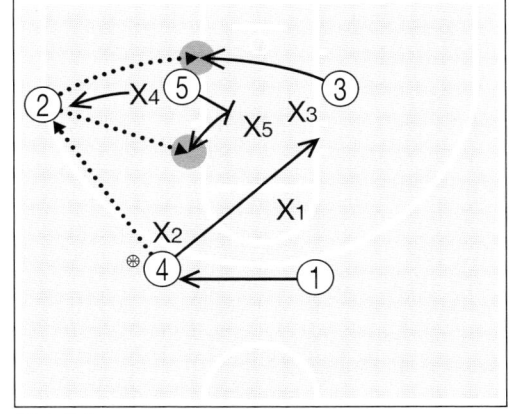

図4-64

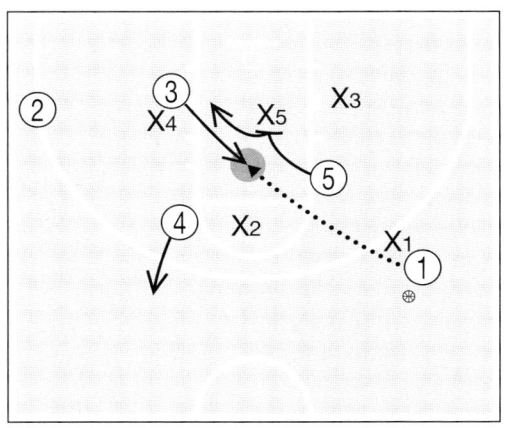

図4-62

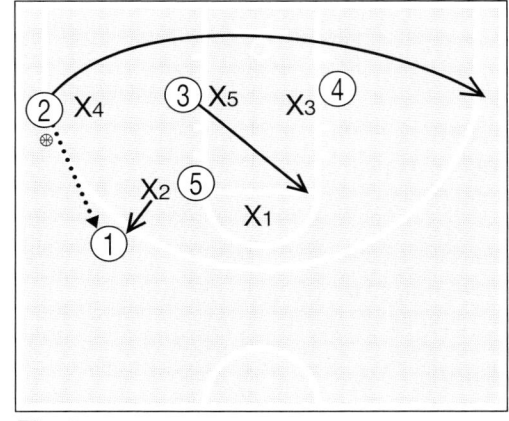

図4-65

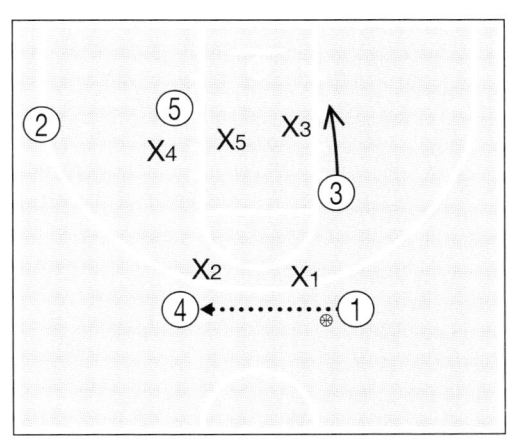

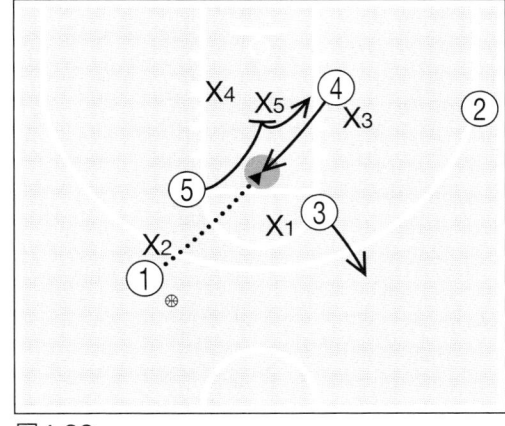

図4-63

図4-66

[3] コンビネーションディフェンスに対して

●ボックス・ワン, ダイアモンド・ワンに対するビーシー

　ビーシーは, ボックス・ワンやダイアモンド・ワン, トライアングル・ツーのようなコンビネーションディフェンスに対しても用いることができる。とくにディフェンスがスモールフォワードやパワーフォワードをマンツーマンでマークしてきたときに, そのディフェンダーに対してスクリーンをかけると, かなりの威力を発揮する。

　例えば図4-67のような状況[*45]では, ①が②にパスすると同時に, ⑤は④をマークしているX_4にクロススクリーンをかけ, ④はスクリーンを利用して右ローポストにカットしてシュートチャンスをうかがう。また③は左ローポストに向かう[*46]。

　また図4-68のような状況[*47]では, ⑤はX_4にダウンスクリーンをかけ, ④はスクリーンを利用してレーンのなかにフラッシュしてシュートチャンスをうかがう。

　このように, マンツーマンでマークしているディフェンダーに対してくり返しスクリーンをかければ, ローポストやレーンの中でシュートチャンスを得ることができる。また, ディフェンスがトライアングル・ツーを使ってスモールフォワードやパワーフォワードのいずれか一方, あるいは両方をマークしてきた場合も, マンツーマンでマークしているディフェンダーをスクリーンのターゲットにすれば, 簡単にシュートチャンスをつくり出すことができるだろう。

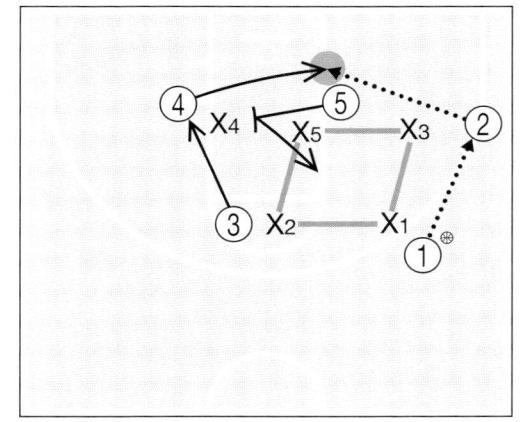

図4-67

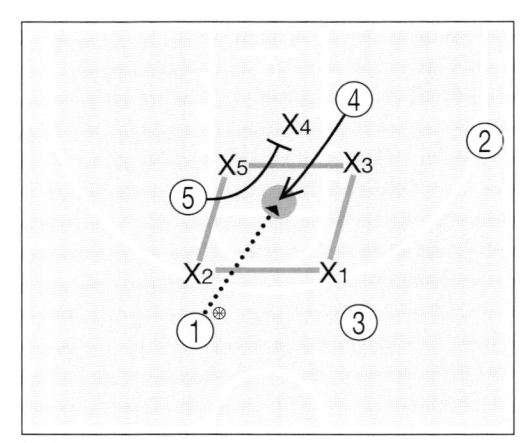

図4-68

[*45]. 訳者注：図4-44, 図4-52, 図4-60, 図4-69を参照。
[*46]. 訳者注：④が⑤のスクリーンを利用して右サイドにカットすると, 左ローポスト近辺のカバーが手薄になる。ここで③がタイミングよくゴールにカットすれば, ②からロブパスを受けることもできる。
[*47]. 訳者注：図4-50, 図4-58, 図4-66を参照。

[4]マッチアップ・ゾーンに対して

　マッチアップ・ゾーンに対しても，ビーシーは大いに威力を発揮する。なぜなら，マッチアップ・ゾーンはマンツーマンディフェンスと共通する部分が多いからである。

　例えば，ビーシーではシューティングガードがゴール下を通って左右のコーナーを往き来するが，ディフェンスにとってこの動きをどのようにカバーするのかは大きな課題となる。また，インサイドでのスクリーンプレーもディフェンスにとっては脅威となる。もし，スクリーンに対してディフェンスがスイッチして対応してきたら，スクリーンをかけたプレーヤーがスピンバックすればよい。絶好のシュートチャンスを得られるだろう。

4. ビーシーのための分解ドリル

　どちらのドリルも左右両サイドで実施する。タイミングよくプレーし，パスやスクリーン，ショットの技術をしっかり身につけるようにする。ディフェンスが激しくプレーすればするほど，オフェンスの能力も向上するだろう。

🏀 センターのスクリーンとスピンバック

プレーヤーの配置

　②，④，⑤に補助者1人（Ⓒ₁）を加えて実施する。

目的

　⑤にスクリーンとスピンバック，④にスクリーンの使い方を習得させる。同時に②のパス能力も向上させる。また，ドリルを通じて④，⑤のリバウンド力を高めることもできる。

　なお，ここでは2-3ゾーンを想定しての分解練習を示しているが，ディフェンダーの配置を変えれば2-1-2ゾーン，3-2ゾーン，1-3-1ゾーンを想定した分解練習をおこなうこともできる。

手順

　図4-69のように，Ⓒ₁が②にパスしたら，⑤はX₅にスクリーンをかける。④は⑤のスクリーンを利用して右ローポストに向かう。スクリーンをかけたあと，⑤はミドルポストにスピンバックする。

　④，⑤はインサイドでパスを受けたら，積極的にショットをねらうこと。また，ショットがあったら必ずリバウンドに参加する。

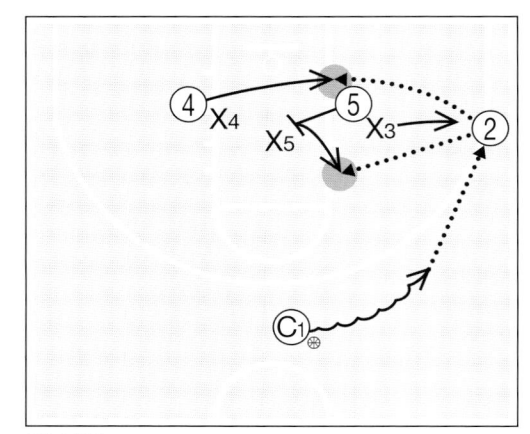

図4-69

🏀 センターのダウンスクリーン

プレーヤーの配置

①, ③, ⑤に補助者2人（C②, C④）を加えて実施する。

目的

③にダウンスクリーンを利用するタイミングを習得させる。

手順

図4-70のように、コーナーにいる補助者C②が①にパスしたら、ローポストの補助者C④は左エルボーに向かう。

図4-71のように、⑤は、X₅にスクリーンをかけ、③はレーンの中にできたスペースにフラッシュする。①は③へのパスをねらう。

図4-72のように、①が③にパスできなかったら、⑤は左ローポストへ、また③は右ローポストへと移動する。

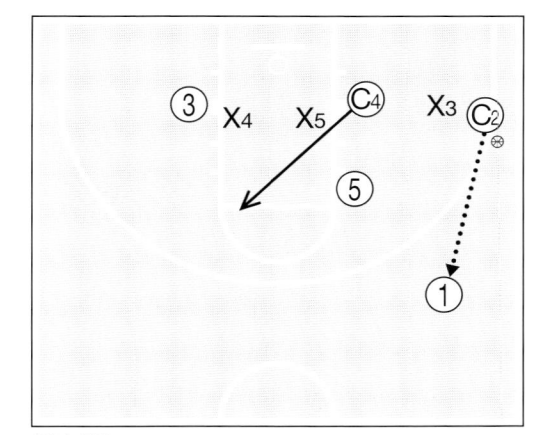

図4-70

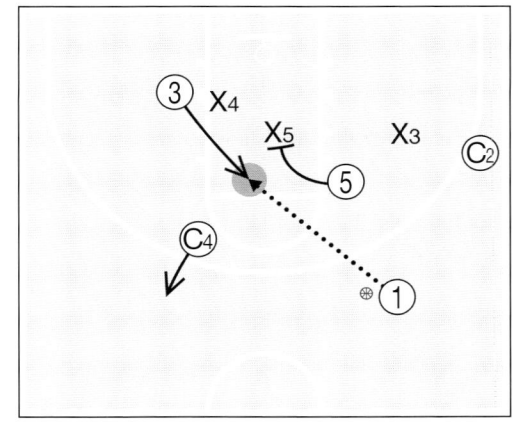

図4-71

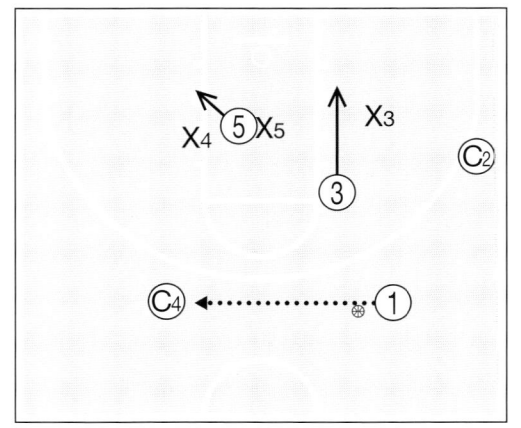

図4-72

D ブルー
コンティニュイティオフェンス
BLUE

1. ブルーの基本的な考え方

　ブルーでは，すばやくオーバーロード[*48]を形成することによって，ディフェンスがどのようにマッチアップすればいいのかわからなくなるような状況をつくり出していく。オフェンス3人に対してディフェンス2人，あるいはオフェンス4人に対してディフェンス3人といった状況に追い込まれれば，いかに強固なゾーンディフェンスであろうと必ず何らかの綻びが生じてくる。加えて，ブルーではパスの展開に合わせてセンターとフォワードがレーンの中を交差するようにカットする。このような動きはXムーブ[*49]と呼ばれるが，オーバーロードとXムーブを利用すれば，ガードはインサイドにたやすくパスを供給できるはずである。

2. ポジションごとの役割

❶ポイントガード

　ゾーンディフェンスでは，ボールの位置が変わるのに合わせて各ディフェンダーもポジションをシフトさせる。したがって，まず逆サイドに向かってドリブルし，それからすばやく方向転換してプレーを開始すれば，ディフェンスの意表を突いてオーバーロードをつくることができる。
　オーバーロードが形成されたら，ポイントガードはショートコーナーやローポスト，ミドルポストへのパスをねらう。もちろん，ディフェンスがインサイドを固めるために引き気味にまもっているときは，積極的にショットをねらうべきである。

❷シューティングガード

　シューティングガードはゾーンの背後にまわり込むようにしてウイングに向かい，シュートチャンスをうかがう。また，オーバーロードを利用して，ショートコーナーやローポスト，ミドルポストへのパスをねらう。

❸スモールフォワード

　基本的に，スモールフォワードはショートコーナーでプレーする。ショートコーナーではショット，またはローポストやミドルポストへのパスをねらう。しかし，4人のプレーヤーが同じサイドでプレーするため，ドライブするチャンスはそれほど多くないだろう。いずれにせよ，逆サイドにパスが展開されたらディフェンスの背後を通ってボールサイドのコーナーに移動する。
　なお，スモールフォワードは比較的ゴールに近いところでプレーするため，ショットが放たれたときにはすでにディフェンダーをスクリーンアウトできるポジションにいる可能性が高い。したがって，ディフェンスの際にオフェンスをスクリーンアウトするのとまったく同じテクニックを使ってリバウンドを取ることもできる。

❹パワーフォワード

　パワーフォワードは，シューティングガードやスモールフォワードのためにスクリーンをかけてからローポストでポストアップする。パスが逆サイドに展開されたときは，センターとともにXムーブし，レーンの中やミドルポストでのシュート

[*48]. オーバーロード：p.11の[*13]参照。
[*49]. Xムーブ：パスの展開に合わせて，ハイポストのプレーヤーがローポストへ，ローポストのプレーヤーがハイポストへと交差するような動きのこと。

チャンスをうかがう。

なお，パワーフォワードとしてプレーするにはリバウンド力を備えていることが絶対条件となる。

❺センター

センターはハイポストからプレーを始めるが，逆サイドにパスが展開されたら，ミドルポストからローポストへとXムーブする。センターとパワーフォワードの役割は多くの点で共通しており，両者ともにインサイドでの得点能力やパス能力，リバウンド力が必要とされる。

---

3. ゾーンのタイプに応じた攻略

[1]オッドマンフロント・ゾーンに対して

🏀 1-2-2, 3-2に対するブルー ……………………………

❶基本アラインメントとエントリー
──ポイントガードのドリブルとオーバーロードの形成

図4-73のように，①がトップ，②と⑤が左右ハイポスト，③と④が左右のコーナーにそれぞれポジションをとる。①がX_3を引きつけるようにドリブルすると同時に，②は，④がX_5にかけたスクリーンを利用して，右サイドのコーナーにカットする。続いて③が右のショートコーナーに向かう。この動きによってすばやくオーバーロードをつくることができる。

❷右サイドでの展開
ⓐオーバーロード

図4-74のように，①が②にパスすると，X_5が②のマークに出ざるを得ない。するとX_4がローポストにいる④とショートコーナーにいる③を1人でカバーすることになる。①からパスを受けた②は自らショットをねらってもいいし，他の4人にパスしてもよい。

いずれにせよ，ディフェンスがオーバーロードに対して，どのように対応してくるのか見極めたうえでプレーを選択することが重要である。

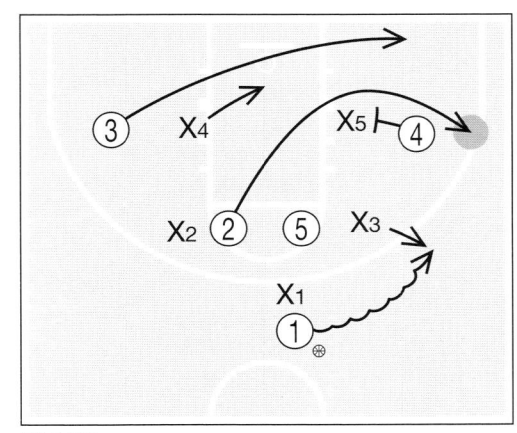

図4-73

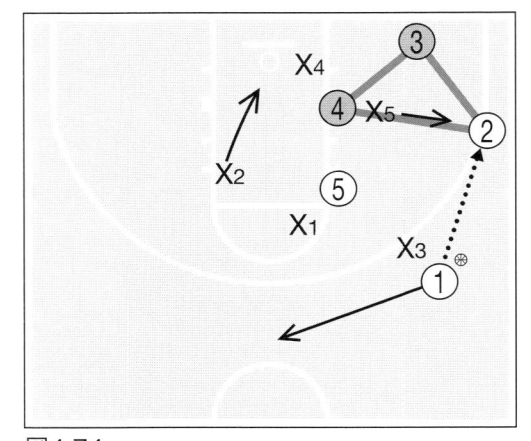

図4-74

b コーナーからのオプション

　図4-75のように，X₄がローポストにいる④をマークすると，ショートコーナーにいる③がノーマークになる。ここで②が③にパスを送れば，③はショット，もしくは④へのパスをねらえるだろう。また状況によっては，ベースラインへのドライブをねらってもよい。

　図4-76のように，X₄がショートコーナーにいる③をマークしたら，②はローポストでポストアップしている④にパスを入れる。ディフェンスの状況によっては，③はハイポストにいる⑤にパスを入れてもよい。

c 左サイドへのスキップパス

　図4-77のように，ディフェンスが右サイドにいる②，③，④，⑤に対してあたかもマンツーマンでまもっているようにマッチアップしてきたら，左サイドにいる①がチャンスとなる。スキップパスを受けた①は，ただちにショットやドライブをねらう。

❸ 左サイドでの展開

a センターとパワーフォワードのXムーブ

　②，③，④，⑤から①にスキップパスが送られたり，図4-78のように②が①にパスを展開するためにドリブルを始めたら，左サイドでのプレーに移行する。

　①にパスが出されるのと同時に，⑤は左ローポストに向かってカットする。⑤は左ローポストでポストアップしてもよいし，X₄にスクリーンをかけてもよい。続いて④は左ハイポストに，また③は左サイドのショートコーナーに向かってシュートチャンスをうかがう。

b 左サイドでのオプション

　①は，パスを受けたらただちにショットをねらうが，図4-79のように，右ハイポストから左ローポストに向かってカットしていく⑤をX₂がカバーすると，ハイポストに向かってくる④がノーマークになる。この場合，①は④にパスを送る。ハイポストでパスを受けた④は自らショットをねらってもよいし，他のプレーヤーにパスしてもよい。

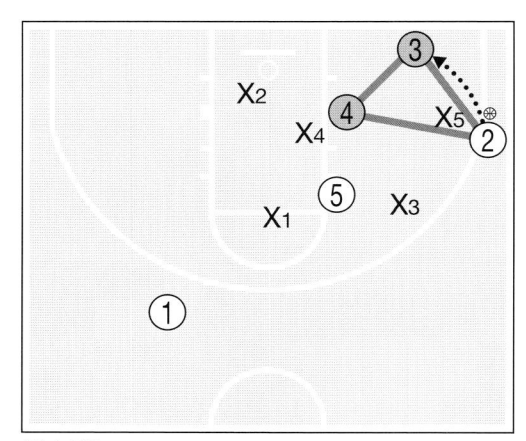

図4-75

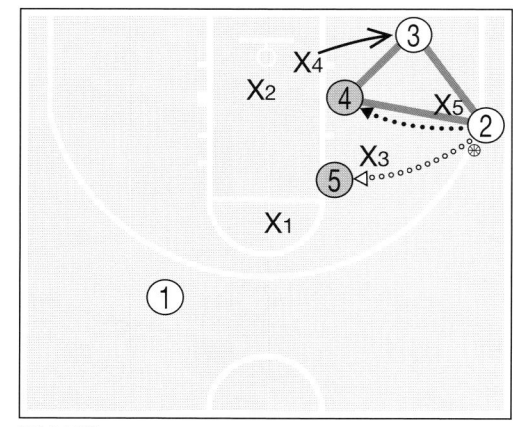

図4-76

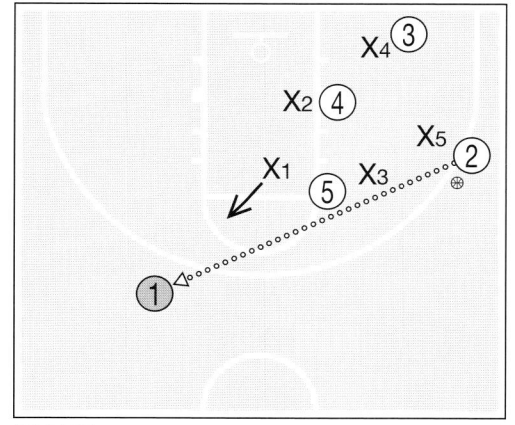

図4-77

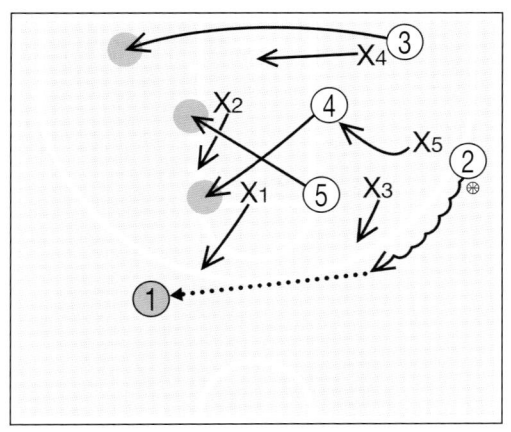

図4-78

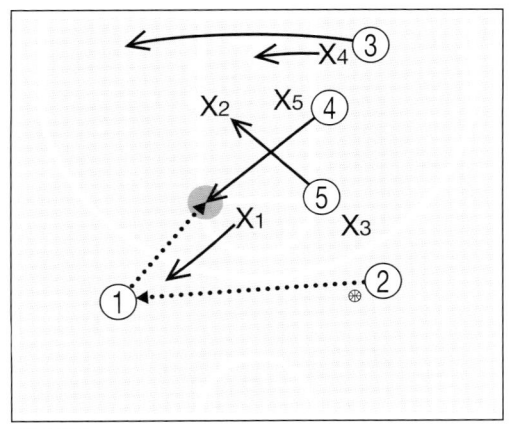

図4-79

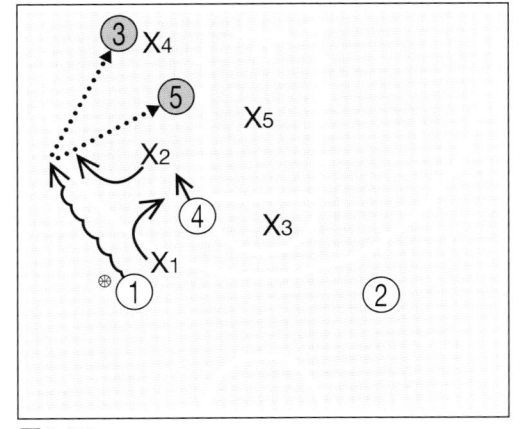

図4-80

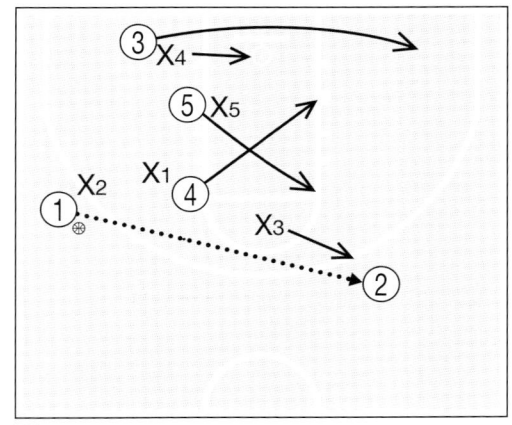

図4-81

　図4-80のように，①がX₂を引きつけるようにドリブルすれば，ショートコーナーにいる③やローポストにいる⑤がチャンスとなる。もちろんディフェンスの状況によっては，④や②にパスを送ってもよい*50。

　再び右サイドでプレーを展開させる場合は，図4-81のように，①が右サイドにいる②にパスを送る。それに合わせて④と⑤はすばやくカット（Xムーブ）し，③は右サイドのショートコーナーに向かえば，右サイドでオーバーロードを形成することができる。

---

*50. 訳者注：ここでは，①のドリブルに対してX₁とX₂が受け渡しをするよう描かれているが，実際にはX₁が①をマークし続ける場合が多い。しかし，X₁が①をマークし続けると，トップの周辺で②，④とX₃が2対1になる。ここで①が②や④にパスを送れば直ちにチャンスとなる。

1-3-1に対するブルー

❶基本アラインメントとエントリー
——ポイントガードのドリブルとオーバーロードの形成

図4-82のように，①がトップ，②と⑤が左右のハイポスト，③と④が左右のコーナーにそれぞれポジションをとる。

①がX_3を引きつけるようにドリブルすると同時に，②は，④がX_4にかけたスクリーンを利用して右サイドのコーナーにカットする。続いて③がショートコーナーに向かえば，すばやくオーバーロードをつくることができる。

❷右サイドでの展開
——オーバーロード

図4-83のように，①から②にパスが渡ると，X_4が②をマークせざるを得ない。するとX_5がローポストの④とショートコーナーの③を1人でカバーすることになる。②は，オーバーロードを利用して，③もしくは④にパスを送る[*51]。

❸左サイドでの展開
——センターとパワーフォワードのXムーブ

図4-84のように，②が①にパスを展開するためにドリブルを始めたら，左サイドでのプレーに移行する。①にパスが展開されると同時に，⑤は左ローポスト向かってカットし，続いて④も左ハイポストに向かってカットする。⑤はローポストでポストアップしてもよいし，X_4にスクリーンをかけてもよい。③は左サイドのショートコーナーに移動する。

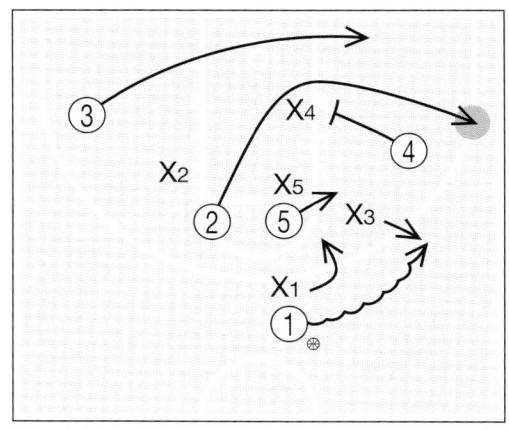

図4-82

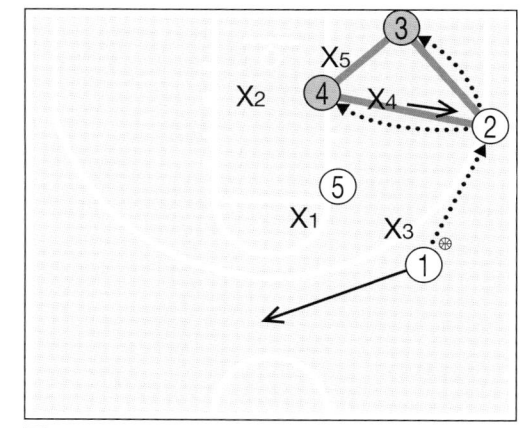

図4-83

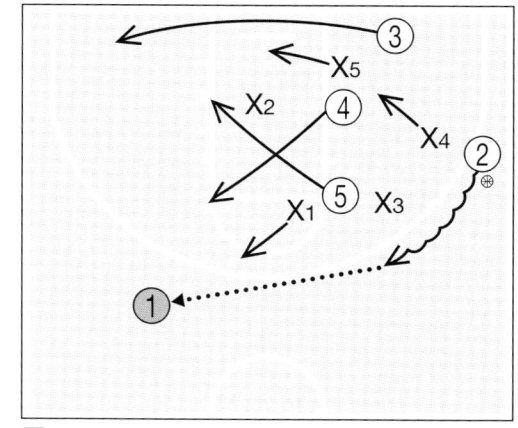

図4-84

*51. 訳者注：X_4が②のマークに向かい，その後X_3に受け渡すという対応をしてきたら，②は①へのスキップパスをねらう。

①はパスを受けたらただちにショットをねらうが，図4-85のようにドリブルを使ってX_2を引きつけることができれば，ショートコーナーにいる③やローポストにいる⑤にパスを入れることもできる。

再び右サイドでプレーを展開させる場合は，図4-86のように，①が右サイドにいる②にパスを送る。それに合わせて④と⑤はすばやくカット（Xムーブ）し，③が右サイドのショートコーナーに向かえば，右サイドでオーバーロードをつくることができる。

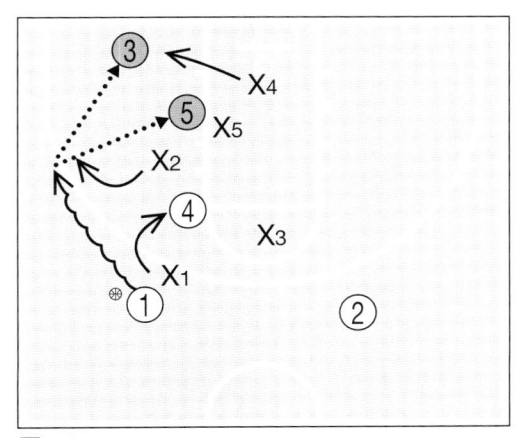

図4-85

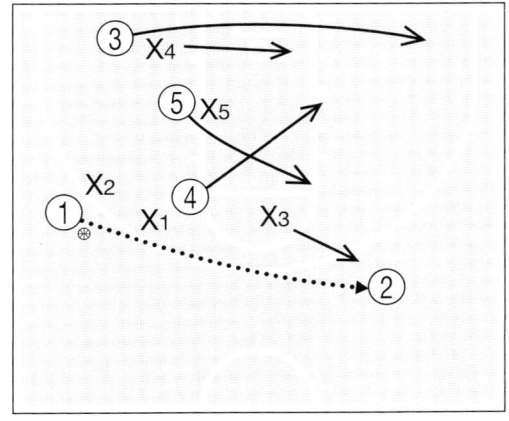

図4-86

[2] イーブンマンフロント・ゾーンに対して

🏀 2-1-2, 2-3に対するブルー

❶基本アラインメントとエントリー
——ポイントガードのドリブルとオーバーロードの形成

図4-87のように，①がトップ，②と⑤が左右のハイポスト，③と④が左右のコーナーにそれぞれポジションをとる。

①はX_1を引きつけるようにドリブルし，②は，④がX_3にかけたスクリーンを利用して，右サイドのコーナーにカットする。続いて③がショートコーナーに向かえば，すばやくオーバーロードをつくることができる。

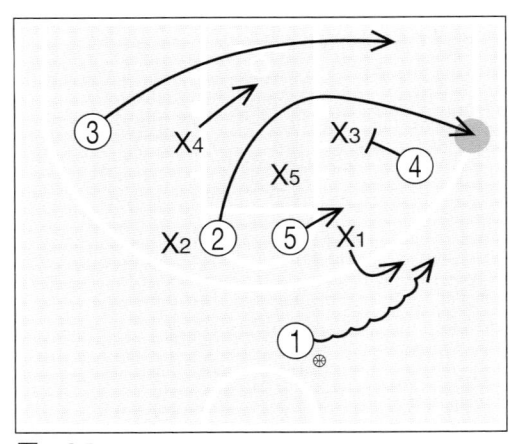

図4-87

❷右サイドでの展開
──オーバーロード

図4-88のように、①が②にパスすると、X_3が②をマークすることになる。すると、すばやくX_4が対応しない限り、X_5がローポストにいる④とショートコーナーにいる③を1人でカバーしなければならなくなる。②は、オーバーロードを利用して、③もしくは④にパスを送る[*52]。

❸左サイドでの展開
──センターとパワーフォワードのXムーブ

図4-89のように、②が①にパスを展開するためにドリブルを始めたら、左サイドでのプレーに移行する。①にパスが展開されると同時に、⑤は左ローポスト向かってカットし、続いて④も左ハイポストに向かってカットする。⑤は左ローポストでポストアップしてもいいし、X_4にスクリーンをかけてもよい。③は左サイドのショートコーナーに向かい、シュートチャンスをうかがう。

①は、パスを受けたらただちにショットをねらうが、図4-90のように、ドリブルを使ってX_4を引きつければ、オーバーロードを利用して③や⑤にパスを送ることもできる。

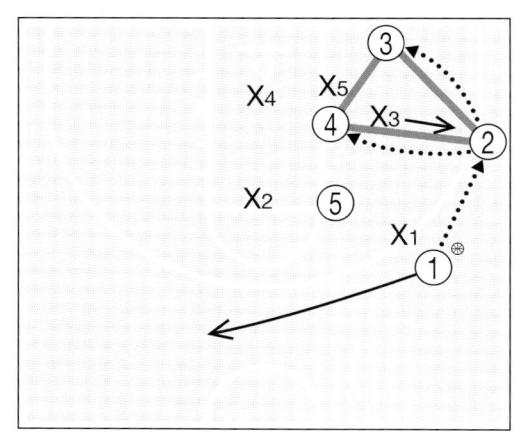

図4-88

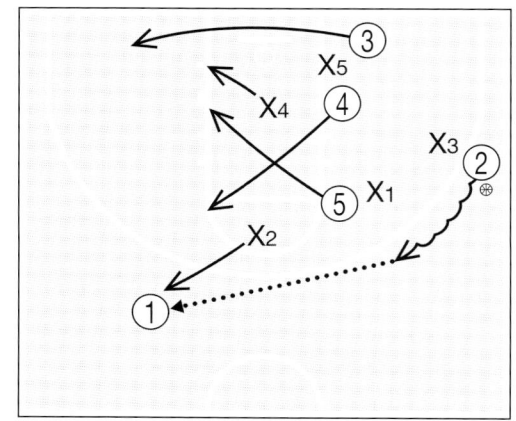

図4-89

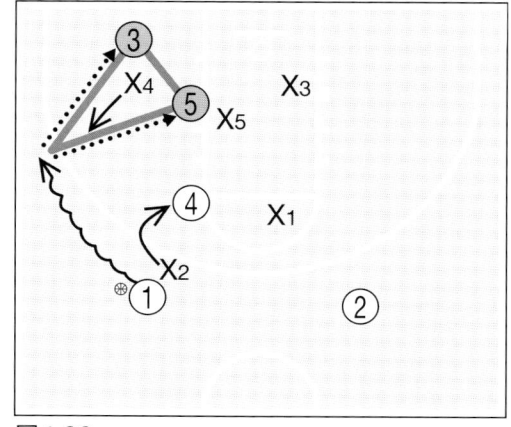

図4-90

---

*52. 訳者注：X_5とX_4が③と④をカバーしたときは、⑤がゴールに向かってカットするとよい。②からのロブパスを受け、簡単にシュートすることができるはずである。

再び右サイドでプレーを展開させる場合は，図4-91のように，①が右サイドにいる②にパスを送る。それに合わせて④と⑤はすばやくカット（Xムーブ）し，③は右サイドのショートコーナーに向かえば，右サイドでオーバーロードをつくることができる。

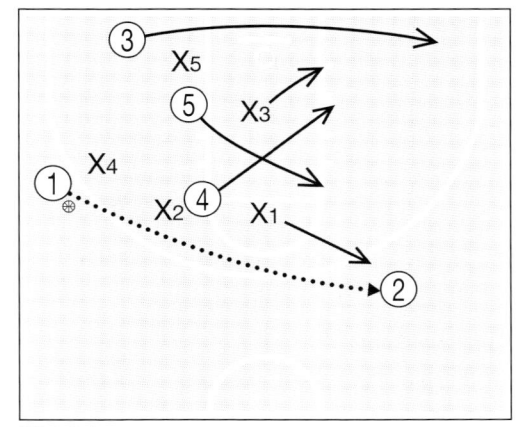

図4-91

4．ブルーのための分解ドリル

プレーヤーの配置

③，④，⑤と補助者2人（C₁，C₂）で実施する。

目的

3人がタイミングよくプレーできるようにすると同時に，個々のプレーヤーのパスやショットの能力を高めていく。基本的には③と④がショートコーナーとローポストからショットや1対1をねらう。コーチはゾーンのタイプに応じて，ディフェンダーの配置や人数を調整する。

手順

(1) エントリー

図4-92のように，補助者C₁が右サイド向かってドリブルを始めたら，補助者C₂と③は④のスクリーンを利用して右サイドにカットする。

(2) 右サイドでの展開：オーバーロード

図4-93のように，C₂はC₁からパスを受けて，③，④，⑤へのパスをねらう。③，④，⑤はパスを受けたらショットをねらってもよいし，他のプレーヤーにパスをさばいてもよい。より確率の高いショットにつながるように，それぞれがしっかり状況を見極めてプレーすることが肝要である。

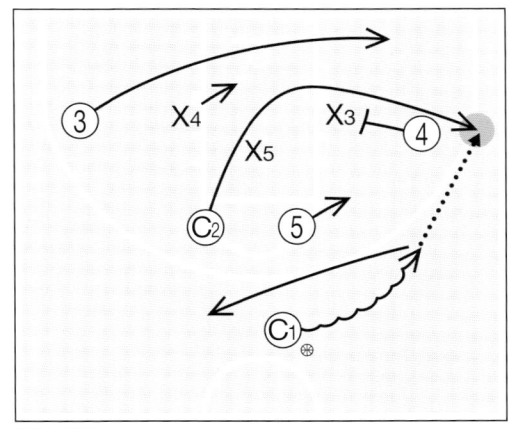

図4-92

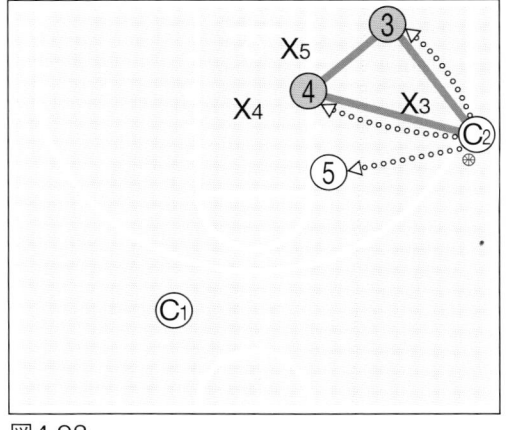

図4-93

(3) 左サイドへの展開：Xムーブ

　図4-94のように，左サイドにいる©₁にパスが展開されたら，④と⑤がそれぞれカット（Xムーブ）する。両者ともに，タイミングよくカットできるように心がける。場合によっては⑤が③のためにスクリーンをかけてもよい。⑤のスクリーンをうまく利用すれば，③はただちにシュートチャンスを得られるだろう。ここでも両者のタイミングがカギとなる。©₁はチャンスになっているプレーヤーにパスを送る。

　図4-95のように，©₁が©₂にパスを送ったら，再び右サイドでオーバーロードをつくる。

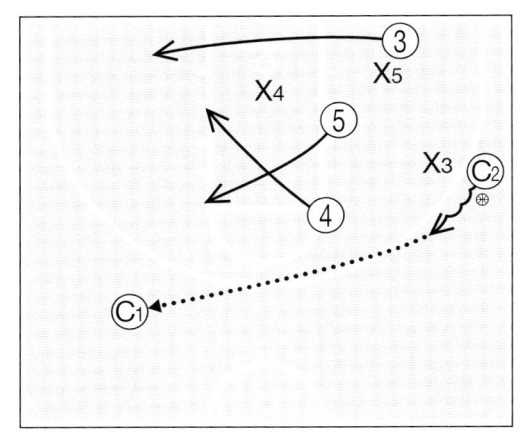

図4-94

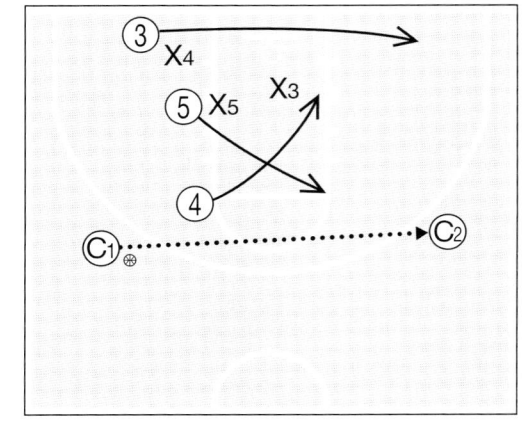

図4-95

E スペシャル
コンティニュイティオフェンス
SPECIAL

1. スペシャルの基本的な考え方

　1982年，カレッジ・オブ・チャールストンは，カンファレンス決勝でサウスカロライナ大学スパルタンバーグ校と対戦し敗北した。最終的にサウスカロライナ大学スパルタンバーグ校はNAIAのチャンピオンシップを獲得したのだが，この敗戦を通じて，我われは1-3-1に対する攻撃を改善する必要性を痛感した。そこで新たに導入したのが「スペシャル」である。

　スペシャルは，「スプリット」と同じように，2-1-2のアラインメントから攻撃を始めるが，スプリットのようなインサイドでのロールアンドリプレースはおこなわない。その代わり，ベースラインの近くにオーバーロードをつくってディフェンスを攻略することに重点を置いている。スペシャルを用いると，非常にシンプルなプレーであるにもかかわらず，ゴール近辺からのシュートチャンスが多くなる。

　ただし，スペシャルでは各プレーヤーともそれほど多くは動かない。したがって，マッチアップ・ゾーンやコンビネーション・ゾーンに対して用いても，あまり効果はないだろう。

2. ポジションごとの役割

❶ポイントガードとシューティングガード

　スペシャルでは，ガード①，②はほとんど同じ役割を果たす。どちらのプレーヤーがプレーをスタートさせても構わない。プレーがスタートしたら，コーナーにいるフォワードやセンターへのパス，逆サイドにいるガードへのパスを考える。

　ガードはディフェンスのギャップを突いて，ショットやドライブをねらえるようでなければならない。とりわけ，ディフェンスが左右両サイドに大きく広がっている場合には，積極的にドライブをしかけると効果的である。

❷スモールフォワードとパワーフォワード

　ガード同様，フォワード③，④もほとんど同じ役割を果たす。

　ボールサイドでプレーしているフォワードがコーナーで存在感を示せるか否かが，このプレーでのカギとなる。コーナーでは，ローポストにフラッシュしてきたプレーヤーや，インサイドでポジションをとっているプレーヤーへのパスをねらう。もちろん，ディフェンスの状況によっては，ガードにパスを送ってショットをねらわせてもよい。

　なお，ウィークサイドにいるときは，タイミングよくボールサイドのローポストにフラッシュできるよう準備しておく。ローポストでパスを受けられないと判断したら，ただちにショートコーナーにポップアウトし，センターがプレーするためのスペースをつくり出す。

❸センター

　センター⑤は，常にボールの動きをフォローしてポジションを調整する。ハイポストやミドルポストでパスを受けたらショットをねらってもよい。ボールがショートコーナーに送られたら，ローポストにカットしてシュートチャンスをうかがう。

　なお，ディフェンスの状況によっては，ウィークサイドにすばやくパスを展開してもよい。

3. ゾーンのタイプに応じた攻略

🏀 1-3-1に対するスペシャル

❶基本アラインメントとエントリー
――ガードアラウンドから2-1-2アラインメントへ

図4-96のように，①と②がトップと両ウイングのディフェンダーのギャップに立ち，⑤がハイポスト中央，③と④が左右のサイドにそれぞれポジションをとる。①は③にパスすると同時に③のアウトサイドに向かって**ガードアラウンド**[*53]し，③からリターンパスを受け取る。③は①にボールを渡したらコーナーに移動し，同時に左サイドの④が左ローポストに向かってカットする。すると，オフェンスは2-1-2のアラインメントになる。このとき右コーナーのX_4は，③へのパスを警戒しなければならなくなる。

スペシャルではこのように，①が右サイドの③へパスを展開することによって2-1-2のアラインメントに移行するが，図4-97のように，ハイポスト⑤へのパスを入れ，右サイドでリターンパスをもらうことによって2-1-2のアラインメントに移行してもよい[*54]。また右サイドで①からパスを受け取った③は，図4-98のように，左ローポストに向かう④へのロブパスをねらってもよい。

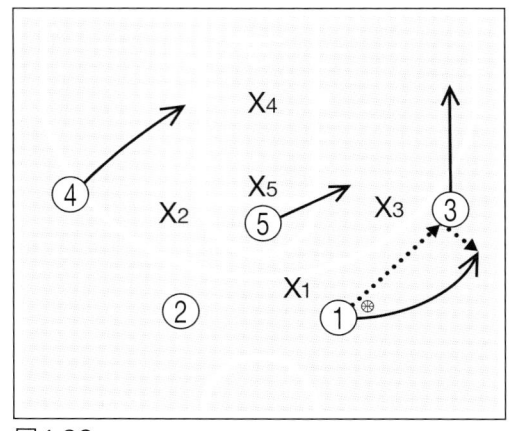

図4-96

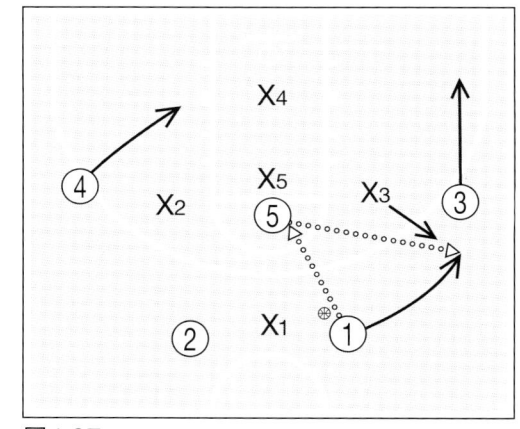

図4-97

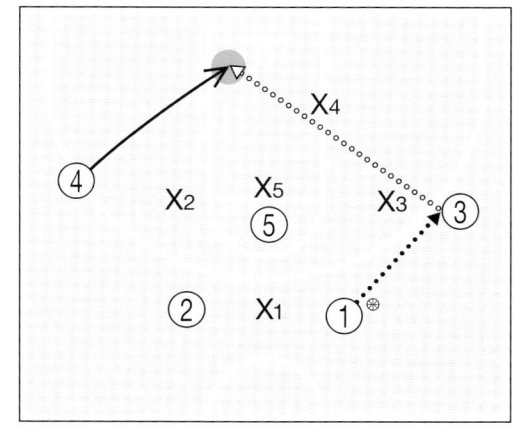

図4-98

---

*53. **ガードアラウンド**：ガードがウイングにパスしたあと，レシーバーのアウトサイドに向かってまわり込むようにカットすること。パスをフォローすることから，トレールプレーとも呼ばれる。

*54. 訳者注：③と⑤のどちらにもパスできないと判断した場合，①は右ウイングに向かってドリブルしてもよいし，②にパスを展開して左サイドでプレーを始めさせてもよい。①が右サイドに向かってドリブルしてきたら，③はコーナーに移動する。

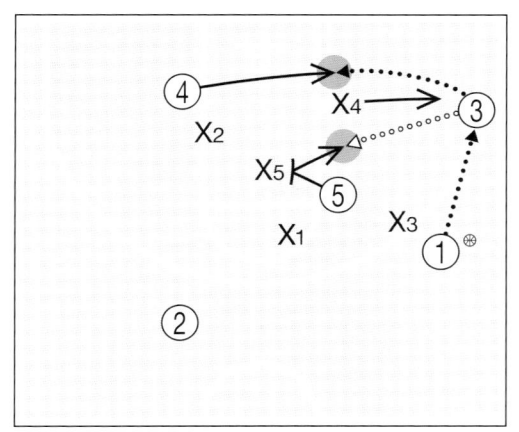

図4-99

❷右サイドでの展開

ⓐセンターのスクリーンとスピンバック

図4-99のように，①が③にパスしたら，⑤はX_5にスクリーンをかけ，ミドルポストにスピンバックする。同時に④は⑤のスクリーンを利用して右ローポストにフラッシュする。

ⓑオーバーロード

図4-100のように，③がX_4をしっかりと引きつけることができれば，⑤がスクリーンをかけるまでもなく④，⑤はX_5と２対１になる[*55]。

ⓒパワーフォワードのポップアウト

図4-101のように，④，⑤ともに③からパスを受けられないときは，④がショートコーナーにポップアウトし，③からパスを受けてショットやドライブをねらう。

ⓓセンターのローポストカットとオーバーロード

図4-102のように，ディフェンスがすばやく④をマークしてきたら，⑤はゴールまたはローポストに向かってカットしてシュートチャンスをうかがう[*56]。なお，③，④，⑤もしくは，①，③，⑤によってつくられたオーバーロードを利用すれば，必ずディフェンスを攻略することができるはずである。

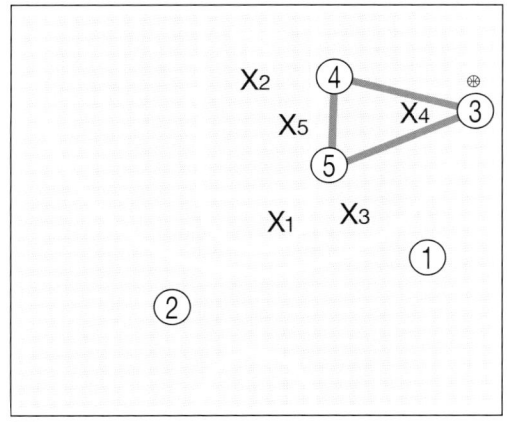

図4-100

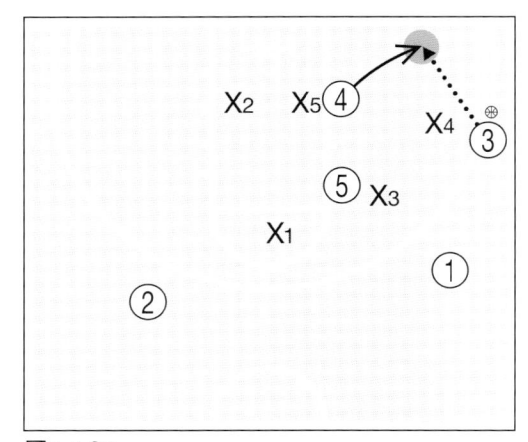

図4-101

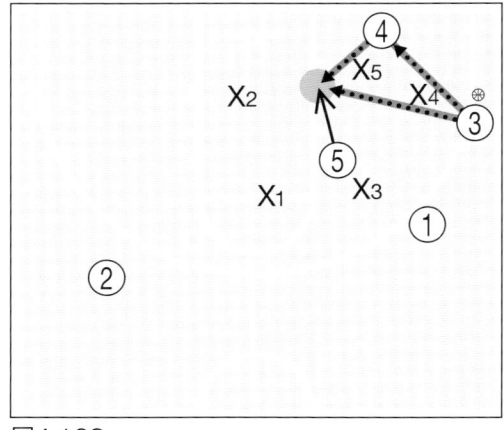

図4-102

[*55]. 訳者注：X_4が③のマークに向かい，その後X_3に受け渡すという対応をしてきたら，③は②へのスキップパスをねらうとよい。

[*56]. 訳者注：⑤はいったんX_2の正面に入って進路をおさえ，スピンバックしてゴール下でポジションをとってもよい。⑤は自分からX_2に向かっていくと，よりゴールに近いポジションをとることができる。

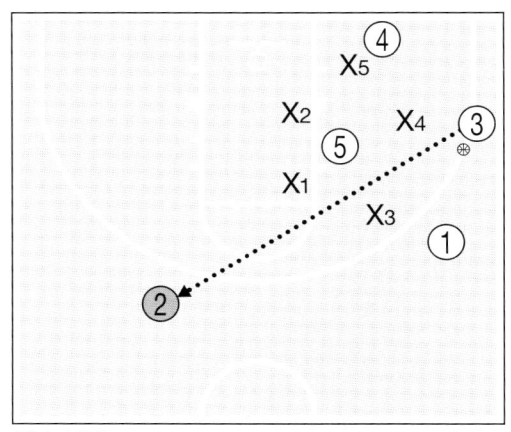

図4-103

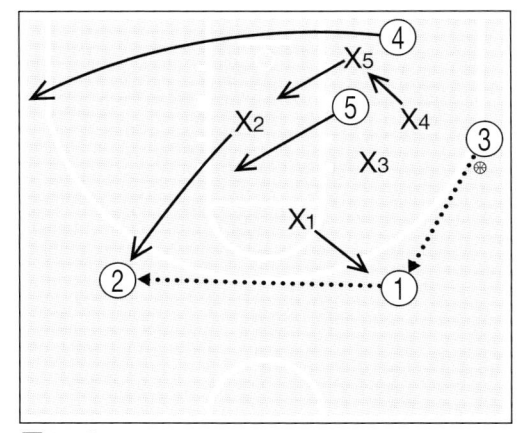

図4-104

e 左サイドへのスキップパス

図4-103のように，オーバーロードに対応するために，ディフェンスが右サイドに大きくシフトしてきたら，③は②にスキップパスを送る。③からパスを受けたら，②はただちにショットやドライブをねらう。

❸左サイドでの展開

③から②へのスキップパス，あるいは図4-104のように①を経由して左サイドの②にパスが展開されたら，⑤は左サイドのミドルポストに向かう。また，④は左サイドのコーナーに移動してX_4を引きつける。

基本的な動きやオプションは，右サイドでの展開と同じで，センターのスクリーンとスピンバック（図4-105），オーバーロード（図4-106），パワーフォワードのポップアウト（図4-107），センターのローポストカットとオーバーロード（図4-108）へとプレーが移行していく。

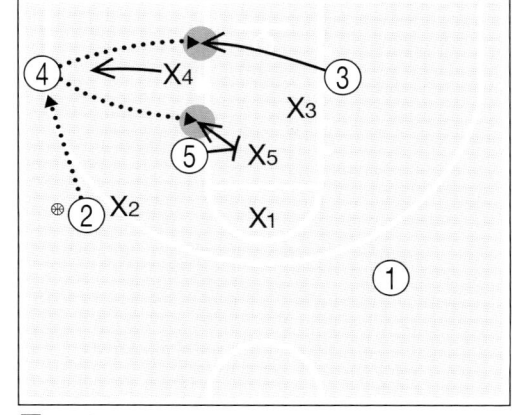

図4-105

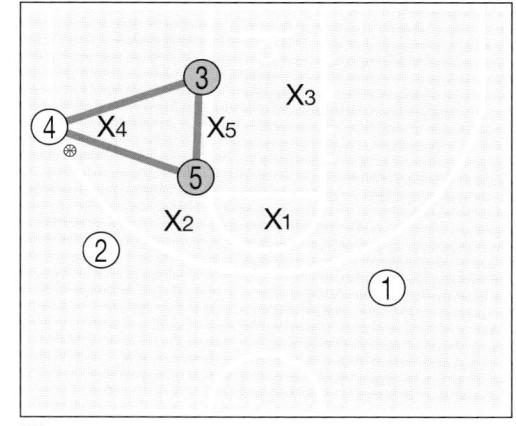

図4-106

図4-107

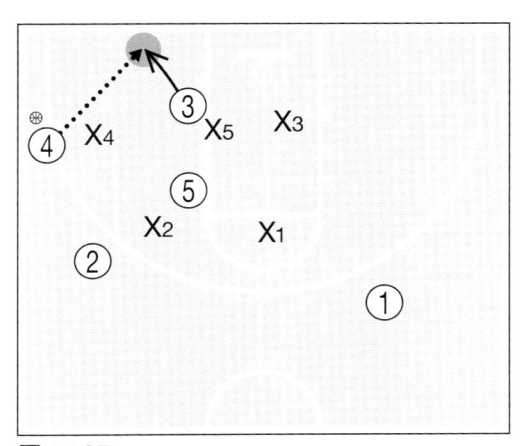

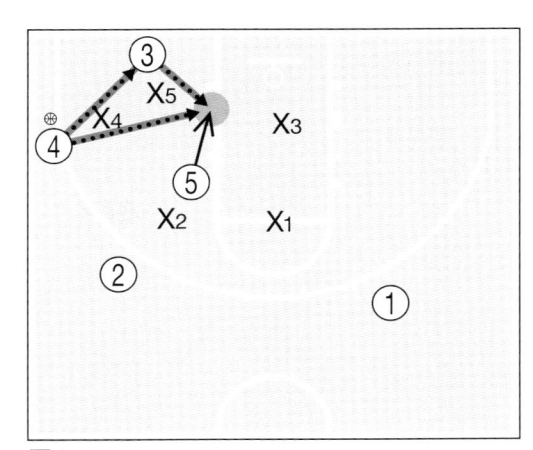

図4-108

🏀 1-2-2, 3-2に対するスペシャル

もともとスペシャルは1-3-1を攻略するために導入されたプレーであるが，1-2-2や3-2対しても，1-3-1の場合と同じようなマッチアップ上の問題を引き起こすことができる[*57]。

そもそも1-2-2や3-2では，バックラインに2人のディフェンダーしか配置されていない。したがって，図4-109のように③がコーナーでバックライン右側のディフェンダーX_5を引きつけることができれば，ショートコーナーにポップアウトした④と，ゴールにカットしてくる⑤のどちらかが必ずノーマークになるはずである。

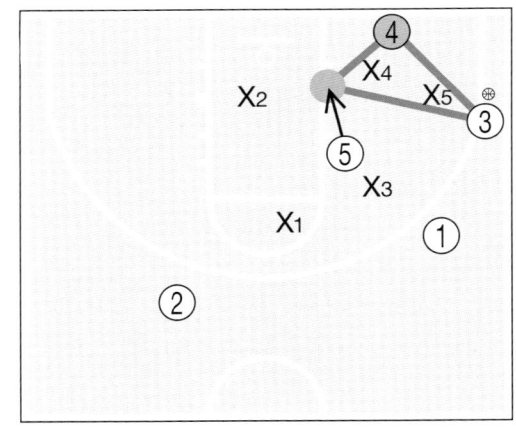

図4-109

🏀 2-1-2, 2-3に対するスペシャル

1-3-1を攻略するために導入されたスペシャルは，2-1-2や2-3対してもマッチアップ上の問題を引き起こすことができる[*58]。

図4-110のように，③はコーナーでプレーし，バックライン右側のディフェンダーX_3を引きつける。この場合，X_5はローポスト付近のエリアをカバーするのが普通である。ショートコーナーは，ミドルマンがカバーすべきエリアからは少々離れているので，ミドルマンが完璧に④をカバーする

[*57]. /[*58]. 訳者注：図4-99～図4-102も参照してほしい。

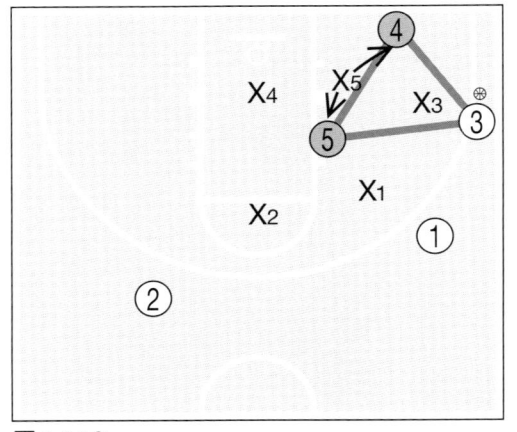

図4-110

のは難しい。また，X_5がショートコーナーのカバーに出たときは，ミドルポストにいる⑤がノーマークになる可能性が高くなる。

4. スペシャルのための分解ドリル

プレーヤーの配置

③，④，⑤と補助者1人（C_1）で実施する。

目的

カットのタイミングや，パスの能力を向上させる（なお，以下の図は1-3-1を想定している）。

手順

(1) ガードアラウンド

図4-111のように，C_1は，③にパスすると同時に，③のアウトサイドに向かってカットする。③は，①にボールを渡したら，コーナーに移動する。

(2) センターのスクリーンとスピンバック

図4-112のように，C_1が③にパスをすると同時に，⑤はX_5にバックスクリーンをかける。④はスクリーンを利用して右ローポストにフラッシュし，⑤はミドルポストにスピンバックする。

(3) パワーフォワードのポップアウト

図4-113のように，④はショートコーナーにポップアウトして，ショット，ドライブ，あるいはローポストにカットしてくる⑤へのパスをねらう。

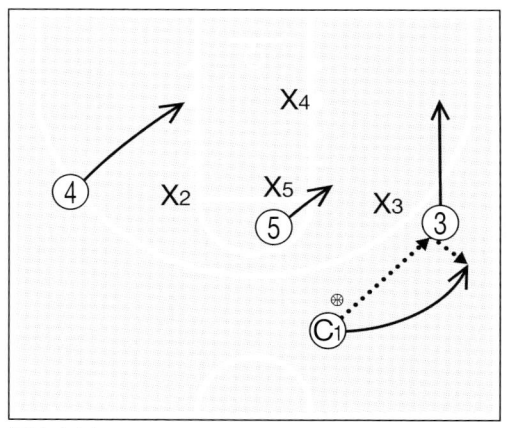

図4-111

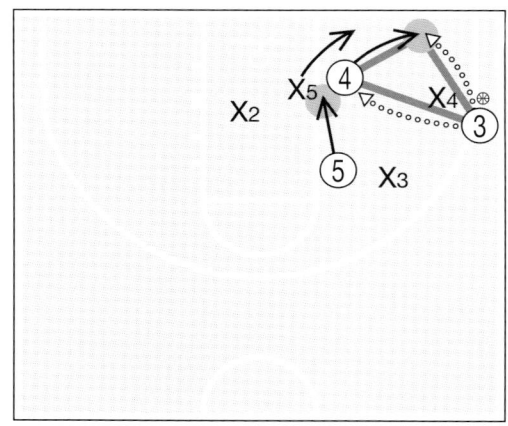

図4-113

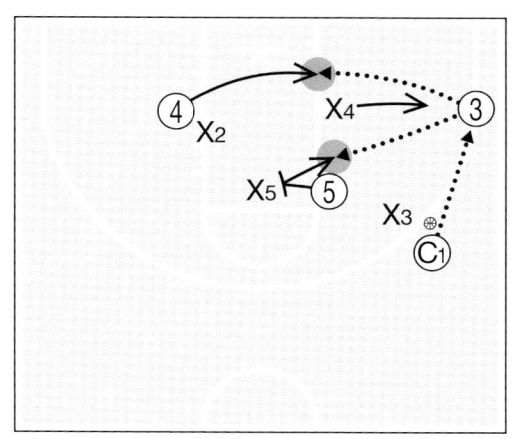

図4-112

F ゴールド
コンティニュイティオフェンス
GOLD

1. ゴールドの基本的な考え方

「ゴールド」では，スクリーンを利用してコーナーにフェード*59していくガードに，スキップパスを送ってショットをねらわせる。インサイドでは，常に2人のプレーヤーがシュートチャンスをうかがいながらプレーする。

スキップパスが出されると，ディフェンスはフルスピードで対応しなければならなくなる。しかし，スクリーンをかけられるとすばやく対応することが難しくなる。また，仮にスクリーンをかわしてショットを防げたとしても，スクリナーへのパスまで防ぐことはできないだろう。

ちなみに，ゴールドでスクリーンのターゲットとなるのは，バックラインもしくはベースラインのディフェンダーである。というのも，通常これらのディフェンダーが，ウィークサイドのコーナーをカバーする役割を担っているからである。したがって，1-3-1や1-2-2，3-2のように，バックラインに配置されている人数が少ないディフェンスに対して，ゴールドは威力を発揮する。

とりわけ，1-3-1ゾーンでは，ガードがベースライン・ディフェンダーとして配置されることが多い。しかし，ガードのような小さいプレーヤーは，センターやフォワードのように背が高くがっしりとした体格のプレーヤーがかけたスクリーンの餌食になりやすいといえよう。

これに対して2-1-2や2-3では，バックラインにディフェンダーが3人配置されているため，ゴールドで攻略するのはかなり難しい。また，マッチアップ・ゾーンやコンビネーション・ディフェンスも，ゴールドで攻略するのは難しいと思われる。

2. ポジションごとの役割

❶ポイントガードとシューティングガード

ガードの2人には，コーナーからのシュート力が要求される。また，スクリナーがポストアップしたときには，タイミングよくパスを供給できるようでなければならない。

❷スモールフォワード，パワーフォワード，センター

ゴールドでは，フォワードとセンターの3人はほとんど同じ役割を果たす。すなわち，ガード陣のためにスクリーンをかけ，ポストアップやフラッシュすることによってシュートチャンスをうかがう。また，他のプレーヤーがポストアップやダックイン*60したときには，チャンスを逃さずにパスができるようでなければならない。

---

*59．フェード：ボールもしくはゴールから遠ざかるように動くこと。

*60．ダックイン：ディフェンスを押し込んでからポストアップする動作のこと。レーンの中で，よりよいポジションをとるためにおこなう。

3. ゾーンのタイプに応じた攻略

🏀 1-2-2, 3-2に対するゴールド

❶基本アラインメントとエントリー
――パワーフォワードのハイポスト・フラッシュから2-1-2のアラインメントへ

図4-114のように，①と②はトップと両ウイングのディフェンダーのギャップに立ち，③と⑤は両サイドのウイングとベースラインのディフェンダーのギャップに立つ。また④は右ローポストでポジションをとる。ゴールドでは2-3アラインメントからプレーを始めるが，②がドリブルすると同時に④はハイポストにフラッシュする。するとオフェンスは2-1-2のアラインメントになる。

右サイドですばやくショットまで持ち込みたいときは，最もシュート力のあるプレーヤーを②のポジションに，また最もスクリーンをかけるのがうまいプレーヤーを⑤のポジションに配置しておく。

❷右サイドでの展開

ⓐシューティングガードのコーナーフェード

図4-115のように，②が①にパスしたら，⑤はX₅にスクリーンをかけ，②は⑤のスクリーンを利用してコーナーにフェードする。④は，3ポイントラインの外にステップアウトする。

ⓑシューティングガードへのスキップパス

図4-116のように，①は②にスキップパスを送り，パスを受けた②はただちにショットをねらう。

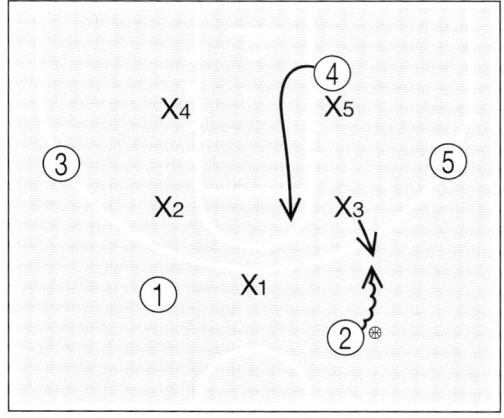

図4-114

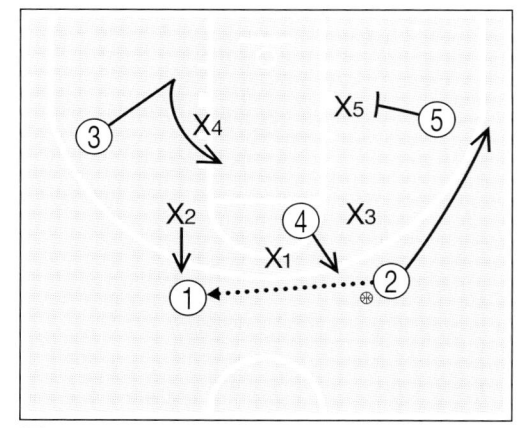

図4-115

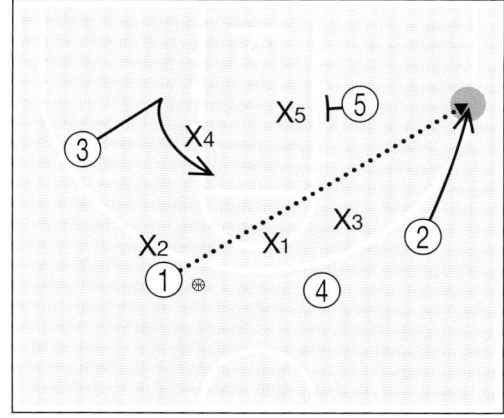

図4-116

図4-117のように，①は②に直接スキップパスを送る代わりに，④を経由して②にパスを展開してもよい。④は，コーナーにフェードした②にすばやくパスを展開する[*61]。

図4-118のように，①はレーンの中にフラッシュしてくる③へのパスをねらってもよい。

C スクリナーへのパス

図4-119のように，②が①からパスを受けたとき，X_5がスクリーンをかわしてすばやくコーナーをカバーしてきたら，②はローポストでポストアップしている⑤へのパスをねらう。

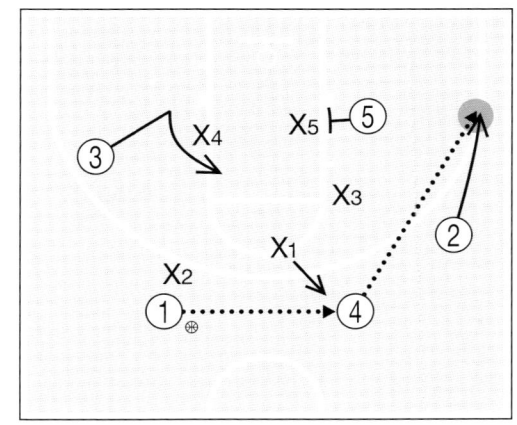

図4-117

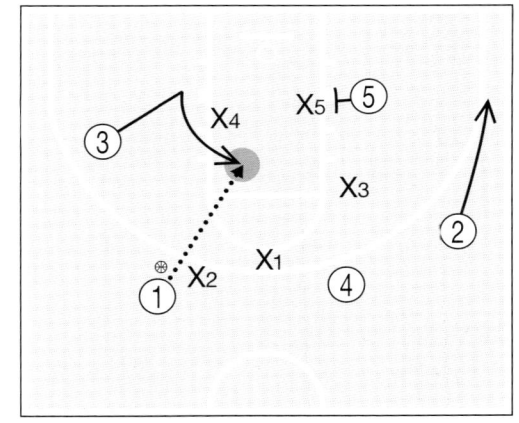

図4-118

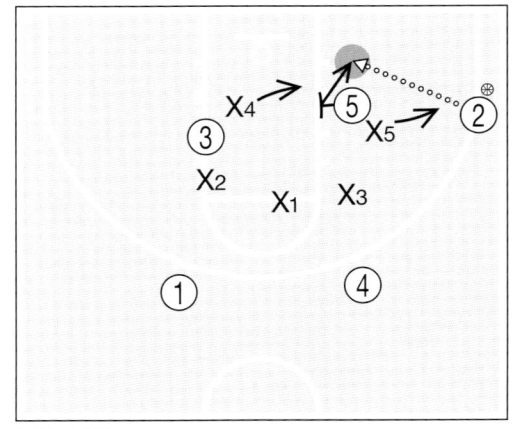

図4-119

[*61]. 訳者注：X_5が⑤スクリーンを予想して②をマークしてきたら，④は⑤へのパスをねらうことができる。

d ダブル・ダックイン

図4-120のように，②が④にパスを返したら，③と⑤はボールに向かってフラッシュもしくはダックインする。④は③，⑤へのパスをねらう。このように，2人のプレーヤーが同時にダックインすると，インサイドからディフェンスを攻略することができる。

❸左サイドでの展開

図4-121のように，④から①へとパスが展開されたら，左サイドでのプレーがスタートする。④が②にパスを展開することなく①にパスを返した場合も同様である。

③は左サイドのコーナーにポップアウトする。また，⑤はディフェンスのギャップを突いてレーンの中にフラッシュし，シュートチャンスをうかがう。④と②はポジションチェンジし，④は右ローポストに移動する。

基本的な動きやオプションは右サイドでの展開と同じで，ポイントガードのコーナー・フェード（図4-115参照），ポイントガードへのスキップパス（図4-116参照），スクリナーへのパス（図4-119参照），ダブル・ダックイン（図4-120参照）へとプレーが移行していく。

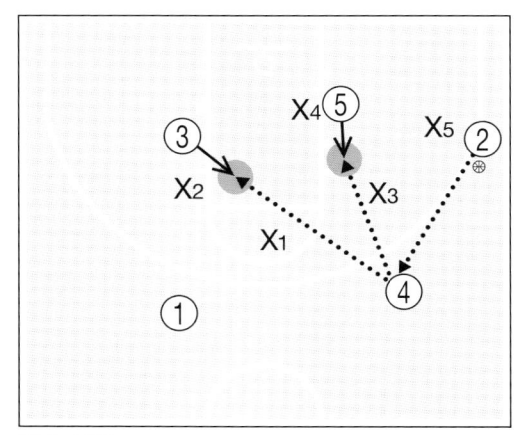

図4-120

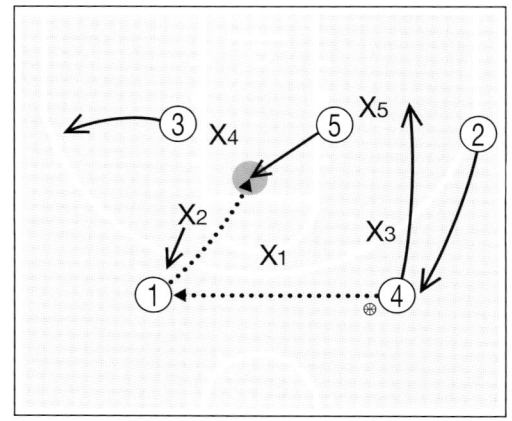

図4-121

🏀 1-3-1に対するゴールド

①基本アラインメントとエントリー
――パワーフォワードのハイポスト・フラッシュから2-1-2のアラインメントへ

図4-122のように，①と②はトップと両ウイングのディフェンダーのギャップに立ち，③と⑤は両ウイングとベースライン・ディフェンダーのギャップに立つ。また④は右ローポストにポジションをとる。②がドリブルすると同時に④は右ハイポストにフラッシュする。するとオフェンスは2-1-2のアラインメントになる。

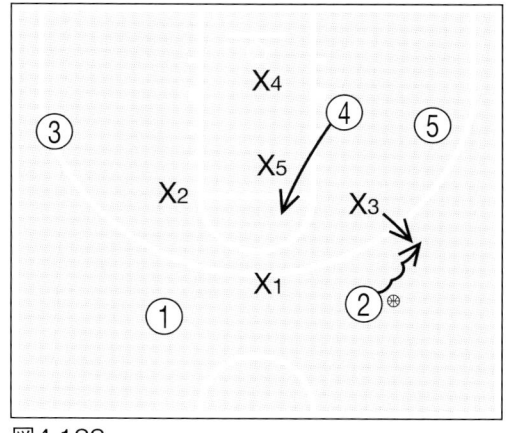

図4-122

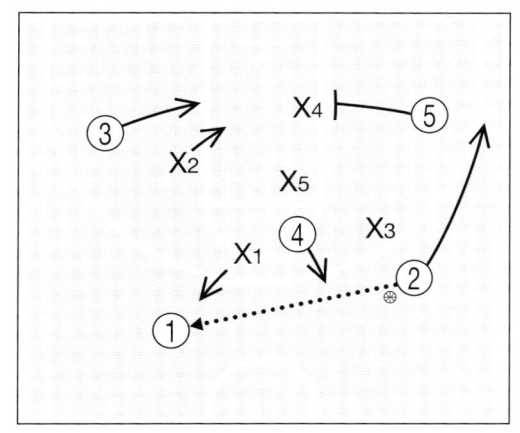

図4-123

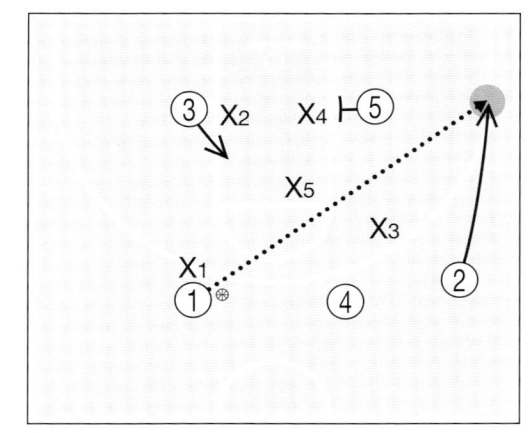

図4-124

❷右サイドでの展開

a シューティングガードのコーナーフェード

　図4-123のように，②が①にパスしたら，⑤はX_4にスクリーンをかけ，②は⑤のスクリーンを利用して右サイドのコーナーにフェードする。④はスリーポイントラインの外にステップアウトする。なお，状況によってはX_3が右サイドのコーナーをカバーすることもある。この場合，⑤はX_3にスクリーンをかける。

b シューティングガードへのスキップパス

　図4-124のように，①は②にスキップパスを送り，パスを受けた②はただちにショットをねらう。

　図4-125のように，①は，スキップパスを送る代わりに，④を経由して②にパスを展開してもよい。④はコーナーにフェードした②にすばやくパスを展開する。

　図4-126のように，①はレーンの中にフラッシュしてくる③へのパスをねらってもよい。

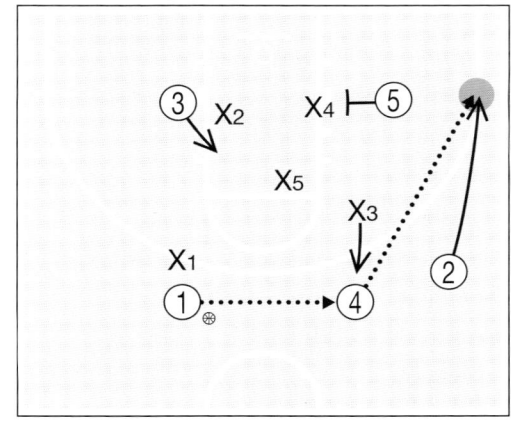

図4-125

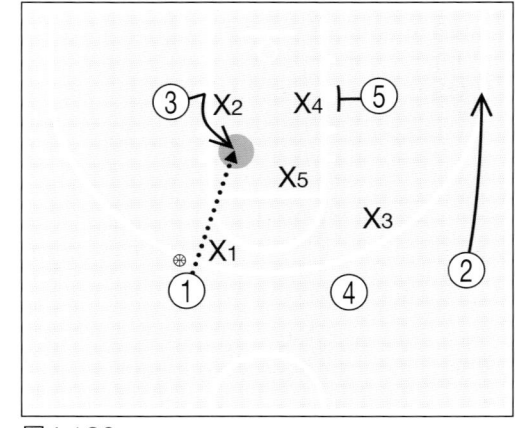

図4-126

c スクリナーへのパス

図4-127のように、②が①からパスを受けたとき、X_4がスクリーンをかわしてすばやくコーナーをカバーしてきたら、②はローポストでポストアップしている⑤へのパスをねらう。

d ダブル・ダックイン

図4-128のように、②が④にパスを返したら、③と⑤はボールに向かってフラッシュもしくはダックインする。④は③、⑤へのパスをねらう。

ちなみに、1-3-1では、両ウイングがサイドラインに大きく広がってディフェンスしてくる場合がある。このようなとき、インサイドで2人のプレーヤーが同時にフラッシュやダックインをねらうと非常に効果的である。

❸左サイドでの展開

図4-129のように、④から①へとパスが展開されたら、左サイドでのプレーがスタートする。③は左サイドのコーナーにポップアウトする。また、⑤はディフェンスのギャップを突いてレーンの中にフラッシュし、シュートチャンスをうかがう。④と②はポジションチェンジし、④は右ローポストに移動して2-1-2のアラインメントになる。

基本的な動きやオプションは右サイドでの展開と同じで、ポイントガードのコーナー・フェード（図4-123参照）、ポイントガードへのスキップパス（図4-124参照）、スクリナーへのパス（図4-127参照）、ダブル・ダックイン（図4-128参照）へとプレーが移行していく。

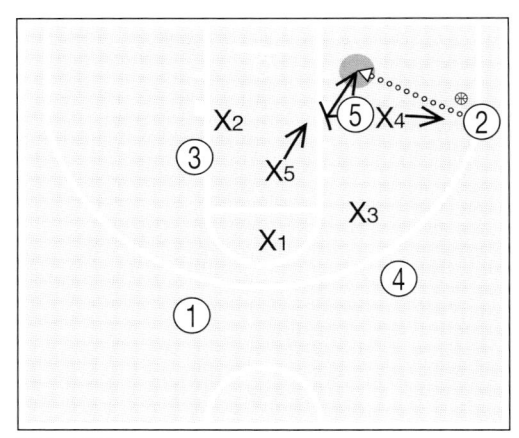

図4-127

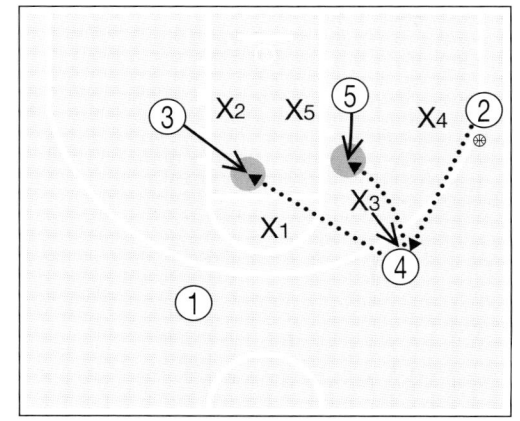

図4-128

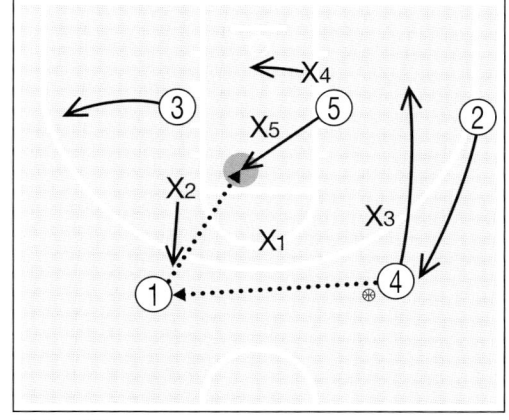

図4-129

4. コーナーフェードのための分解ドリル

プレーヤーの配置

②, ④, ⑤と補助者1人（Ⓒ₁）で実施する。

目的

プレーのタイミングを向上させるとともに、スクリーンに対するディフェンスの対応に応じて的確なプレーを選択できるようにする。

手順

(1) ハイポストフラッシュ

図4-130のように、④は②のドリブルに合わせてハイポストにフラッシュする。

(2) コーナーフェード

図4-131のように、②が補助者Ⓒ₁にパスしたら、⑤はX_5にスクリーンをかける。②は⑤のスクリーンを利用してコーナーにフェードする。④はスリーポイントラインの外にステップアウトする。

(3) スキップパス

図4-132のように、Ⓒ₁は②か④にパスを送る。④はⒸ₁からパスを受けたらすばやく②にパスを展開する。②はパスを受けたらただちにショットをねらうが、もし、X_5がスクリーンをかわしてマークにきたら、⑤にパスを入れる。ディフェンスが⑤のスクリーンを予想しているようなら、④は⑤へのパスをねらう。

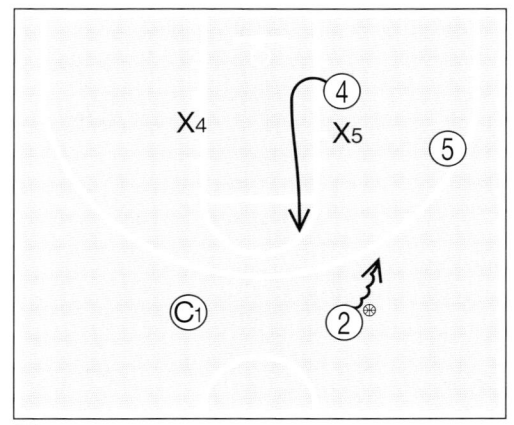

図4-130

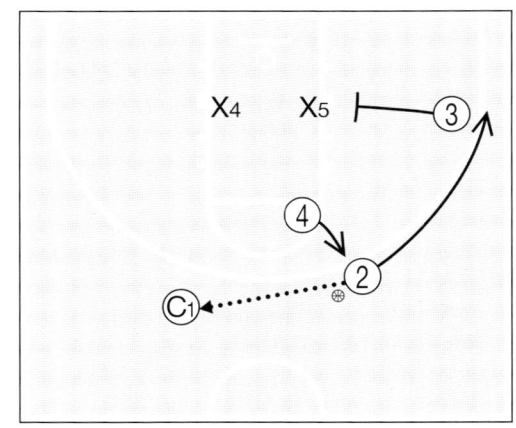

図4-131

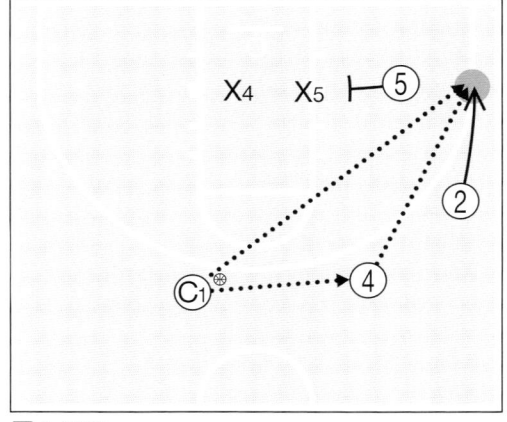

図4-132

Chapter 5
Set Plays

5

セットプレー

A レッドシリーズ
THE RED SERIES

1. レッドシリーズの基本的な考え方

　レッドシリーズという名称は，かつてイエシヴァ大学でコーチを務めていたレッド・サラチェクにちなんでつけられたものである。イエシヴァ大学はバスケットボールの強豪校として知られていたわけではなかったが，サラチェクはバスケットボールのことを実によく研究し，レッドシリーズで用いられる各プレーをより洗練されたものへと仕上げていったのである。

　レッドシリーズでは，すべてのプレーが1-3-1のアラインメントからスタートする。加えて，各々のプレーがいずれも1つのプレーから派生したオプションプレーのようになっているので，ディフェンスの裏をかくこともできる。また，オーソドックスなゾーンディフェンスのみならず，マッチアップ・ゾーンやコンビネーションディフェンスなどさまざまなゾーンディフェンスに対しても効果を発揮する。いずれにせよ，各プレーを左右どちらのサイドからでも始められるようにしておけば，攻撃はより多様かつ柔軟性に富んだものになるであろう。

　第4章で解説したコンティニュイティオフェンスでは，5人全員がショットをねらえるようにプレーがデザインされていたが，セットプレーでは，あらかじめ決められたプレーヤーにショットをねらわせるようにプレーがデザインされている。シュートが当たっているプレーヤーがいるなら，そのプレーヤーにボールを集めたほうがいいだろうし，ゲーム終盤の緊迫した場面でコーチが最も信頼できるプレーヤーにショットをねらわせたいのであれば，セットプレーを用いるとよい。

　ただし，レッドシリーズでは特定のプレーヤーにシュートチャンスをつくった時点でプレーが終わるので，常にショットに持ち込めるとは限らない。そのような場合は，セットアップが簡単で，すばやくシュートチャンスをつくり出せるサーティーンもしくはスプリットに移行するとよい*62。

レッドシリーズの使い分け

　レッドシリーズの各プレーは，あらゆるゾーンディフェンスに対して用いることができる。また，マンツーマンディフェンスに対しても一定の効果を発揮する。例えば「レッド」の場合，シューティングガードが左右両サイドにスイングしてくり返しオーバーロードをつくる。いかなるゾーンディフェンスであれ，オーバーロードを用いて攻略されると何らかの綻びが生じてくるものである。しかし，状況に応じて7つのプレーを使い分ければより効果的になるのも事実である。

　例えば「フェード」の場合，シューティングガードにコーナーからショットをねらわせるために，バックラインのディフェンダーにスクリーンをかける。したがって，バックラインに3人配置されている2-1-2や2-3よりも，1-3-1や1-2-2，3-2のようなバックラインに1人ないし2人しか配置されていないディフェンスに用いたほうがより効果的である。また同じく「カムバック」も，1-3-1や1-2-2，3-2に対して用いたほうが効果的である。

　いっぽう，「ミドル」は1-2-2，3-2，2-3に対し

＊62．**訳者注**：この部分はNCAAで用いられているショットクロック（35秒）を前提に書かれているため，24秒ルール下でのプレーには参考にはならない。なお，ショットクロックの違いについてはp.118の注を参照。

てはきわめて効果的なプレーであるが，1-3-1や2-1-2に対してはそれほど効果的ではない。1-2-2や2-3ではゾーンの中央部分に大きなギャップが存在するが，1-3-1や2-1-2にはそのようなギャップが存在しないからである。

ミドルと同じように，センターがスクリーンを利用してインサイドにフラッシュする「フィリー」や，ハイポスト周辺でスクリーンプレーをおこなう「ゴー」も，1-2-2や3-2，2-3に対して用いるとその効果を最大限実感できるだろう。

◉ マッチアップ・ゾーン，コンビネーションディフェンスに対する活用

レッドシリーズとして紹介する7つのプレーでは，各プレーヤーとも同じエリアに留まることなく，動きのなかでシュートチャンスをつくり出していく。したがって，いずれのプレーもオーソドックスなゾーンディフェンスだけでなく，マッチアップ・ゾーンに対しても威力を発揮する。また，レッドシリーズの各プレーは，コンビネーションディフェンスに対しても有効である。例えば，ディフェンスがシューティングガードをマンツーマンでマークしてきたとしよう。このとき，「レッド」や「フェード」，「カムバック」，「ドリブルブロック」を用いれば，シューティングガードは，スクリーンやカットを利用してショットをねらえるはずである。

2. ポジションごとの役割

❶ポイントガード

ポイントガードが果たすべき最も重要な役割は，オフェンスをスムーズに進行させることである。したがって，基本的に①はパッサーおよびドリブラーとしてプレーする。

オフェンスを安全かつスムーズに進行させるためには，他の4人をしっかりセットアップさせてからプレーをスタートさせることが大切である。この部分をいい加減におこなうと，オフェンスどうしの距離が長くなってしまい，ディフェンスにパスを取られてしまう可能性が高くなる。

プレー中は常に冷静さを保ち，他のプレーヤーとのコミュニケーションを図りながらチームをリードする。また，相手チームにボールが渡ったらただちにディフェンスに戻れるよう準備をしておくことも重要である。

❷シューティングガード

セットプレーで最も多く動きまわるのがシューティングガードである。そのためシューティングガードには，クイックネスとスピードが要求される。また，プレーで計画されている通りに，アウトサイドからショットを決められなければならない。したがって，シューティングガードが機動力とアウトサイドからのシュート力を兼ね備えていると理想的である。加えてスクリーンを利用することに長け，ドリブルでディフェンスを突破する能力やパス能力も備えていれば，シューティングガードとして申し分ない。

❸スモールフォワード

スモールフォワードがアウトサイドからのショットを得意としているなら，シューティングガードとポジションを入れ替えてプレーさせてもよい。場合によってはパワーフォワードとポジションを入れ替え，スモールフォワードをインサイドでプレーさせてもよい。いずれにせよ，スモールフォワードはパッサーとしても高い能力を身につけていなければならない。

❹パワーフォワード

パワーフォワードは，ローポスト，あるいはレーンの中にフラッシュしてパスを受け，ショットやパスをねらえなければならない。またスクリナーとしての役割を果たすと同時に，スクリーンをかけたあとポストアップして自らシュートチャンスをつくり出せなければならない。

❺センター

センターは，パワーフォワードと同じような役

割を果たすが，ハイポストからショットやパスをねらえるようでなければならない。また，インサイドでパスのターゲットとしての存在感を示せるかどうかも重要なポイントである。

3. レッドシリーズのエントリー

レッドシリーズでの基本的なアラインメントは1-3-1である。パワーフォワードがハイポストにフラッシュしたら，ポイントガードはディフェンスの状況をしっかり確認し，パスもしくはドリブルによってプレーをスタートさせる。

❶基本アラインメント
――パワーフォワードのハイポスト・フラッシュから1-3-1のアラインメントへ

図5-1のように，①がトップのポジションに立ち，②と③は左右のウイング，④と⑤が左右のローポストにそれぞれポジションをとる。①がトップに向かってドリブルするのにあわせて，④はハイポストにフラッシュする。すると1-3-1アラインメントが形成される。これがレッドシリーズの基本的なアラインメントである。

❷エントリー

ⓐパス・エントリー

図5-2のように，①は②にパスをすると同時に②のアウトサイドに向かい，②は①にボールを渡したらただちに左サイドに向かう。

ⓑドリブル・エントリー

図5-3のように，②へのパスがディナイされたら，①は②のエリアに向かってドリブルする。①がドリブルを始めたら，②は左サイドに向かってカットする。

なお，以後レッドシリーズの各プレーを紹介する際は，ドリブルエントリーのみ図示する。

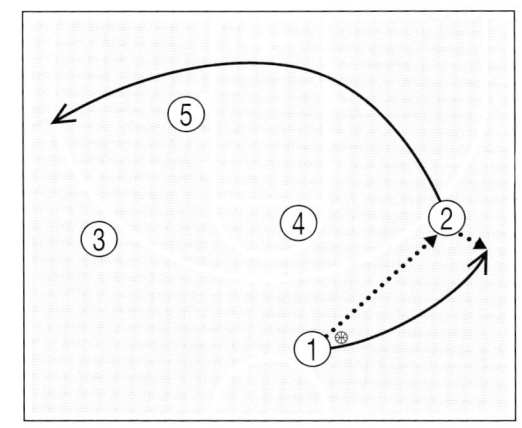

図5-2

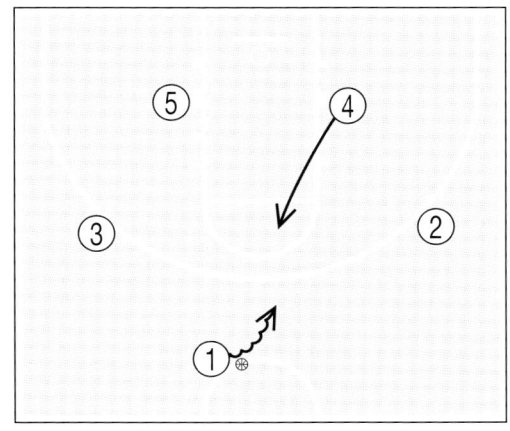

図5-1

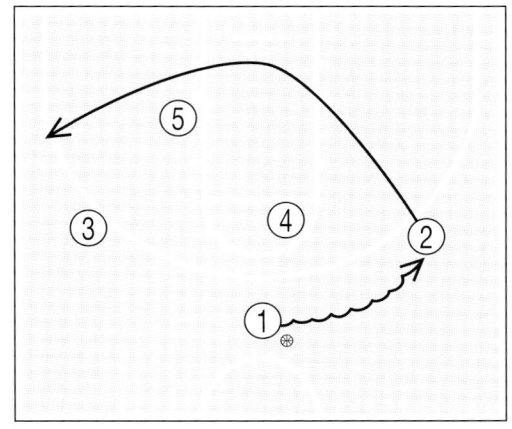

図5-3

4. レッドシリーズの各プレー

♯1. レッド

「レッド」では，シューティングガード②が左右両サイドをスイング*63してプレーする。左サイドでは④と2対1のチャンスをうかがい，右サイドでは⑤のスクリーンを利用してシュートチャンスをうかがう。したがって，たとえ左サイドで②へのパスをディナイされたとしても，右サイドにパスを展開すれば再びチャンスをつくり出せるはずである。

なお，②と③のポジションを入れ替えれば，③が両サイドにスイングしてショットをねらうことになる。

🏀 1-2-2, 3-2に対するレッド

❶エントリーから右サイドへの展開

ⓐシューティングガードのスイング

図5-4のように，①が右サイドにドリブルしてきたら，②はディフェンスの背後にまわり込むようにして左サイドにスイングし，X₂とX₄のギャップにポジションをとる。続いて④も左サイドのショートコーナーに移動する。

ⓑセンターのハイポストフラッシュ

図5-5のように，④が左サイドに移動すると，右ハイポスト付近にスペースが生まれる。⑤はこのスペースにフラッシュして，シュートチャンスをうかがう*63。③は①や⑤からのパスに備えて，右サイドへ移動する。

❷左サイドへの展開

ⓒセンターのローポストカット

左サイドにプレーを展開させる場合は，図5-6のように，①が③にパスを送る。③はX₂をしっかり引きつけるようにプレーし，⑤は右ローポストに移動する。

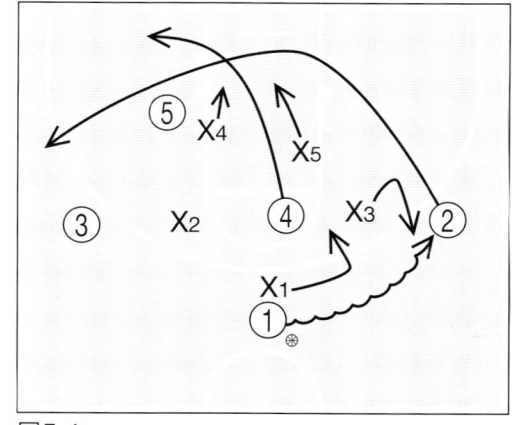

図5-4

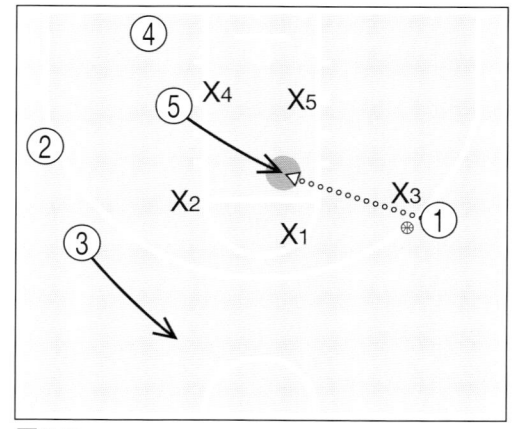

図5-5

---

*63. 訳者注：センターによるハイポストフラッシュを明示するために図5-4, 図5-5などのいくつかの図で，もとの図を分割して示している。②, ④, ⑤が動くタイミングについては図5-54を参照。

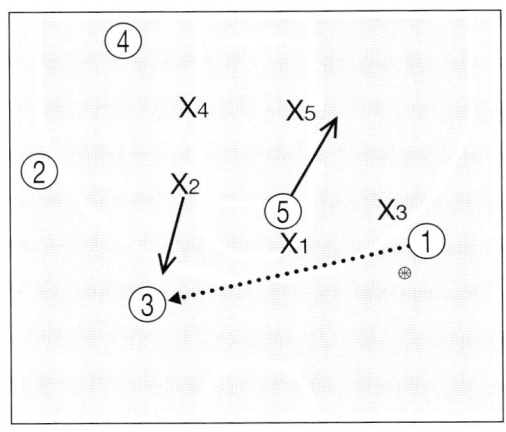

図5-6

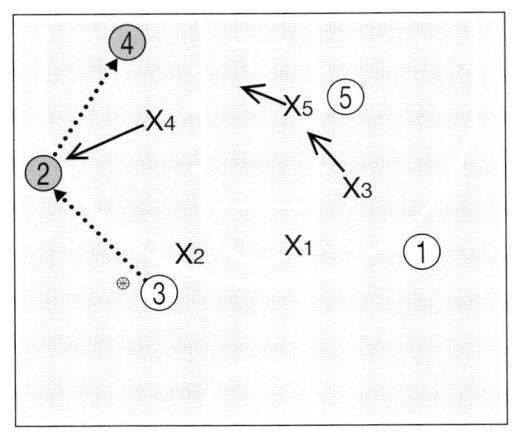

図5-7

d 左サイドでの2対1

図5-7のように、③が②にパスを展開すると、X_4が②、④を1人でカバーしなければならなくなる。ディフェンスの状況に応じて、②はショットやギャップへのドライブをねらう。また、②が④へタイミングよくパスを送れば、④はショットやドライブをねらうこともできる。

❸右サイドへの展開

e シューティングガードのスイング

左サイドでチャンスが生まれそうにないときは、図5-8のように、右サイドへすばやくパスを展開する。②は③にパスをして右サイドに向かってスイングする。⑤は②の動きに合わせてX_5にスクリーンをかけ、④は②がいたエリアに移動する。左サイドからスイングしてきた②は、①からパスを受けてにショットをねらう。

②からパスを受けた③が①にパスを展開するとき、ディフェンスが右サイドへのパス展開を予想してプレーしているようなら、図5-9のように、③は④にリターンパスしてもよい。④はショットやドライブをねらうことができる。

図5-10のように、X_5が⑤のスクリーンをかわして②をマークしてきたら、②はローポストでポストアップしている⑤にパスを入れる*64。

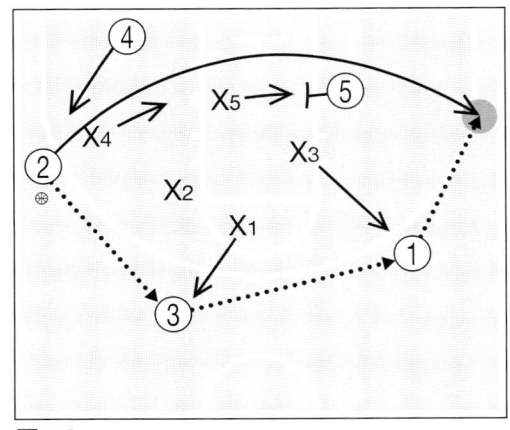

図5-8

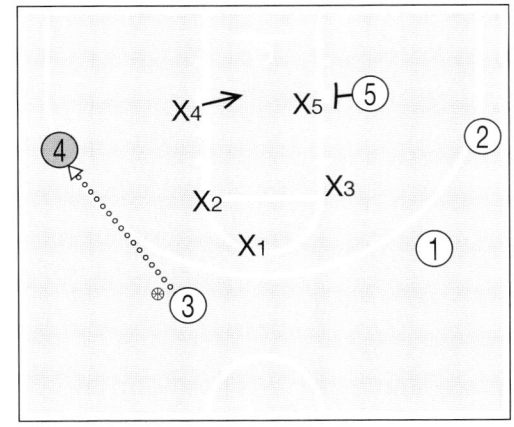

図5-9

*64. 訳者注：X_5にスクリーンをかわされると感じたら、⑤はその場でポストアップしてもよいし、X_4の正面に入って進路をおさえ、スピンバックしてゴール下でポジションをとってもよい。

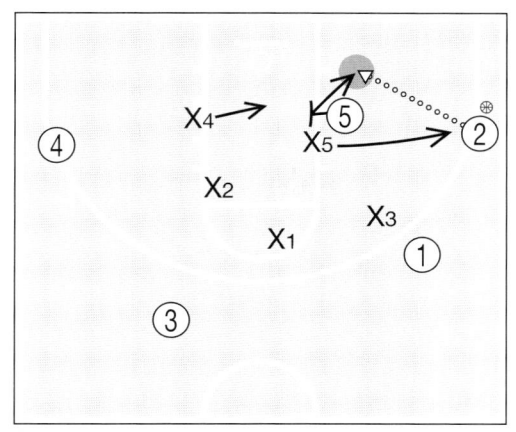

図5-10

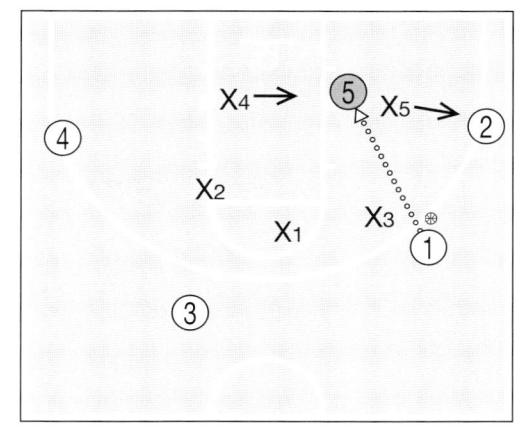

図5-11

f 右ローポストへのパス

図5-11のように，X_5が⑤のスクリーンを予想して②のマークに向かおうとしているようなら，①はディフェンスの裏をかいて②にパスフェイクしてから⑤にパスを送る。

🏀 1-3-1に対するレッド

❶エントリーから右サイドへの展開
a シューティングガードのスイング

図5-12のように，①が右サイドにドリブルしてきたら，②はディフェンスの背後にまわり込むようにして左サイドに向かい，続いて④も左サイドのショートコーナーに移動する。

b センターのハイポストフラッシュ

図5-13のように，⑤は左ハイポストにできたスペースにフラッシュしてシュートチャンスをうかがう。③は①や⑤からのパスに備えて少し右サイド寄りに移動する。

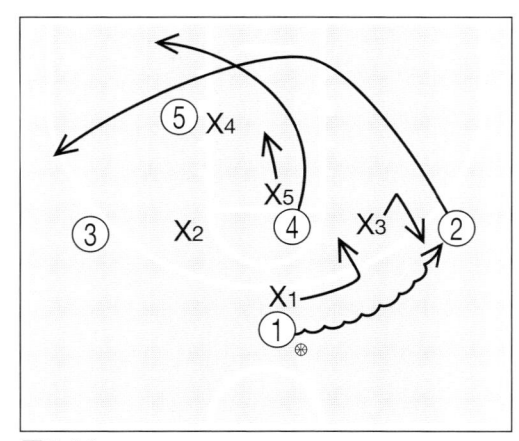

図5-12

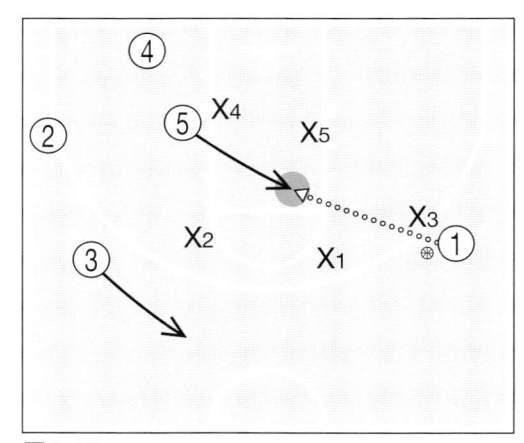

図5-13

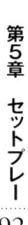

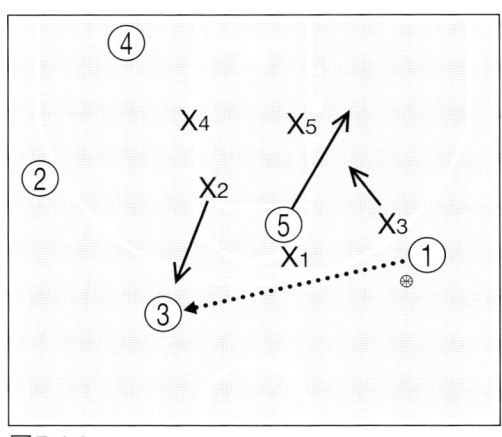

図5-14

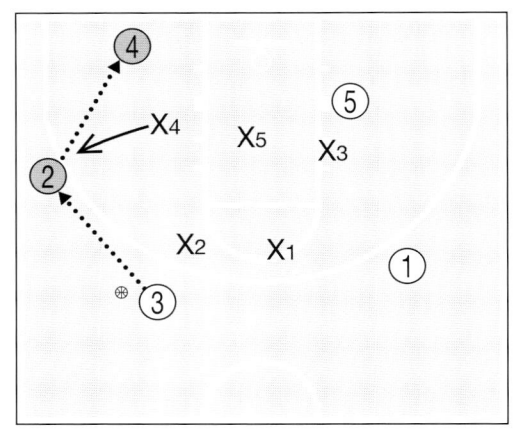

図5-15

❷左サイドへの展開
c センターのローポストカット
　図5-14のように，①は③にパスを送る。③はX₂を引きつけるようにプレーする。⑤は右ローポストへ移動する。

d 左サイドでの2対1
　図5-15のように，③がX₂を引きつけてから②にパスを展開すれば，X₄が②，④を1人でカバーしなければならなくなる。②は③からパスを受けたらショットやドライブ，④へのパスをねらう。

❸右サイドへの展開
e シューティングガードのスイング
　左サイドでチャンスが生まれそうにないときは，図5-16のように，右サイドへすばやくパスを展開する。②は③にパスをして右サイドに向かってスイングする。⑤は②の動きに合わせてX₄にスクリーンをかけ，④は②がいたエリアに移動する。左サイドからスイングしてきた②は，①からパスを受けたらただちにショットをねらう。

f 右ローポストへのパス
　図5-17のように，X₄が⑤のスクリーンをかわして②をマークしてきたら，①や②はローポストでポストアップしている⑤へのパスをねらう。

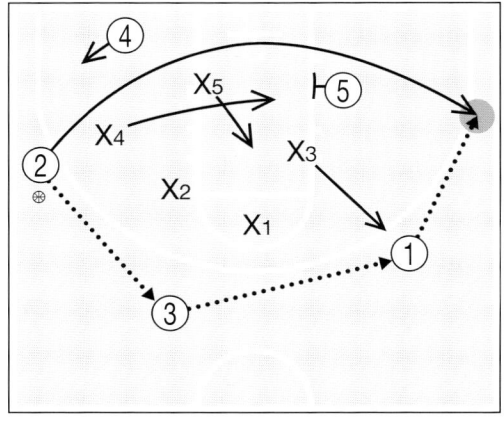

図5-16

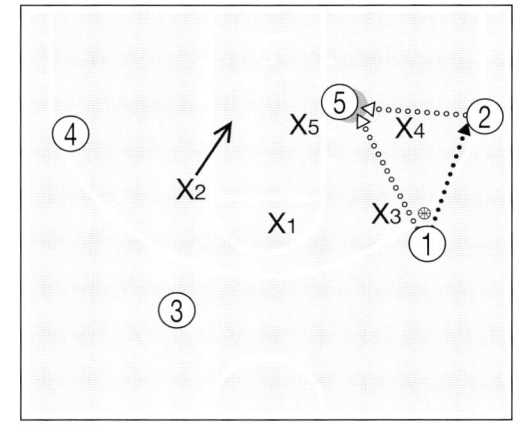

図5-17

2-1-2, 2-3に対するレッド

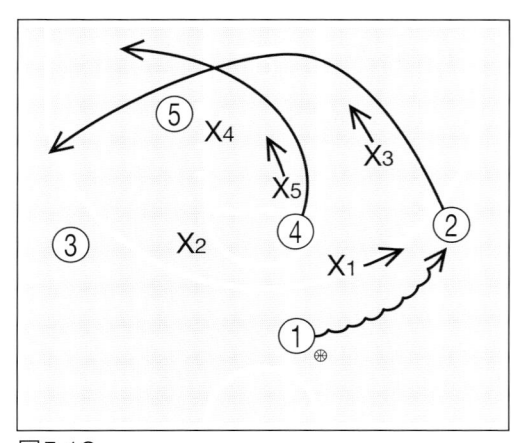

図5-18

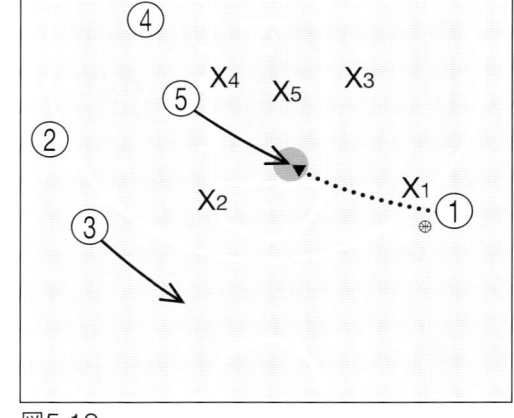

図5-19

❶エントリーから右サイドへの展開
ⓐシューティングガードのスイング
図5-18のように，①が右サイドにドリブルしてきたら，②はディフェンスの背後にまわり込むようにして左サイドに向かい，続いて④も左サイドのショートコーナーに移動する。

ⓑセンターのハイポストフラッシュ
図5-19のように，⑤は右サイドのハイポストにフラッシュしてシュートチャンスをうかがう。③は，①や⑤からのパスに備えて少し右サイド寄りに移動する。

❷左サイドへの展開
ⓒセンターのローポストカット
図5-20のように，①は③にパスを送る。③はX_2を引きつけるようにプレーする。⑤は右ローポストに移動する。

ⓓ左サイドでの2対1
図5-21のように，③がX_2を引きつけてから②にパスを展開すれば，X_4が②，④を1人でカバーしなければならなくなる。②は，③からパスを受けたらショットやドライブ，④へのパスをねらう。

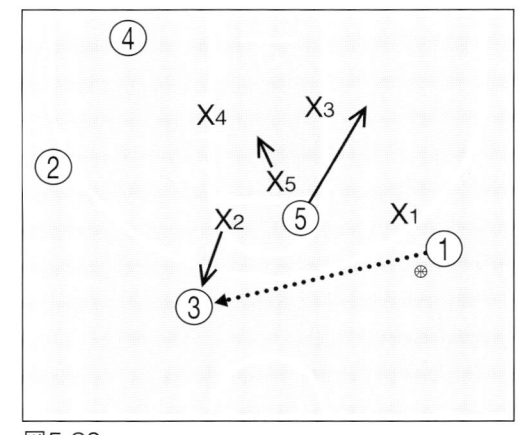

図5-20

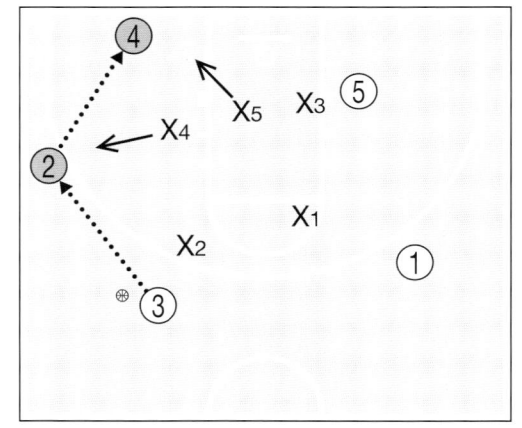

図5-21

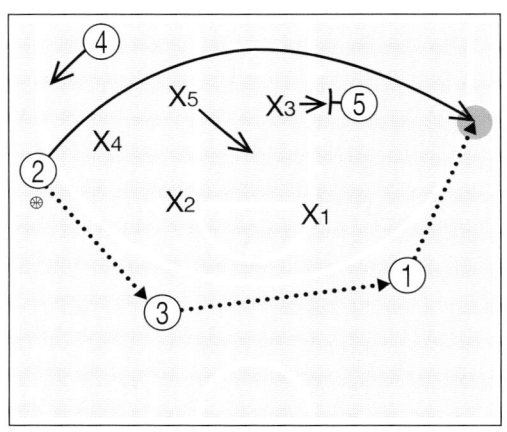

図5-22

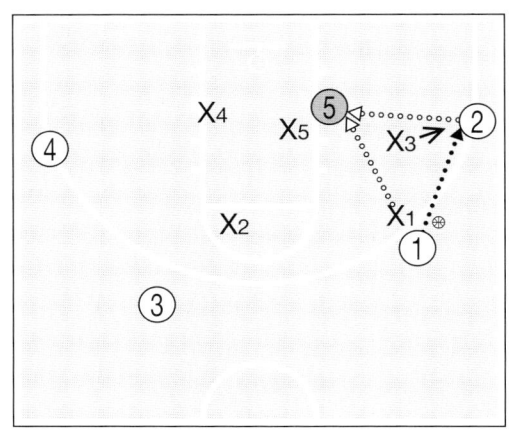

図5-23

❸右サイドへの展開
e シューティングガードのスイング

　左サイドでチャンスが生まれそうにないときは，図5-22のように，右サイドへすばやくパスを展開する。②は③にパスをして右サイドに向かってスイングする。⑤は②の動きに合わせてX_3にスクリーンをかけ，④は②がいたエリアに移動する。

左サイドからスイングしてきた②はパスを受けたらただちにショットをねらう。

f 右ローポストへのパス

　図5-23のように，X_3がスクリーンをかわして②をマークしてきたら，①や②はポストアップしている⑤へのパスをねらう。

🏀 レッドの分解ドリル

プレーヤーの配置

　②，⑤と補助者2人（C_1，C_3），ディフェンス2人で実施する。

目的

　レッドの場合，前半部分ではカットとパスだけでプレーが成立する。しかし後半部分では，②のスクリーンの使い方がプレーの成否を決めるカギとなる。したがって，ここではスクリーンを利用する後半部分を取り上げ，的確にスクリーンプレーがおこなえるよう練習する。

手順

　図5-24のように，②はC_3にパスを送り，右サイドに向かってカットする。C_3はすばやくC_1にパスを展開する。⑤がX_5にスクリーンをかけ，②はスクリーンを利用してショットをねらう。ディフェンスの対応によっては，C_1と②は⑤へのパスもねらう。

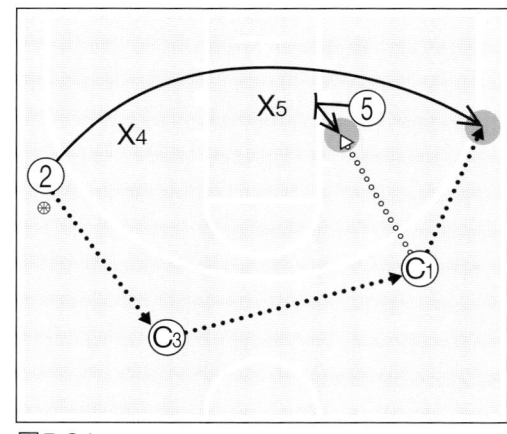

図5-24

#2. フェード

時間をかけずにすばやくシュートチャンスをつくり出したいときには,「フェード」を用いるとよい。フェードでは,シューティングガード②がパワーフォワード④のスクリーンを利用して,右サイドのコーナーからショットをねらう。

🏀 1-2-2, 3-2に対するフェード

❶エントリーから右サイドへの展開
ａシューティングガードのゴール下へのカット

図5-25のように,①が右サイドにドリブルしてきたら,②はディフェンスの背後にまわり込むようにしてゴール下に向かう。しかし,そのまま左サイドには向かわずに,ゴール下で①が③にパスするのを待つ。また④は右ローポストに移動する。②がディフェンスの死角に入り込めれば,プレーはより効果的となる。

❷左サイドへの展開
ｂセンターのハイポストフラッシュ

図5-26のように,①が③にパスを送ると同時に,⑤はボールに向かってフラッシュする。ディフェンスが②,④の動きに気をとられているようなら,③は⑤にパスを入れる。

❸右サイドへの展開
ｃシューティングガードのコーナーフェード

図5-27のように,③が①にパスを返したら,②は④のスクリーンを利用して自分がいた右サイドのコーナーに向かう。基本的に①は②にパスを展開し,②はパスを受けたらただちにショットをねらう。

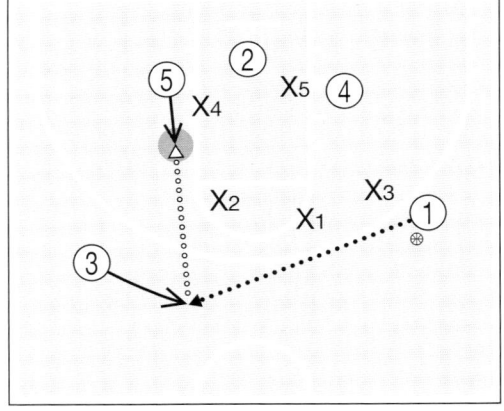

図5-26

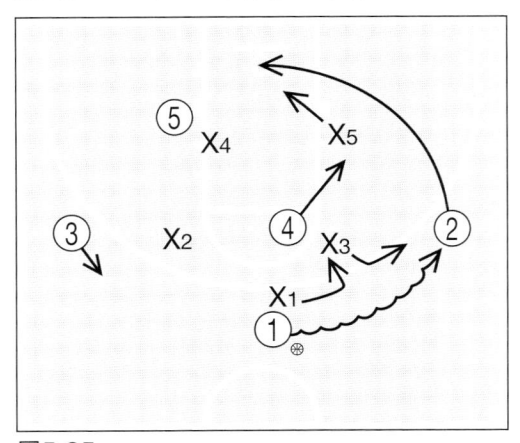

図5-25

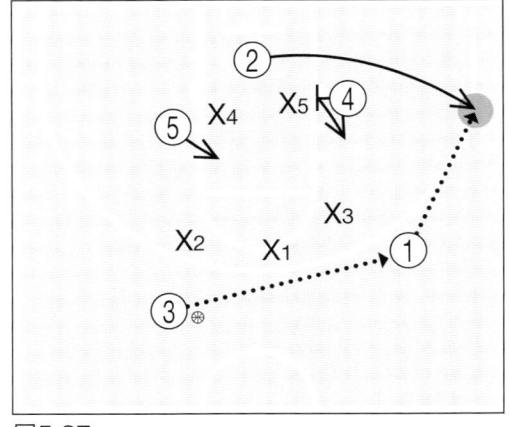

図5-27

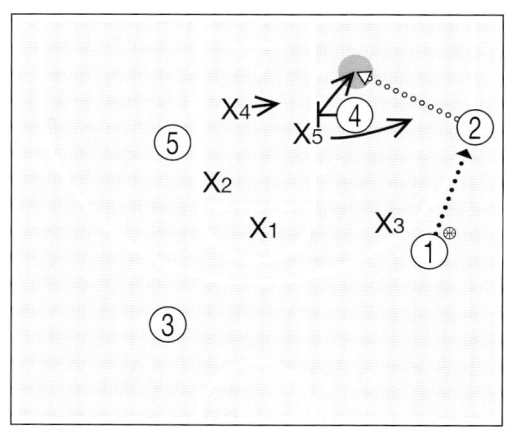

図5-28

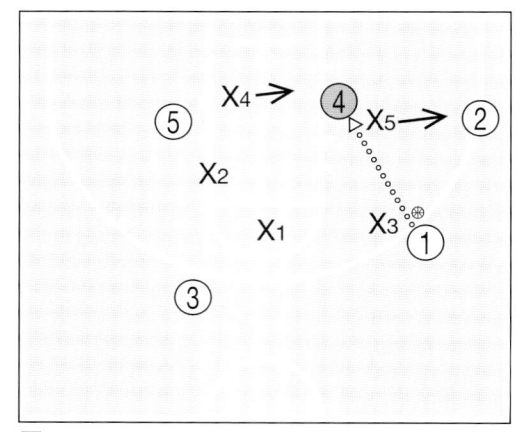

図5-29

d 右サイドでのパス・オプション

　図5-28のように，X_5が④のスクリーンをかわして②をマークしてきたら，②は④にパスを入れる。

　図5-29のように，X_5が④のスクリーンを予測して②のマークに向かおうとしているようなら，①は②にパスフェイクしてから④へのパスをねらう。

　また，場合によっては図5-30のように，ディフェンスが②，④の動きばかりに気をとられ，⑤をノーマークにしてしまう可能性もある。このようなときも①は②にパスフェイクしてから⑤へのパスをねらう。

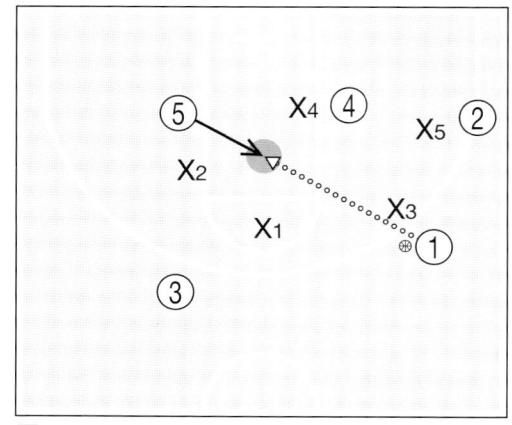

図5-30

1-3-1に対するフェード

❶エントリーから右サイドへの展開
a シューティングガードのゴール下へのカット

　図5-31のように，①が右サイドにドリブルしてきたら，②はディフェンスの背後を通ってゴール下に向かい，ディフェンスの死角となるようなポジションをとる。④は右ローポストに移動する。

❷左サイドへの展開
b センターのハイポストフラッシュ

　図5-32ように，①が③にパスしたら，⑤はボールに向かってフラッシュする。ディフェンスが②，④の動きに気をとられて⑤のカバーが手薄になっているようなら，③は⑤にパスを送る。

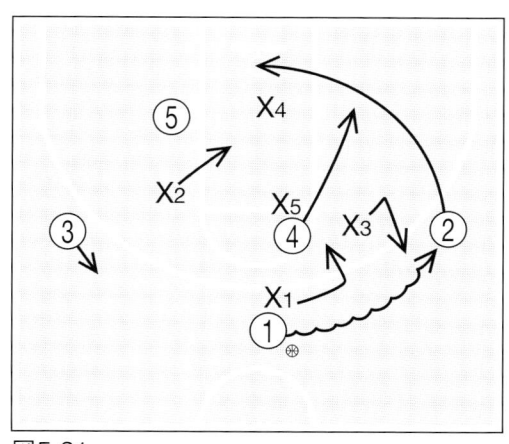

図5-31

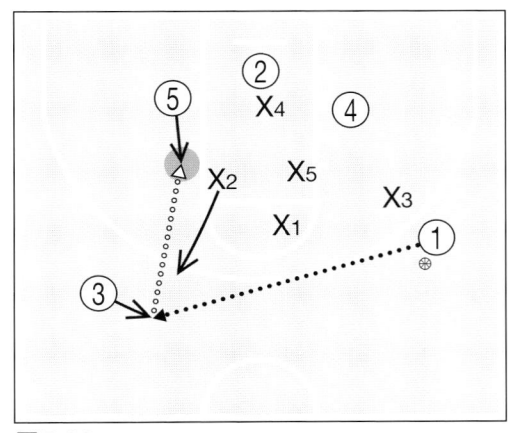

図5-32

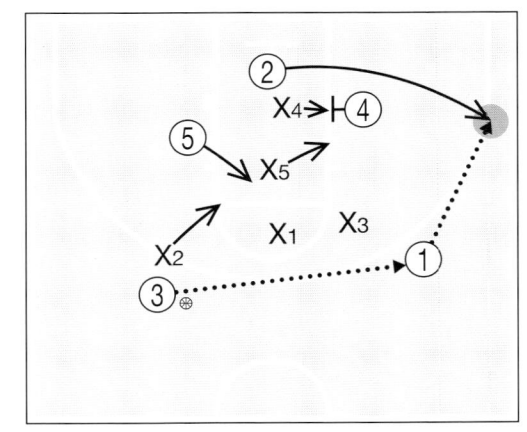

図5-33

❸右サイドへの展開

Ⅽシューティングガードのコーナーフェード

　図5-33のように，③が①にパスを返したら，②は④のスクリーンを利用してコーナーに向かう。基本的に①は②にパスを展開するが，ディフェンスの状況によっては⑤へのパスをねらってもよい。②は①からパスを受けたらすばやくショットをねらう。また，X₄がスクリーンをかわしてマークしてきたときには⑤にパスを入れる。

🏀 フェードの分解ドリル

プレーヤーの配置

　②，④，⑤と補助者2人（C₁，C₃），ディフェンス2人で実施する。

目的

　スクリーンプレーの技術を向上させ，確実にシュートチャンスをつくり出せるようにする。

手順

　図5-34のように，補助者C₁がドリブルを始めたら，②はゴールに向かってカットする。C₁がC₃にパスしたら，④はX₅にスクリーンをかける準備をする。
　図5-35のように，C₃がC₁にパスを返したら，②は④のスクリーンを利用してコーナーに向かう。

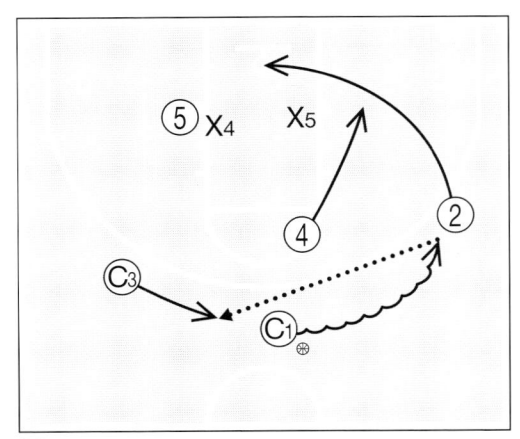

図5-34

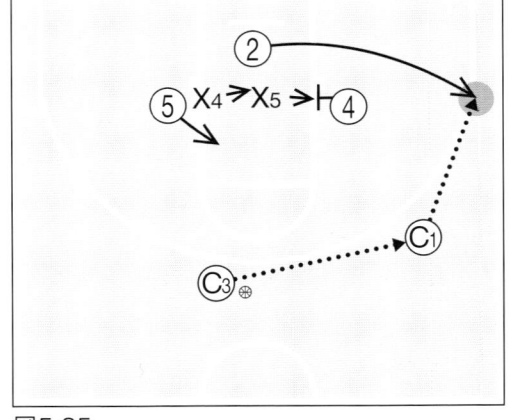

図5-35

#3. カムバック

①がドリブルを始めたら②,④は右サイドから左サイドにカットする。その後,①から②にパスが展開されるまで,カムバックとレッドはまったく同じである。しかし,レッドではこのあと②がパスの展開に合わせて右サイドにスイングするのに対して,カムバックでは左サイドに**カットバック**[*65]してシュートチャンスをうかがう。したがって,カムバックを用いれば,ディフェンスの裏をかくようなかたちでシュートチャンスをつくり出すことができるだろう。

🏀 1-2-2, 3-2に対するカムバック

❶エントリーから右サイドへの展開
ⓐシューティングガードのスイング
図5-36のように,①が右サイドにドリブルしてきたら,②はディフェンスの背後にまわり込むようにして左サイドに向かい,続いて④も左サイドのショートコーナーに移動する。
ⓑセンターのハイポストフラッシュ
図5-37のように,⑤は右ハイポストに向かってフラッシュし,シュートチャンスをうかがう。③は少し右サイド寄りにポジションを移動する。

❷左サイドへの展開
ⓒセンターのローポストカット
図5-38のように,①が③にパスしたら,⑤は右ローポストに移動する。③はX_2をしっかり引きつけてから②にパスを展開する。③からパスを受けた②は,ショットやドライブ,④へのパスをねらう。

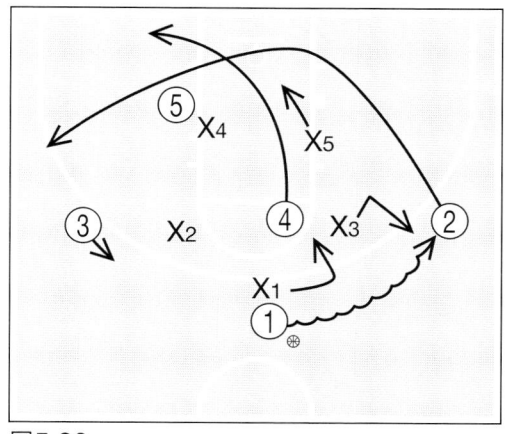

図5-36

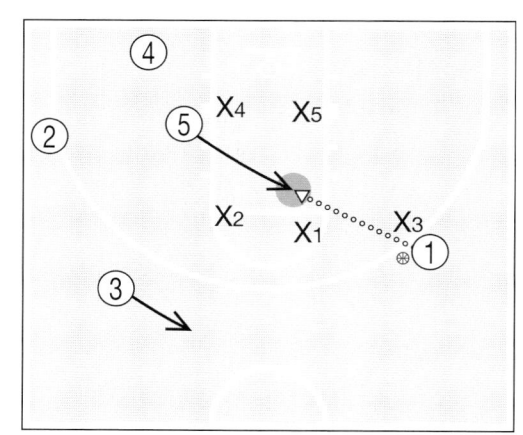

図5-37

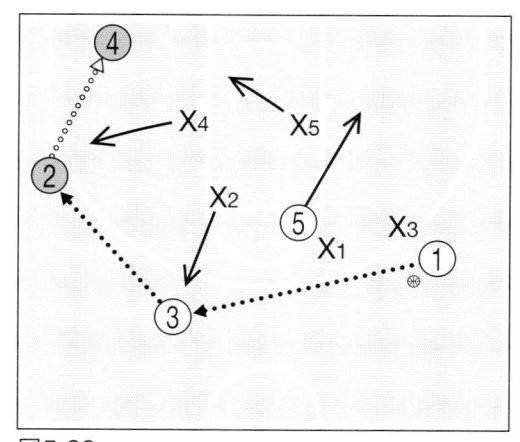

図5-38

*65. カットバック:カッターが途中で進行方向を変えて元いたポジションに戻ること。

図5-39

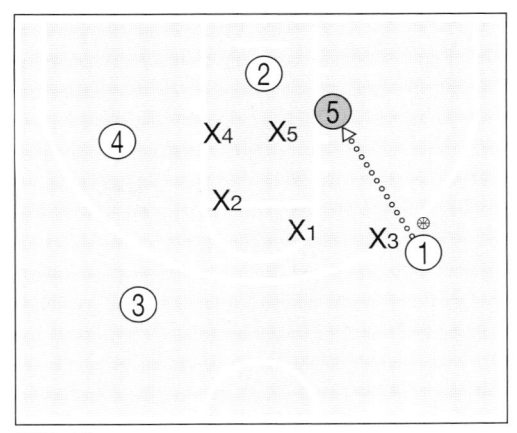

図5-40

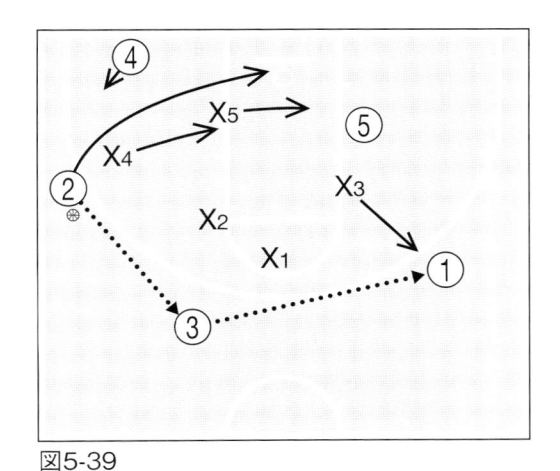

❸右サイドへの展開
d シューティングガードのスイング

　図5-39のように，②が③にパスを返したら，③は右サイドの①にパスを展開する。②はあたかも⑤のスクリーンを利用して右サイドに向かうかのようにディフェンスの背後をカットする。ここからが「カムバック」と呼ばれるプレーとなるが，もしディフェンスが②，④の動きに気をとられているようなら，図5-40のように，①は⑤へのパスをねらう。このとき⑤は，パスを受けられるようにしっかり動く。

e シューティングガードのカットバック

　図5-41のように，①が③にパスを返したら，④はX₄にスクリーンをかけ，②はスクリーンを利用して左コーナーに戻る。③は②にパスを展開し，②はただちにショットをねらう。図5-42のように，X₄が④のスクリーンをかわしてマークしてきたら，②は④にパスを入れる。

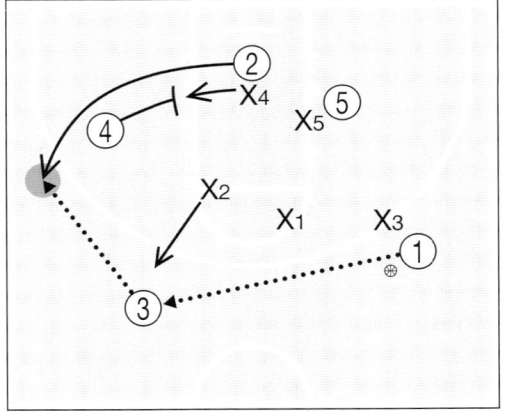

図5-41

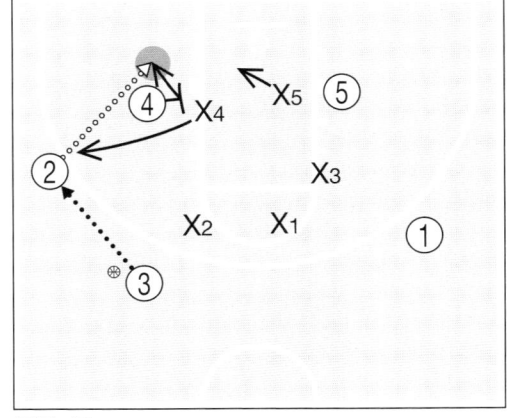

図5-42

X₄が④のスクリーンを予想しているようなら，図5-43のように，③は②にパスフェイクしてから④へのパスをねらうとよい。

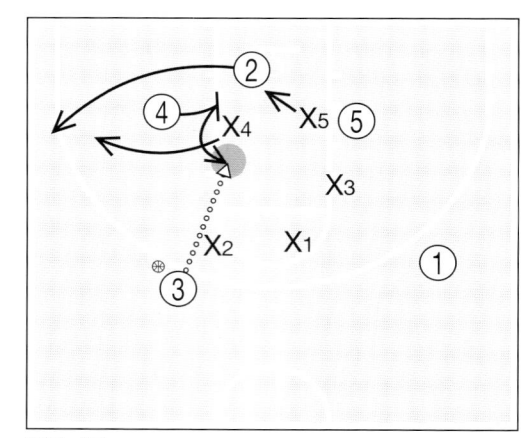

図5-43

🏀 1-3-1に対するカムバック

❶エントリーから右サイドへの展開

ⓐシューティングガードのスイング

図5-44のように，①が右サイドにドリブルしてきたら，②はディフェンスの背後にまわり込むようにして左サイドに向かい，続いて④も左サイドのショートコーナーに移動する。

ⓑセンターのハイポストフラッシュ

図5-45のように，⑤はレーンの中に右ハイポストに向かってフラッシュし，シュートチャンスをうかがう。③は少し右サイド寄りにポジションを移動する。

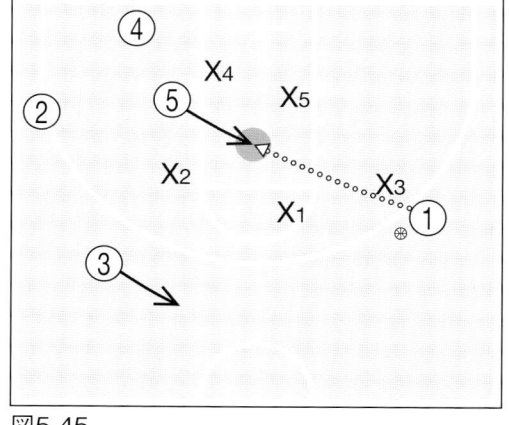

図5-45

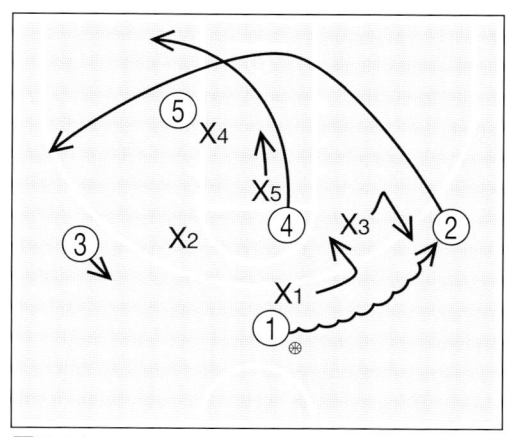

図5-44

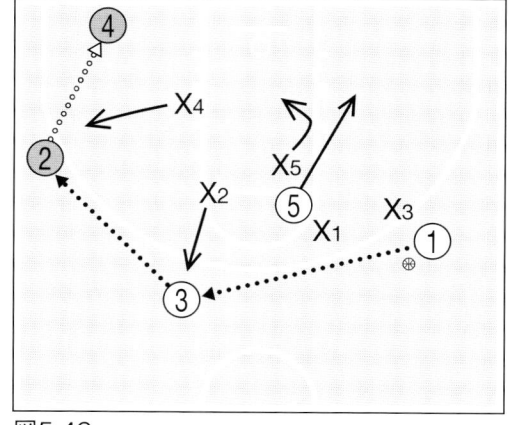

図5-46

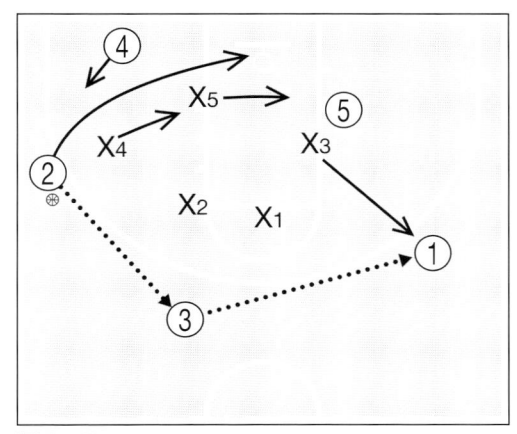

図5-47

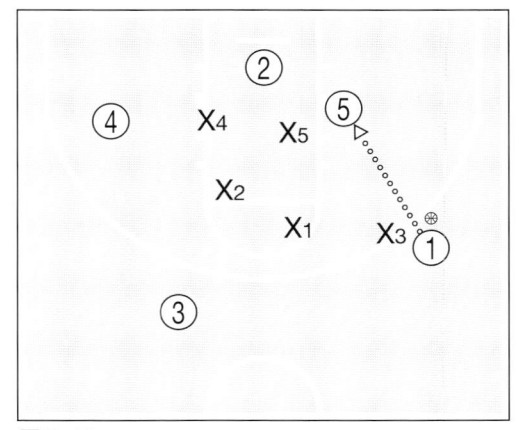

図5-48

❷左サイドへの展開
cセンターのローポストカット
　図5-46のように，①が③にパスしたら，⑤は右ローポストに移動する。③はX_2をしっかり引きつけてから②にパスを展開する。

❸右サイドへの展開
dシューティングガードのスイング
　図5-47のように，②は③にパスを返したら，⑤のスクリーンを利用して右サイドに向かうかのようにディフェンスの背後をカットする。③は①にパスを展開する。このとき，ディフェンスが②，④の動きに気をとられているようなら，図5-48のように，①は⑤へのパスをねらう。

❹左サイドへの展開
eシューティングガードのカットバック
　図5-49のように，①が③にパスを返したら，④はX_4にスクリーンをかけ，②はそのスクリーンを利用して左コーナーに戻る。③は②にパスを展開する。③からパスを受けた②は，ただちにショットをねらうが，X_4が④のスクリーンをかわしてマークしてきたら，図5-50のように，④にパスを入れる。

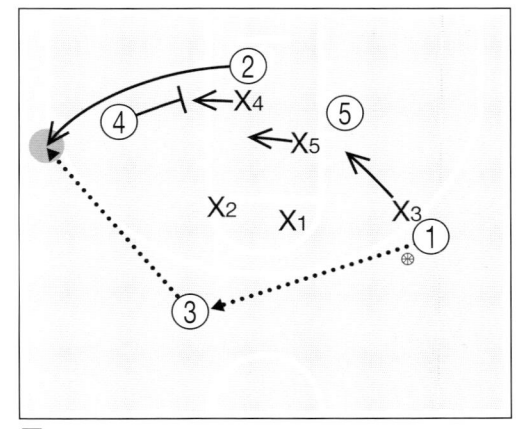

図5-49

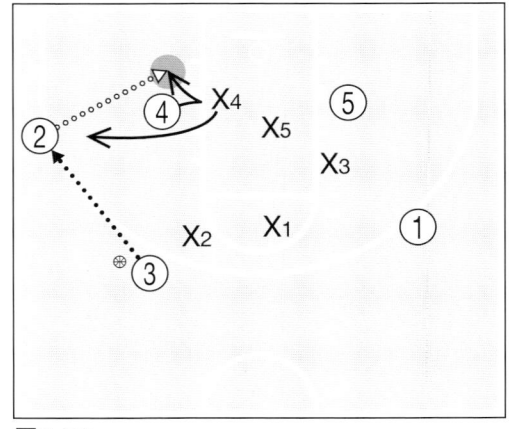

図5-50

X_4が④のスクリーンを予想しているようなら，図5-51のように，③は②にパスフェイクしてから④へのパスをねらうとよい。

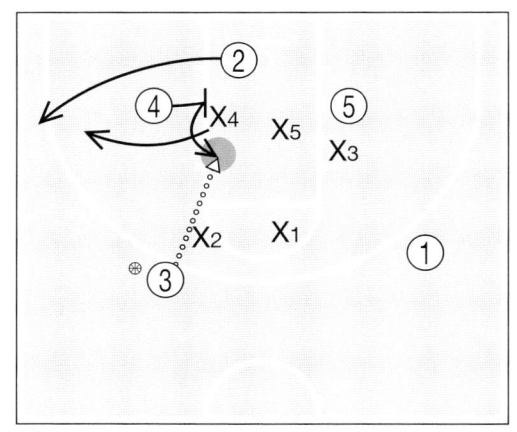

図5-51

カムバックの分解ドリル

プレーヤーの配置

②，④と補助者2人（C_1，C_3），ディフェンス2人で実施する。

目的

タイミングのとり方やスクリーンの技術を向上させ，確実にシュートチャンスをつくり出せるようにする。

手順

図5-52のように，②はC_3にパスしたらディフェンスの背後をカットしてゴール下に向かう。C_3はC_1にパスを展開する。

図5-53のように，C_1がC_3にパスを返したら，④はX_4にスクリーンをかける。②はスクリーンを利用して左サイドに戻る。

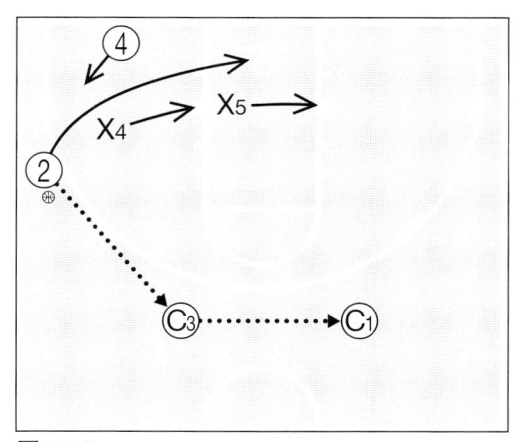

図5-52

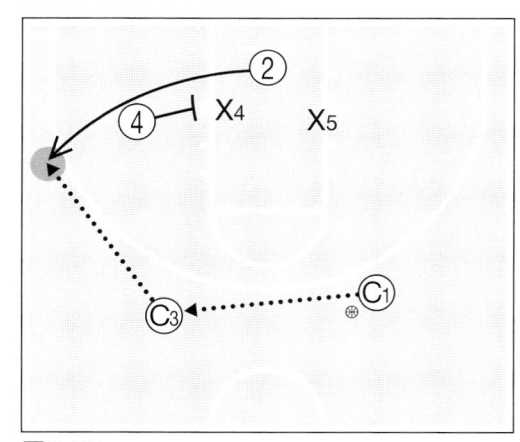

図5-53

♯4. ミドル

④が右サイドのハイポストから左サイドのショートコーナーに1，2回移動すると，ディフェンスは次も④が同じような動きをすると予想してプレーしてくる。この結果，1-2-2や2-3では，往々にしてゴール近辺のカバーがおろそかになる。そのようなときに「ミドル」を用いる。

🏀 1-2-2, 3-2に対するミドル

❶エントリーから右サイドへの展開
ⓐシューティングガードのスイング

　図5-54のように，①が右サイドにドリブルしてきたら，②はディフェンスの背後にまわり込むようにして左サイドに向かう。続いて④もディフェンスの背後を通り，「レッド」のときと同じように左サイドでの2対1をねらっているかのように動く。しかし，④は左サイドのショートコーナーには向かわずに，ゴール下でディフェンスの死角となるようなポジションをとって，①が③にパスするのを待つ。

❷左サイドへの展開
ⓑパワーフォワードのフラッシュ

　図5-55のように，①が③にパスしたら，④はゴール下にできたスペースにフラッシュする。③から④にパスが送られれば，ただちにシュートチャンスとなる。

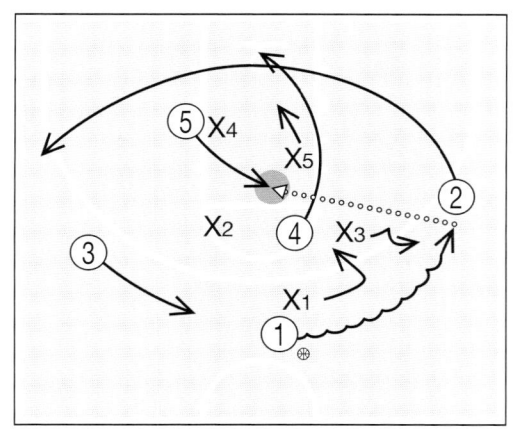

図5-54

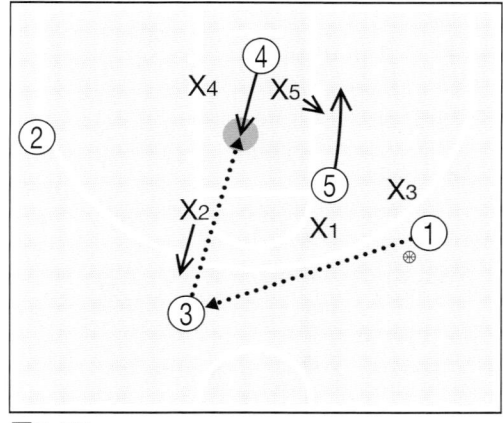

図5-55

🏀 2-3に対するミドル

❶エントリーから右サイドへの展開
ⓐシューティングガードのスイング

　図5-56のように，①が右サイドにドリブルしてきたら，②はディフェンスの背後にまわり込むようにして左サイドに向かう。続いて④もディフェンスの背後を通り，ゴール下でディフェンスの死角になるようなポジションをとる。

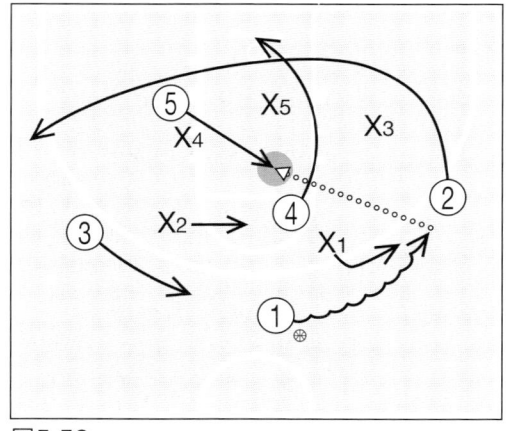

図5-56

❷左サイドへの展開
ⓑパワーフォワードによるフラッシュ

図5-57のように，①が③にパスしたら，④はゴール下にできたスペースにフラッシュする。

*

ミドルはきわめてシンプルなプレーであり，スクリーンも使わない。したって，ミドルのための分解練習をとくにおこなう必要はない。

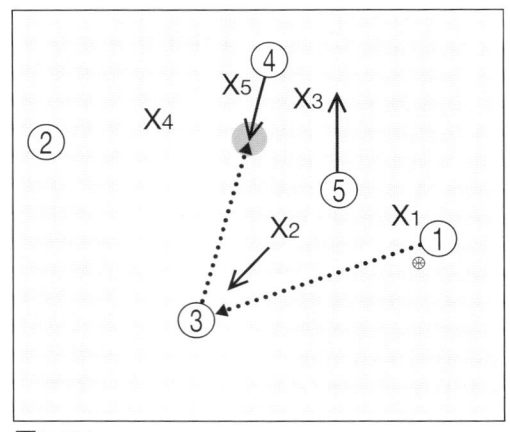

図5-57

♯5. ゴー

レッドと同じように，①が右サイドに向かってドリブルを始めたら，②は右サイドに向かう。しかし，④はショートコーナーには向かわず，⑤にダイアゴナルスクリーン*66をかける。

1-2-2, 3-2に対するゴー

❶エントリーから右サイドへの展開
ⓐシューティングガードのスイング

図5-58のように，①が右サイドにドリブルしてきたら，②はディフェンスの背後にまわり込むようにして左サイドに向かう。

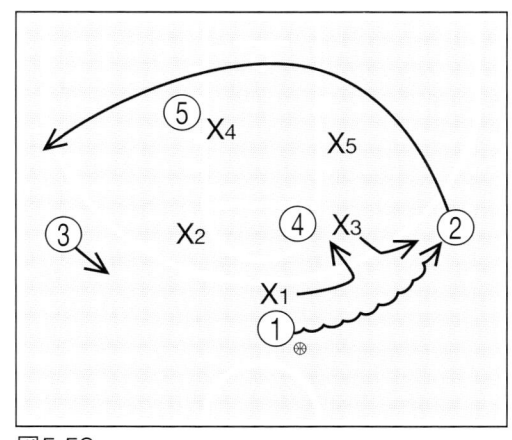

図5-58

❷左サイドへの展開
ⓑパワーフォワードのダイアゴナルスクリーン

図5-59のように，①が③にパスすると同時に，④はX_4にダイアゴナルスクリーンをかける。⑤は④のスクリーンを利用してレーンの中にフラッシュし，シュートチャンスをうかがう。③はX_2を引きつけてから⑤にパスを入れる。

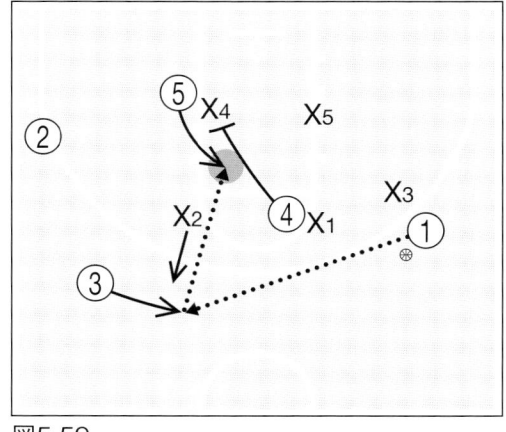

図5-59

---

*66．ダイアゴナル・スクリーン：スクリナーが斜め方向に移動してかけるスクリーンのこと。

2-3に対するゴー

❶エントリーから右サイドへの展開
ⓐシューティングガードのスイング
図5-60のように，①が右サイドにドリブルしてきたら，②はディフェンスの背後にまわり込むようにして左サイドに向かう。

❷左サイドへの展開
ⓑパワーフォワードのダイアゴナルスクリーン
図5-61のように，①が③にパスすると同時に，④はX_5にダイアゴナルスクリーンをかける。⑤は，④のスクリーンを利用してレーンの中にフラッシュし，シュートチャンスをうかがう。

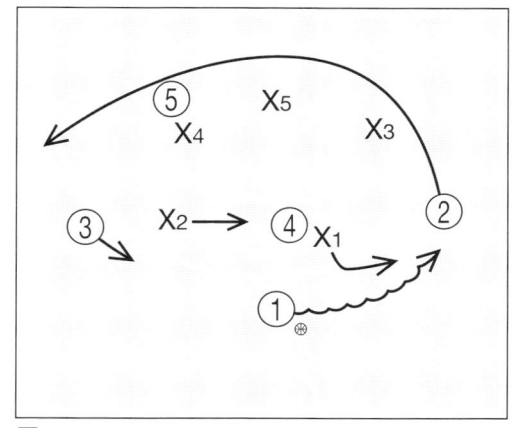

図5-60

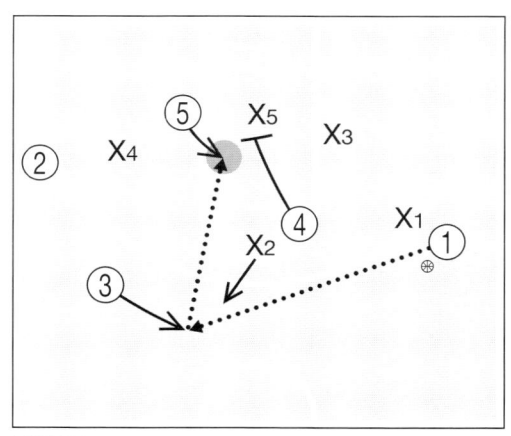

図5-61

ゴーの分解ドリル

プレーヤーの配置
④，⑤と補助者2人（C_1，C_3）で実施する。ディフェンスには1人ないし2人配置する。

目的
スクリーンのタイミングや，スクリーンの使い方を習得させる。

手順
図5-62のように，C_1がC_3にパスしたら，⑤は④のスクリーンを利用してレーンの中にフラッシュする。

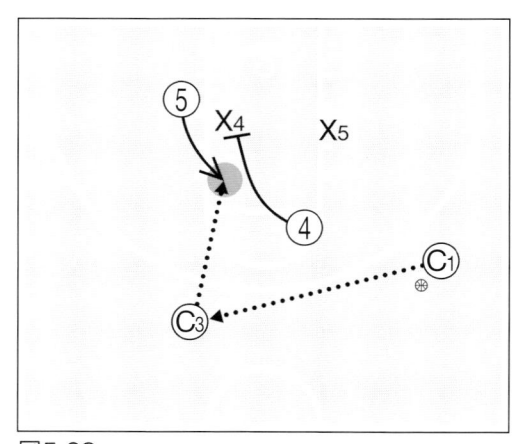

図5-62

#6. フィリー

③がインサイドでのプレーを得意としているのであれば,「フィリー」を用いると効果的である。③はあたかもスクリーンをかけるように動いたら,すばやくレーンの中にフラッシュしてシュートチャンスをうかがう。

🏀 1-2-2, 3-2に対するフィリー

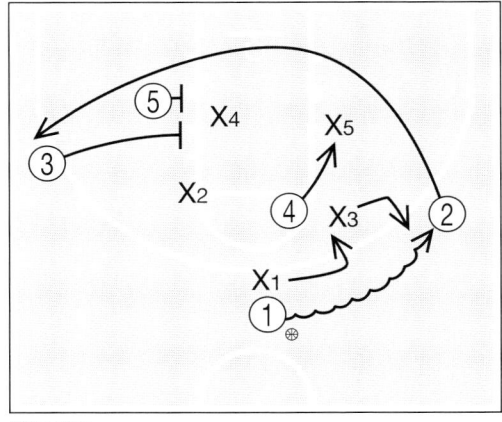

図5-63

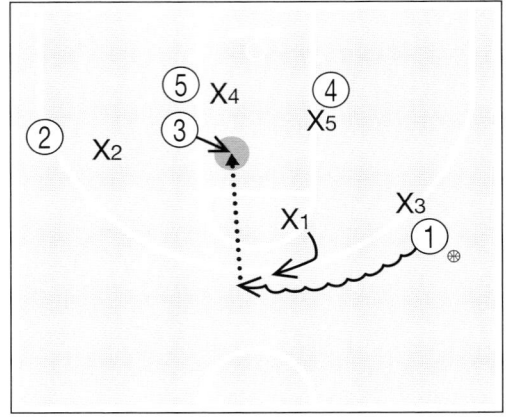

図5-64

❶エントリーから右サイドへの展開
──シューティングガードのスイング

図5-63のように,①が右サイドにドリブルしてきたら,②は左サイドに向かう。ここで③が左ローポストに向かえば,あたかも③と⑤が②のためにダブルスクリーン[*67]をかけるような形となる。④は右ローポストに移動する。

❷左サイドへの展開
──スモールフォワードのフラッシュ

図5-64のように,①はX_1を引きつけるために左サイドに向かって鋭くドリブルし,レーンの中にフラッシュしてくる③へのパスをねらう。④はリバウンドに備える。

図5-65のように,ディフェンスが③と⑤をカバーしてきたら,①はコーナーにいる②へパスを送る。

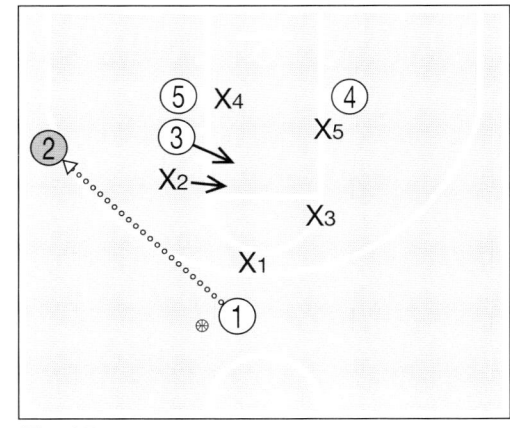

図5-65

---

*67. ダブルスクリーン:2人のプレーヤーが横に並んでかけるスクリーンのこと。

図5-66のように，ディフェンスが②や③の動きに慌てて反応すると，⑤がローポストでノーマークになる可能性もある。この場合，①は⑤へのロブパスをねらう。

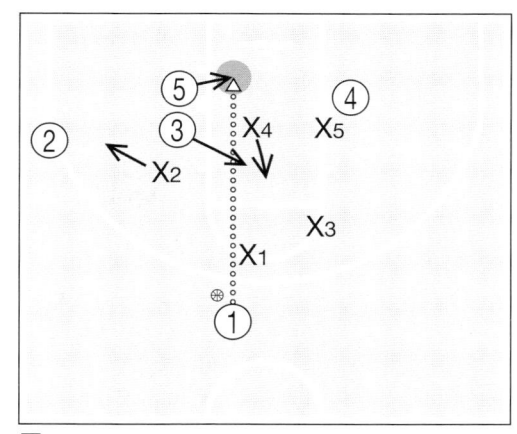

図5-66

2-3に対するフィリー

❶エントリーから右サイドへの展開
──シューティングガードのスイング

図5-67のように，①が右サイドにドリブルしてきたら，②はディフェンスの背後にまわり込むようにして左サイドに向かう。③は左ローポストに移動して②のためにスクリーンをかける。④は右ローポストに移動する。

❷左サイドへの展開
──スモールフォワードのフラッシュ

図5-68のように，①はX₂を引きつけるために左サイドに向かって鋭くドリブルし，レーンの中にフラッシュしてくる③へのパスをねらう。④はリバウンドに備える。

図5-69のように，ディフェンスが③と⑤をカバーしてきたら，①はコーナーにいる②へパスを送る。

図5-70のように，ディフェンスが②と③をマークすると，⑤がローポストでノーマークになる。この場合，①は⑤へのロブパスをねらう。

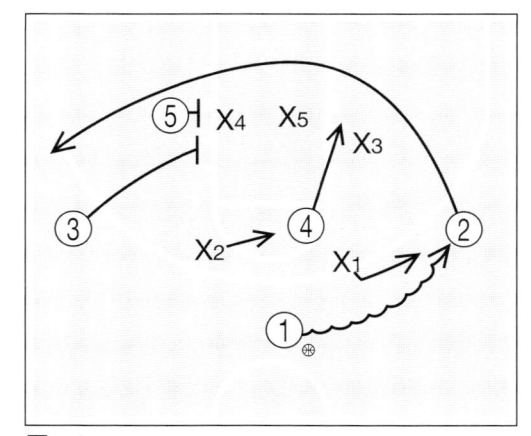

図5-67

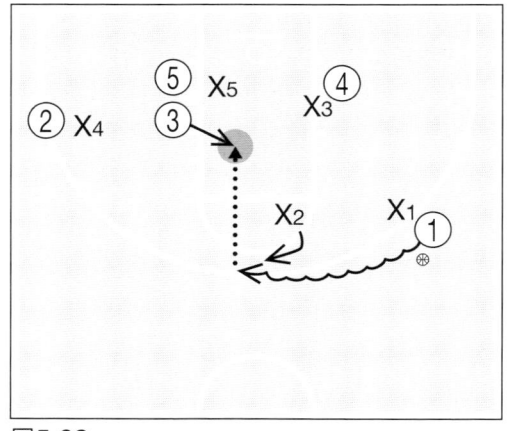

図5-68

図5-69

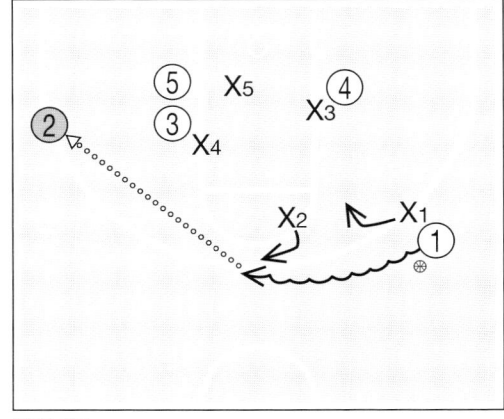

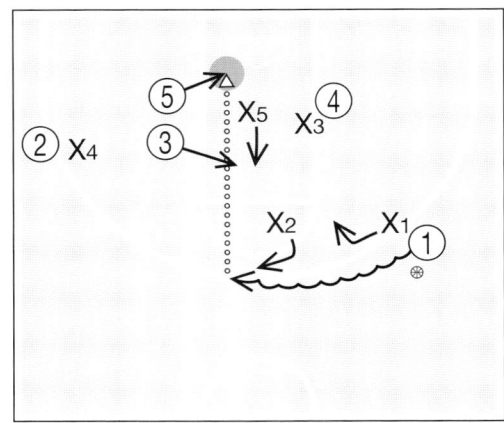

図5-70

🏀 フィリーの分解ドリル

プレーヤーの配置

②, ③, ⑤に補助者（Ⓒ₁）を加えて練習する。ディフェンスには2人ないし3人配置する。

目的

タイミングよくフラッシュし，レーンの中でシュートチャンスをつくり出せるようにする。

手順

(1) シューティングガードのスイング

図5-71のように，Ⓒ₁がドリブルを始めたら②は左サイドに向かい，③は左ローポストに移動する。

(2) スモールフォワードのフラッシュ

図5-72のように，Ⓒ₁がトップに向かってドリブルを始めたら，③はタイミングを見計らってレーンの中にフラッシュする。

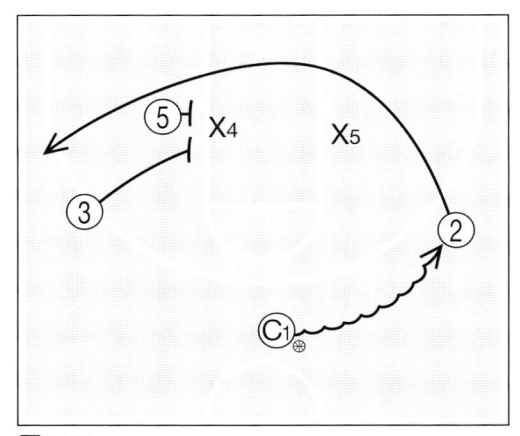

図5-71

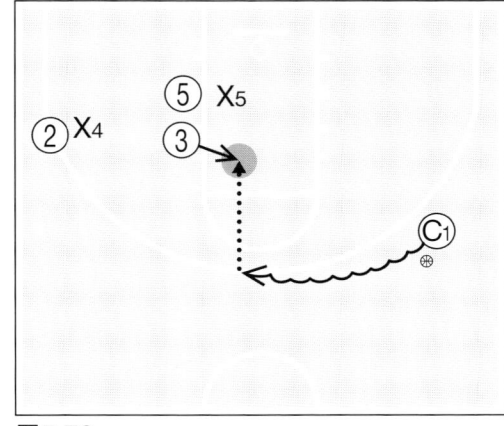

図5-72

♯7. ドリブルブロック

「ドリブルブロック」は，2-1-2や2-3のような，フロントラインにディフェンダー2人を配置したゾーンに対して威力を発揮する。

ドリブルブロックを用いる際には，スクリーンを利用してドリブルするのが得意なプレーヤーを③のポジションでプレーさせたほうが効果的である。したがって，チームによっては②と③を入れ替えてプレーさせるといったことも検討すべきだろう。

🏀 2-1-2, 2-3に対するドリブルブロック

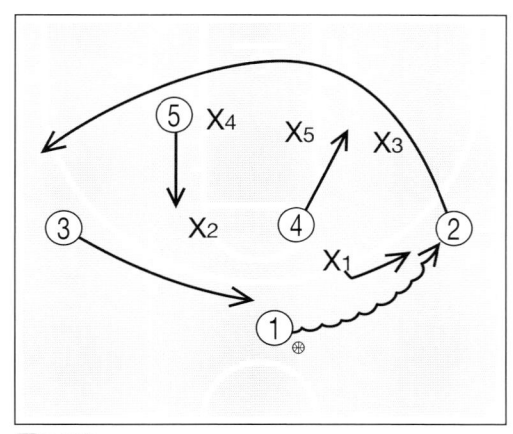

図5-73

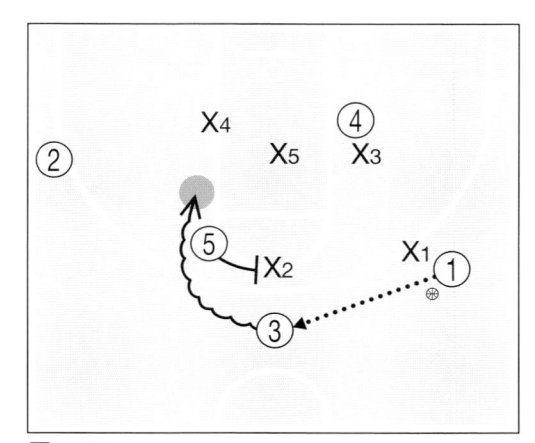

図5-74

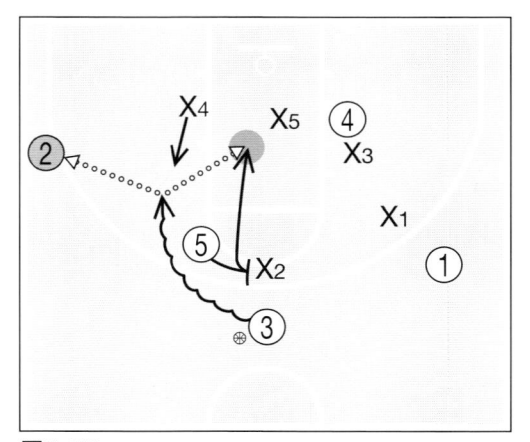

図5-75

❶エントリーから右サイドへの展開
ⓐシューティングガードのスイング

図5-73のように，①が右サイドにドリブルしてきたら，②はディフェンスの背後にまわり込むようにして左サイドに向かい，④は右ローポストに移動する。⑤は左ハイポストに向かい，X_2にスクリーンをかける準備をする。

❷左サイドへの展開
ⓑセンターのスクリーン

図5-74のように，①が③にパスしたら，③は⑤のスクリーンを利用してドライブし，ショットをねらう。④はリバウンドに備える。

図5-75のように，X_4がマークに出てきたら，③はゴールへ向かってカットしている⑤[*68]，あるいはコーナーにいる②にパスを送る。

---

*68. 訳者注：⑤にパスするときは，X_5の動きに注意する。場合によっては⑤がX_5をおさえてポジションをとるまで待つ必要がある。

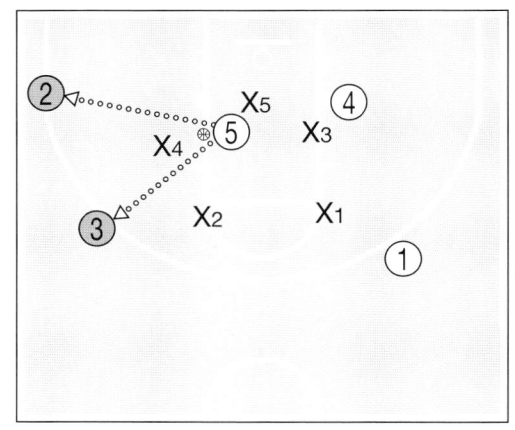

図5-76のように，⑤はシュートできなかったら，②もしくは③にパスアウトする。パスを受けたら②，③はショットをねらう。

図5-76

ドリブルブロックの分解ドリル

プレーヤーの配置

②，③，⑤と補助者（C₁）で実施する。ディフェンスはフロントラインに1人，バックラインに1人ないし2人配置する。

目的

スクリーンをかけるタイミングやスクリーンの使い方，状況判断力を向上させる。

手順

(1)シューティングガードのスイング

図5-77のように，C₁が右サイドに向かってドリブルを始めたら，⑤はX₂にスクリーンをかけるために左ハイポストに向かう。

(2)ハイポストエリアでのスクリーン

図5-78のように，C₁からパスを受けたら③はスクリーンを利用してすばやくドリブルする。③，②，⑤がタイミングよくプレーすれば，必ずシュートチャンスをおとずれるはずである。

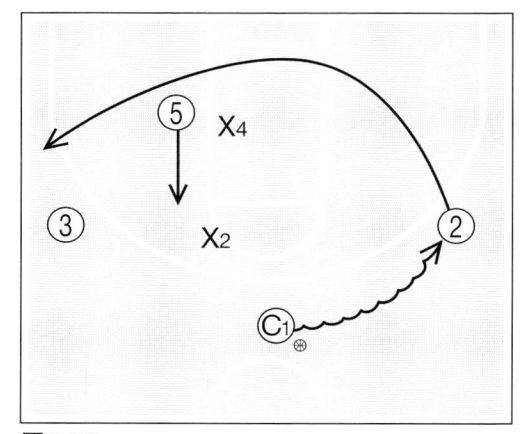

図5-77

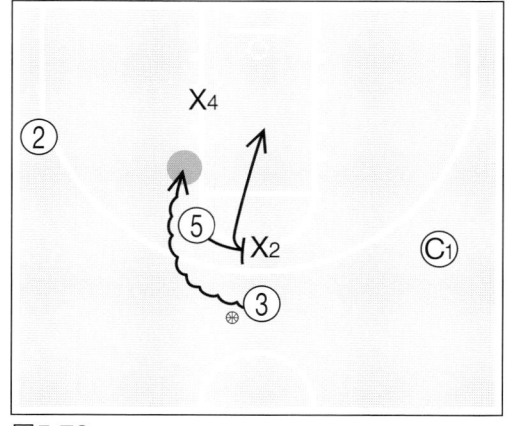

図5-78

B ロブプレー
セットプレー
ATTACKING FROM THE REAR

🏀 ロブプレーの基本的な考え方

　第1章では，ゾーンディフェンスを攻略する際に基本となる原則の1つとして，ディフェンダーの死角を突いてプレーすることをあげた。ディフェンスにしてみれば，見えないものはまもりようがない。したがって，ゾーンディフェンスの背後を突くように攻撃すれば，何らかのアドバンテージを得られるはずである。ここで紹介するロブプレー（サウスカロライナ，アウェイ，アウェイ3）は，いずれもこのような考えに基づいてデザインされている。

🏀 ロブプレー成功のカギ

　ロブプレーをおこなうにあたっては，次のような3人のプレーヤーの存在が不可欠である。1人目は，ボールハンドリングに長け，正確なロブパスを出すことができるプレーヤー。2人目は，ファウルをせずにインサイドでタイミングよくスクリーンをかけられるプレーヤー。3人目はロブパスを空中でキャッチして，そのままシュートすることができるようなジャンプ力を持ったプレーヤーである。

　ロブプレーでは，ベースラインの近くやウィークサイドからディフェンスを攻略する。すると，すでにカバーできる限界ぎりぎりのところまで大きく広がっているディフェンスにとってはかなりの負担になる。いっぽう，オフェンス側から見れば，ジャンプ力のあるプレーヤーの能力を生かせるだけでなく，プレー全体のバランスも向上する。加えて，ロブパスからダンクショットやイージーショットを決められれば，チームが盛り上がるだけでなく，相手チームに精神的なダメージを与えることができる。

♯1. サウスカロライナ

　「サウスカロライナ」では，レッドシリーズとはまったく異なったアラインメントからプレーを開始する。プレー自体は1-2-2や2-3に対しても有効である。しかし，カレッジ・オブ・チャールストンでは1-3-1に対してサウスカロライナを用いることが多い。なぜなら，トップのエリアにボールがあるとき，1-3-1ではゴール近辺にディフェンダーが1人しかいないので，ロブパスをねらいやすいからである。

　プレーの際には，パスをするのが得意なプレーヤーを①のポジションに，また最もジャンプ力のあるプレーヤーを④のポジションに配置する。そうすれば，プレーヤーの能力を最大限生かせるだけでなく，プレーが成功する確率を高めることもできる。

🏀 1-2-2, 3-2に対して

ⓐ ドリブルエントリー

図5-79のように、②は左サイドにドリブルしてX₂を引きつける。

ⓑ センターによるバックスクリーン

図5-80のように、②が①にパスしたら、③は右ローポストにカットしてX₅を引きつける。ここで⑤がX₄にバックスクリーンをかければ、④が左ローポストでロブパスを受けることができる。

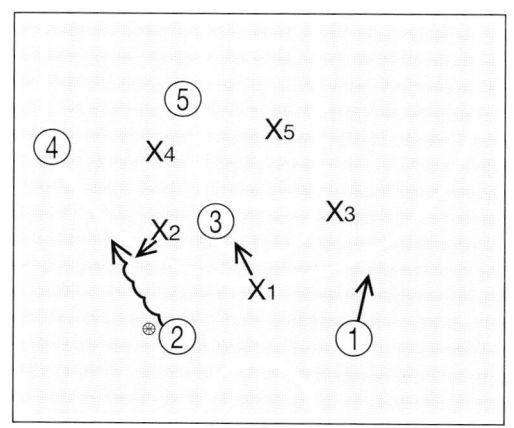

図5-79

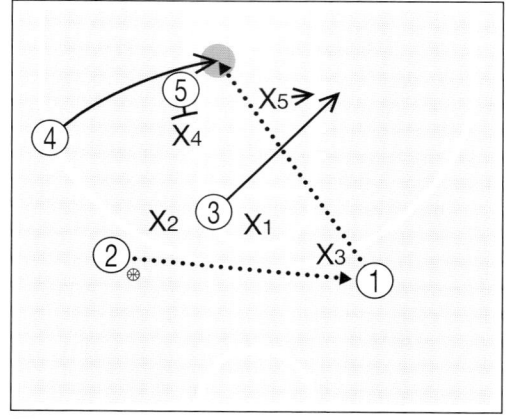

図5-80

🏀 1-3-1に対して

ⓐ ドリブルエントリー

図5-81のように、②は左サイドにドリブルして、X₂を引きつける。

ⓑ センターによるバックスクリーン

図5-82のように、②が①にパスしたら、③は右ローポストにカットしてX₄を引きつける。ここで⑤がX₂にバックスクリーンをかければ、④が左ローポストでロブパスを受けることができる。

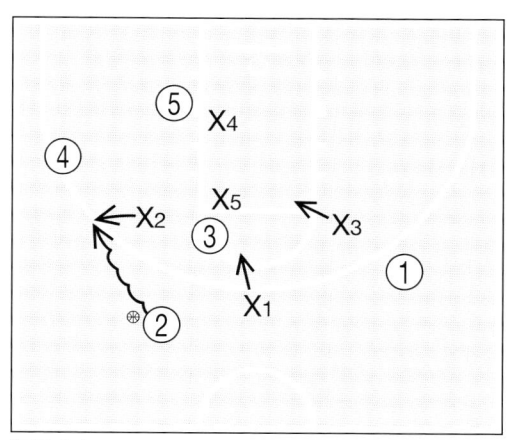

図5-81

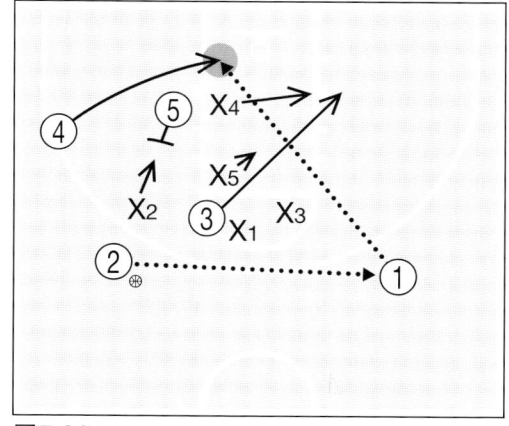

図5-82

2-1-2, 2-3に対して

a ドリブルエントリー

図5-83のように，②は左サイドにドリブルし，X_2を引きつける。

b センターによるバックスクリーン

図5-84のように，②が①にパスしたら，③は右ローポストにカットしてX_3を引きつける。ここで⑤がX_4にバックスクリーンをかければ，④が左ローポストでロブパスを受けることができる。

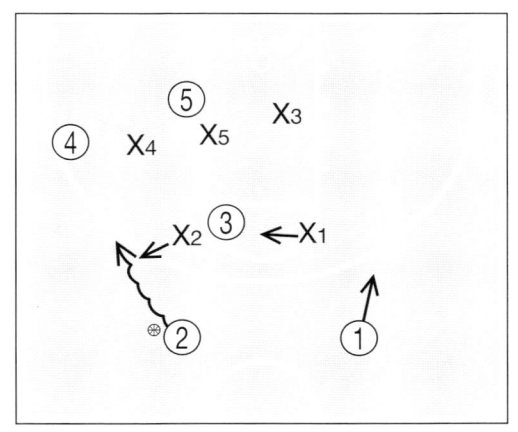

図5-83

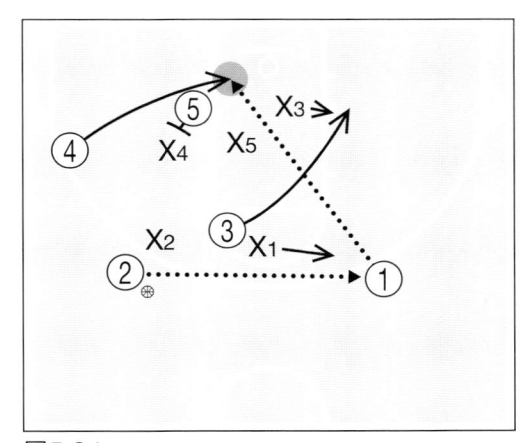

図5-84

♯2. アウェイ

「アウェイ」を成功させるうえでカギとなるのは，①，④，⑤である。①は正確なロブパスが送れるだけでなく，④がマークされたときには，②へのスキップパスに切り替えるといった判断力も持ちあわせていなければならない。④にはディフェンスを抑えてロブパスを受け，ショットをねじ込んでくるだけの力強さが要求される。また，⑤はファウルをせずにすばやくスクリーンをかけなければならない。⑤がファウルや3秒バイオレーションを犯してしまったらプレーは台なしになってしまう。

加えて，もし②がウイングで存在感を示してディフェンスを引きつけることができれば，このプレーが成功する確率はより高くなるだろう。

2-1-2, 2-3に対して

a ローポストでのポジションチェンジ

図5-85のように, ①は③にパスしたら左サイドに向かう。②はトップに向かい, ③からパスを受ける。④と⑤はローポストでポジションチェンジする。

b センターによるバックスクリーン

図5-86のように, ②が①にパスしたら, ③はX_1にスクリーンをかける。②はスクリーンを利用して右ウイングにフェードする。⑤はX_5にスクリーンをかけ, ④は右サイドに移動してX_3を押さえる。①は④へのロブパスをねらう。

c シューティングガードへのスキップパス

図5-87のように, ①は④にパスを送れないと判断したら, ②へのスキップパスをねらう。

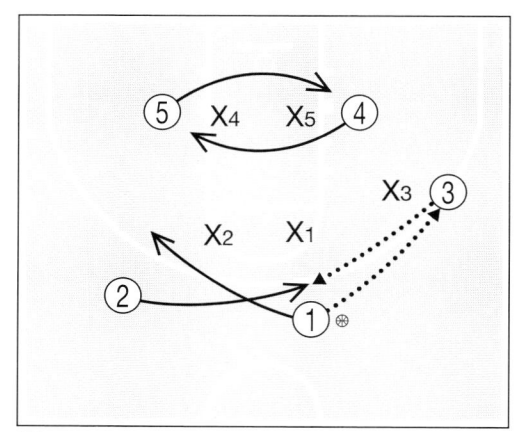

図5-85

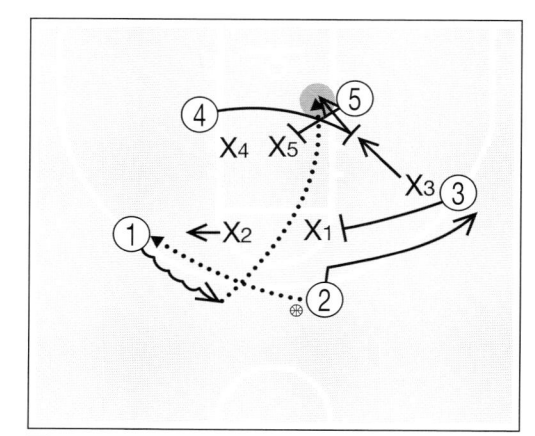

図5-86

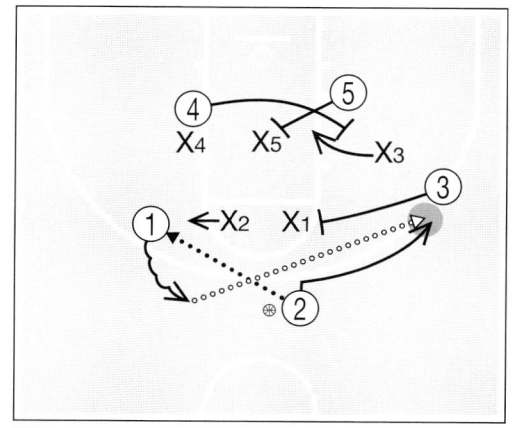

図5-87

#3. アウェイ3

「アウェイ3」は,アウェイのバリエーションになっている。アウェイ3でも,アウェーのときとまったく同じようにプレーをスタートさせるが,アウェイとは異なり,ウイングからゴールに向かってカットしていく③にロブパスを送る。もちろん,④にパスができるときには④へのパスをねらってもよい。しかし,一度アウェイを用いると,ウィークサイドのディフェンダーは次も④がロブパスを受けると予想してディフェンスしてくるはずである。このようなときにアウェイ3を用いれば,簡単に③へのパスを通すことができる。

いずれにせよ,アウェイとアウェイ3を併用すれば,ウィークサイドをカバーしているディフェンダーは単に自分の背後で何が起きているのかということに注意を払うだけでなく,③と④のいずれをマークすればよいのかという判断を迫られることになる。

🏀 2-1-2, 2-3に対して

ⓐ ローポストでのポジションチェンジ

図5-88のように,アウェイとまったく同じようにプレーを始める。①は③にパスしたら,左サイドに向かう。②はトップに向かい,③からパスを受ける。④と⑤はローポストでポジションチェンジする。

ⓑ インサイドでのスクリーンプレー

図5-89のように,②が①にパスしたら,⑤はX₅にスクリーンをかける。次いで④がディフェンスの背後を通ってX₃にスクリーンをかける。③はウイングから④,⑤の背後をカットしてゴールに向かい,①からロブパスを受ける。

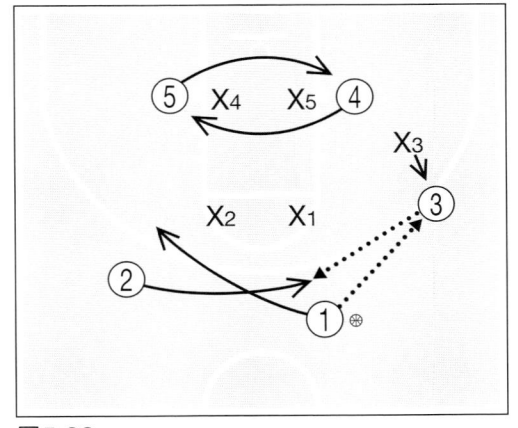

図5-88

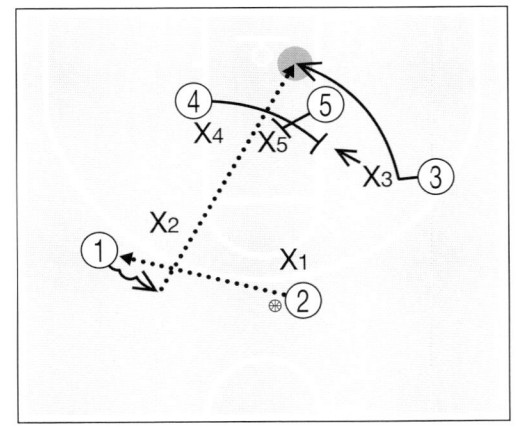

図5-89

Chapter 6
Three-Point Shots — Zone-Busters

6

スリーポイントショット
ゾーン攻略の最終兵器

1. スリーポイントショットがゲームに与えた影響

　スリーポイントショットが導入された当初[69]は，積極的にスリーポイントショットをねらうカレッジやハイスクールのチームはそれほど多くはなかった。しかし，わずか数年後には，スリーポイントショットを決めることができるか否かによって得点に大きな違いが出てくることや，ゲームの基本的な戦略すら変わってしまうことが理解されるようになってきた。これに伴いコーチの考え方も瞬く間に変化していった。

　かつてはオフェンスにアウトサイドからショットを打たせるためにインサイドをがっちり固めたゾーンディフェンスを用いてきたコーチも，スリーポイントショットを抑えるために，よりアグレッシブなマッチアップ・ゾーンやマンツーマンディフェンスを用いるようになってきた。**ショットクロック**[70]，さらにはスリーポイントショットが導入されたことにより，一見不可能と思われるような点差を挽回することも可能となった。卓抜したシューターがそれほどおらず，ショットクロックが導入されていないハイスクールのゲームでも，「セーフティーリード」と考えられる点差は以前と比べて格段に大きくなった。ゾーンディフェンスでカバーしなければならないエリアも変わってきた。ショットの確率や**ポイント・パー・ポゼション**[71]のような数字も，以前のものとは単純に比較できなくなっている。例えばスリーポイントショットの確率40％は，2ポイントショットの確率60％と同じ意味を持っているのである。

❶ NBA

　スリーポイントショットの導入によってバスケットボールがまったく新しいゲームになったとまで言えないが，以前とは異なるものになってきたことは確かである。例えば，ヒューストン・ロケッツとオーランド・マジックの顔合わせとなった1995年のNBAファイナルの第1戦では，ゲーム，単独チーム，個人によるスリーポイントショットの記録が次つぎに塗り替えられた。両チームが放ったスリーポイントショットの数は，合わせて62本にも達した。ロケッツは32本中14本のスリーポイントショットを沈め，チームとしてのスリーポイント試投回数と成功回数の記録を更新した。ロケッツのガード，ケニー・スミスは1人で7本のスリーポイントショットを成功させ，NBAファイナルの記録を塗り替えた。1年後，ロケッツはNBAプレーオフで，スリーポイントショットの記録が更新されるゲームに関わることになる。プレーオフのセカンド・ラウンドの第2戦で，スーパーソニックスに新記録となる27本中20本のスリーポイントショットを決められ，ゲームを落としたのである。このゲームでディフェンディング・チャンピオンを破ったソニックスは，結局このシリーズを制し，次のラウンドに駒を進めることになった。

　NBAではルール上原則としてマンツーマンでまもらなけれなければならない[72]。だとすれば，

---

[69]．訳者注：NCAAで全米共通のルールとしてスリーポイントショットが導入されたのは1986年である。ハイスクールでの導入時期については州によって異なるが，概ね1980年代後半には導入されている。ちなみにNBAでは1979年，FIBAでは1984年から導入された。

[70]．ショットクロック：現在NCAAで用いられているショットクロックは男子が35秒，女子が30秒となっている。NCAA男子のゲームにショット・クロックが導入されたのは1985年で，当時は45秒に設定されていた。その後1993年に35秒に短縮された。ハイスクールではいまだにショットクロックが導入されていない州もあるが，ほとんどの州では30秒もしくは35秒に設定されている。ちなみにNBAでは1954年から24秒クロックを使用している。FIBAでは1956年に30秒クロックを導入したが，2000年以降は24秒となっている。

[71]．ポイント・パー・ポゼション：オフェンスの有効性を測る指標で，ボール1回の保有権あたりの得点率を表す。総得点÷攻撃回数で計算する。例えば100回オフェンスして100点取ったらポイント・パー・ポゼションは1に，80点なら0.8になる。

[72]．訳者注：原著が出版された当時，NBAではディフェンスの際のガイドラインが詳細に定められていて，実質的にゾーンディフェンスは禁止されていた。しかし，2001年にこのガイドラインの廃止が決定され，ディフェンスに対する制約が大幅に緩和されたため，今ではゾーンディフェンスを利用することも可能である。とはいっても，オフェンスをマークしていないディフェンダーが3秒以上レーンの中にいることはできないので，ゾーンディフェンスが完全に解禁されたというわけではない。

スリーポイントショットの試投回数や確率も低く抑えられるはずである。したがって，先にあげたような数字は驚異的ですらある。もしスリーポイントショットには弱いとされるゾーンディフェンスでまもっていたら，どのような結果になっただろうか想像してみてほしい。

❷カレッジ

カレッジのなかでスリーポイントショットを効果的に利用していたチームとしてまっ先に思い浮かぶのは，1990年代半ばにリック・ピティーノが率いていたケンタッキー大学である。当時のケンタッキー大学は，スリーポイントショットを利用して非常に効率よく得点を伸ばしていた。1995-96年のシーズンには，573本中222本のスリーポイントショットを決め，38.7％の成功率を記録した。3月のトーナメントでは，シーズン平均よりも高い97本中44本（45.4％）のスリーポイントショットを決め，圧倒的な強さでNCAAのタイトルを獲得した。

1987年には，UNLVとプロビデンス大学がファイナル4入りしたが，もしスリーポイントショットが導入されていなかったら，この2チームがここまで勝ち上がることはなかっただろう。UNLVは，アイオワ大学に一時18点差をつけられたが，スリーポイントショットを使って見事逆転勝利を収めた。トーナメントのダークホースだったプロビデンス大学は，ビリー・ドノバン，デルレイ・ブルックスのガードコンビによるスリーポイントショットでファイナル4まで進出したのである。

スリーポイントショットがいかに効果的かを示してくれる例は他にもある。例えば，インディアナ大学が1987年にNCAAチャンピオンシップを獲得した際には，スティーヴ・アルフォードが次つぎにスリーポイントショットを決めていた。決勝戦の最終スコアは74対73だったが，スリーポイントショットに限ってみると，シラキュース大学の4本に対して，インディアナ大学は7本のショットを成功させた。仮に当時スリーポイントショットが導入されていなかったとしたら，インディアナが69対67で負けていたことになる。皮肉なことにインディアナ大学のボブ・ナイトコーチは，スリーポイントショットの導入に対して最も強く反対していた1人なのである。

❸ハイスクール

ハイスクールでは，カレッジレベルのシューターに匹敵するようなプレーヤーはなかなか見当たらない。しかし，スリーポイントショットが，チームの勝敗に影響を与えることも事実である。例えば，1986-87年のシーズンに，アイオワ州のパーマー・ハイスクールは，スリーポイントショットを396本中210本も決めている。何と53％の成功率である。これだけショットの成功率が高ければ，カレッジのコーチでも迷わずスリーポイントショットをねらうよう指示するだろう。

❸ABA[*73]

私は，1970年代初めにABAのニューヨーク・ネッツで3年間，アシスタントコーチを務めたことがある。そして，そのとき初めてスリーポイントショットというものを経験した。エンターテインメント産業として，より多くの売上げを獲得するために，ABAはスリーポイントショットを他に先駆けて導入したのだが，それはときにドラマチックな結果をもたらした。「スリーポイントのスペシャリスト」と呼ばれるプレーヤーが出現し，リック・マウント，フレッド・ルイス，ダリル・キャリア，ルー・ダンピアー，ボブ・ヴァーガといったプレーヤーが，長距離シューターとして名を馳せた。彼等のショットは，まさに長距離弾と呼ぶにふさわしいものだった。ABAと比較すると，現在カレッジやハイスクールで使われているスリーポイントラインからショットを決めるのは，それほど難しいことではない。したがって，スリーポイントショットを利用しない手はないだろう。

---

*73. ABA：American Basketball Associationの略称。1967年に設立され，スリーポイントショットの導入やカラーボールの使用など，エンターテインメント性を前面に押し出したリーグの運営をおこなった。1976年にリーグは消滅したが，サンアントニオ・スパーズや，デンバー・ナゲッツなど，NBAに新規加入したチームもある。

2. スリーポイントショットの活用

本章では，スリーポイントショットを使ったプレーとして新たにフレアーアクションとモーション・オフェンスを紹介する。しかし，前章までに取り上げたコンティニュイティやセットプレーの枠組みのなかでもスリーポイントショットのチャンスをつくり出すことはできる。「スリーポイントショットのスペシャリスト」にこのようなチャンスがもたらされるようにすることはコーチの仕事である。

❶スリーポイントショットの効果

もし，チームに5～6mの距離からのショットが得意なプレーヤーがいるのであれば，ときどきスリーポイントラインより後ろに立たせてプレーさせるとよい。その効果はすぐに現れるはずである。ディフェンスから離れた位置に立てば，余裕を持ってショットをねらうことができるし，スリーポイントラインの外側からショットが決まれば，得点は5割増しとなる。いつもよりわずかにゴールから離れた場所からシュートしたからといって，得点の割り増し分が相殺されてしてしまうほどショットの確率が下がることはないだろう。

ゲームの早い段階でスリーポイントショットを何本か決めると，相手チームはゾーンディフェンスを完全に諦めてしまうかもしれない。また，少なくとも，アウトサイドからのショットをカバーしてくるようにはなるだろう。するとディフェンスのギャップが広がり，インサイドにパスを入れるチャンスも多くなる。また，ショットの距離が長くなればなるほど，リバウンドが大きく跳ね返る可能性が高くなり，結果としてオフェンス・リバウンドの獲得本数も増えてくる。

❷マンツーマンディフェンスとゾーンディフェンス

通常マンツーマンディフェンスに比べ，ゾーンディフェンスではスリーポイントショットに対するチェックが甘くなる。マンツーマンディフェンスではボールマンに対して強くプレッシャーをかけ，簡単にショットを打たせないようにするのが一般的だからである。もし，相手チームが**サギング・マンツーマン**[*74]や**ヘルプサイド・マンツーマン**[*75]でディフェンスしてきたときは，スキップパスやスクリーンを利用するとよい。ただし，スクリーンを利用してアウトサイドにカットしてきたプレーヤーがパスを受けてただちにシュートできるかどうかは，スクリーンの角度次第である。

なお，シューターにバックスクリーンをかけてフェードさせるといったプレーや，スポットアップしたプレーヤーにスリーポイントショットをねらわせるといったプレーは，マンツーマンディフェンスに対しても用いることができる。しかし，これらのプレーはゾーンディフェンスに対して用いたときのほうが遥かに効果的であろう。

❸シューターの数

スリーポイントショットをねらうためには，シューターを2人以上同時にプレーさせたほうが望ましい。もし，コート上にシューターが1人しかいなければ，ディフェンスはそのプレーヤーの動きを注意するだけでよい。ゲームでも，ディフェンスがシューターの名前や番号をコールして，シューターのスポットアップしている場所や，スクリーンの場所を伝えているのを見たことがあるだろう。しかし，複数のシューターが同時にプレーすると，こうはいかなくなる。とくに，ゲームのゆくえがスリーポイントショットを決められるかどうかにかかっているような場面では，コート上に複数のシューターを置いたほうがよい。相手がゾーンディフェンスでまもっているのなら，必ずノーマークでスリーポイントショットをねらえる

[*74]. サギング・マンツーマン：ボールマンにはある程度プレッシャーをかけるが，アウトサイドでのディナイなどはせず，インサイドを固めるために引き気味にまもるマンツーマンディフェンスのこと。

[*75]. ヘルプサイド・マンツーマン：ボールマンをサイドラインに追い込んで強くプレッシャーをかけると同時に，他の4人もボールサイドに大きくシフトしてパスやドライブに備えるディフェンスのこと。

はずである。

❹トランジション

スリーポイントショットの数を増やしたいのであれば，**トランジション**[*76]から積極的にねらっていくという方法もある。国際試合では，早くからスリーポイントショットの重要性が認識されており，ヨーロッパのプレーヤーは，ファストブレイクやセカンダリーブレイク[*77]の場面でも躊躇せずにスリーポイントショットをねらっている。

ゾーンディフェンスは，トランジションからのスリーポイントショットにきわめて弱い。なぜなら，本来コーナーからのショットをカバーする役割を担うべきセンターやフォワードは，どうしてもディフェンスに戻るのが遅れてしまうからである。これは，ある程度やむを得ないことである。また，ガードはレイアップショットを抑えるために一度ゴール下まで戻ってから，本来のディフェンスポジションに戻ることになるので，相手のガードやトレイラーにトップやウイングからスリーポイントショットをねらわれると，カバーのしようがない。もちろんマンツーマンディフェンスの場合にはこのようなことは起こらない。

❺シューターの指定

オフェンスに臨むにあたり，コーチは個々のプレーヤーの能力をしっかり把握したうえで，それぞれが能力に応じたプレーをするように指示しておく必要がある。スリーポイントショットは，スリーポイントシューターがねらうべきショットであり，4, 5mの距離からのショットが入るかどうかすらおぼつかないようなプレーヤーがねらうべきショットではない。誰にスリーポイントショットをねらわせるのかを決めたら，次の2点を守るよう指示する。1つ目は，パスをキャッチしたときに，足元を見てスリーポイントラインを確認しないこと，2つ目はディフェンスにぴったりマークされているときは，スリーポイントショットを打たないことである。スリーポイントショットを自然なかたちで取り入れながらゾーンオフェンスを展開すれば，ショットの確率をそれほど下げることなく得点を伸ばすことができるはずである。スリーポイントラインを気にしたり，ディフェンスにマークされているにもかかわらずシュートしてしまうから，ショットの成功率が下がってしまうのである。

❻プレーの見極め

相手チームがどんなディフェンスをしてくるのか，またどのようなショットならねらえるのか見極めることも重要である。2-3，1-3-1，3-2と相手のディフェンスによって，オフェンスのねらい所も異なってくる。プレーを適切に使い分け，適切なプレーヤーにショットをねらわせれば，自ずとチャンスは開けてくるだろう。

3. スリーポイントショットのプレー展開

これまで紹介してきたコンティニュイティオフェンスやセットプレーの枠組みのなかでも，スリーポイントショットをねらうチャンスは十分得られるはずである。ここではコンティニュイティオフェンスを用いると，いつ，どこでスリーポイントショットのチャンスが生まれるか確認する。

[*76]. **トランジション**：オフェンスからディフェンス，またはディフェンスからオフェンスへの切り替えのこと。
[*77]. **セカンダリーブレイク**：ファストブレイクを試みたあと，オフェンスをリセットすることなくおこなうオフェンスのこと。アーリー・オフェンスとも呼ばれる。

#1. コンティニュイティ

🏀 スプリットの活用

❶アウトサイドでのパス展開

図6-1のように,ガードの2人がトップ,フォワードの2人がウイングでポジションをとる。センターとフォワードによるロールアンドリプレースを使う代わりに,すばやくパスを展開してスキップパスを用いれば,アウトサイドでプレーしている4人のプレーヤーがスリーポイントショットをねらうことができる。

❷ペネトレート&ピッチ*78

図6-2のように,4人のうちのいずれかのプレーヤーがゴールに向かって鋭くドライブする。するとディフェンスをレーンの中に集まってくる。ここでアウトサイドにパスをさばけば,スリーポイントショットのチャンスとなる。

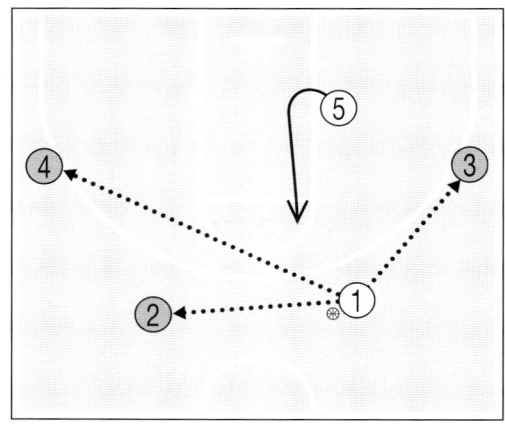

図6-1

図6-2

🏀 サーティーンの活用

──アウトサイドでのパスの展開

図6-3のように,サーティーンでは,トップからポイントガード,またウイングからシューティングガードやスモールフォワードがスリーポイントショットをねらう。スプリットの場合と同じように,インサイドでロールアンドリプレースする回数を減らして,アウトサイドですばやくパスを展開したり,スキップパスを用いるように意識してプレーすれば,スリーポイントショットのチャンスを増やすことができる。

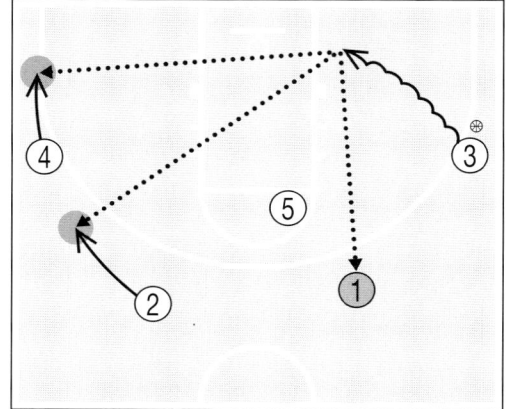

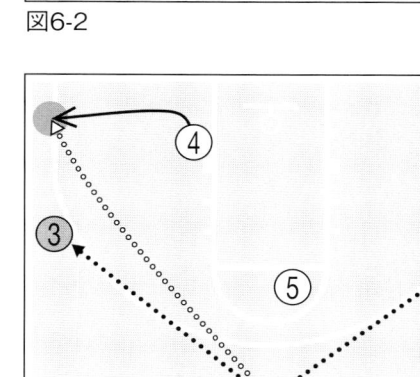

図6-3

---

*78. ペネトレート&ピッチ:ゴールに向かってドリブルし,ディフェンスを引きつけてからアウトサイドにパスをさばくこと。

🏀 ブルーの活用

❶パワーフォワードのスクリーン

図6-4のように，ブルーではガード2人とスモールフォワードがスリーポイントショットをねらう。初めに②が左ハイポストから右ウイングにすばやく移動してスリーポイントショットをねらう。

❷コーナーへのステップアウト

図6-5のように，③はショートコーナーからコーナーにステップアウトしてスリーポイントショットをねらう。

❸ポイントガードへのスキップパス／スモールフォワードのスイング

図6-6のように，ウィークサイドにいるガードにスキップパスが送られれば，直ちにショットのチャンスになる。また，スモールフォワードがコーナーからスリーポイントショットをねらうこともできる。

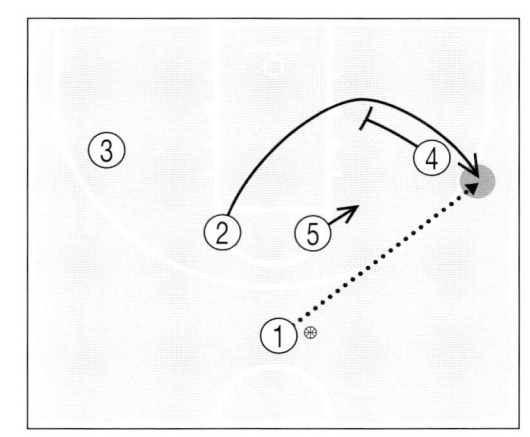

図6-4

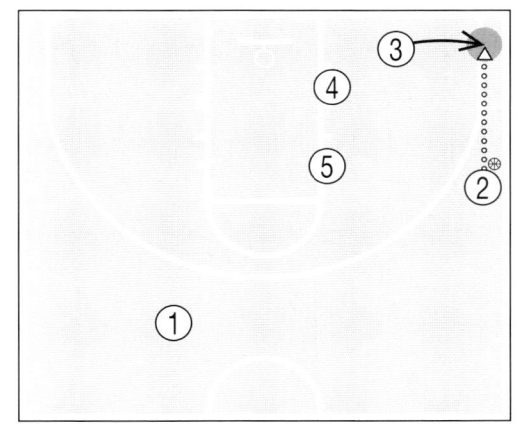

図6-5

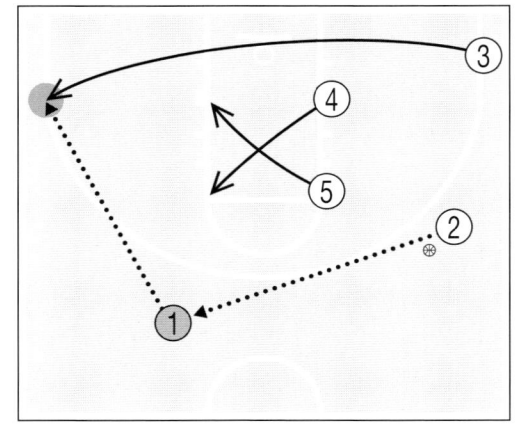

図6-6

🏀 スペシャルの活用

——スモールフォワードのスイング

図6-7のように,スペシャルでは,ガード2人とコーナーにいるフォワードがスリーポイントショットをねらう。

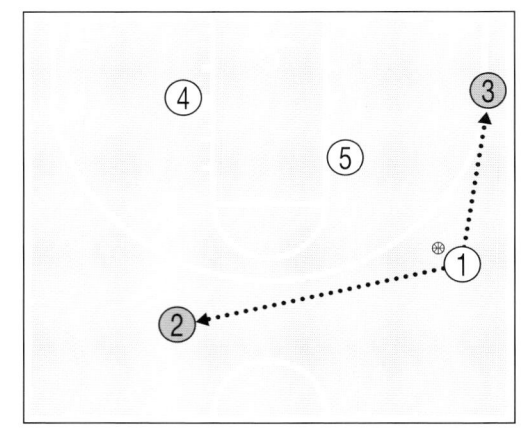

図6-7

🏀 ゴールドの活用

——ガードのコーナー・フェード

図6-8のように,コーナーからのショットを得意とするガードがいるなら,ゴールドを用いるとよい。バックラインのディフェンダーにスクリーンをかけるので,ガードは余裕を持ってショットをねらえるはずである。

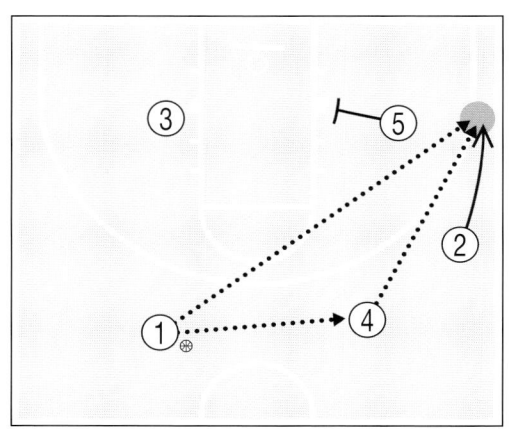

図6-8

＃2. レッドシリーズ

レッドシリーズでは,おもにシューティングガードがショットをねらうことになっている。しかし,スモールフォワードのショットが当たっているときは,シューティングガードとスモールフォワードを入れ替えてプレーさせたほうがよい。スリーポイントショットをねらわせるときは,2ポイントショットのとき以上にプレーヤーの調子を見極める必要がある。

🏀 レッドの活用

❶シューティングガードのスイング

図6-9のように,初めにシューティングガード

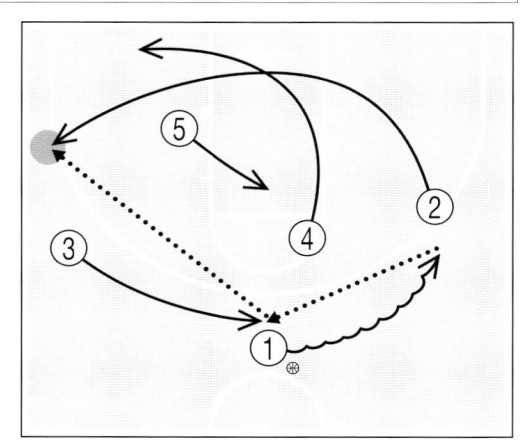

図6-9

②は左サイドのウイングに移動してスリーポイントショットをねらう。

❷シューティングガードのスイング

続いて図6-10のように，右サイドにスイングして，コーナーからショットをねらう。

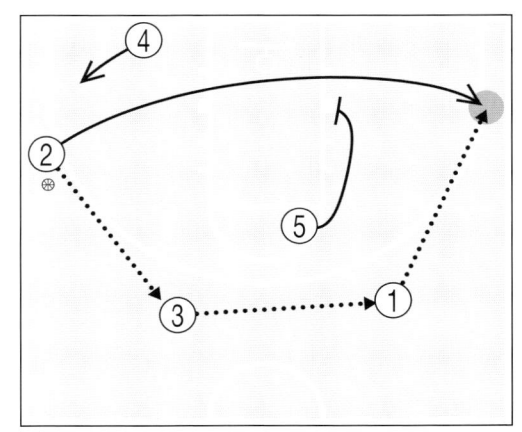

図6-10

🏀 フェードの活用

──シューティングガードのコーナーフェード

図6-11のように，フェードを用いれば，②がパワーフォワード④のスクリーンを利用して，すばやくショットをねらうことができる。

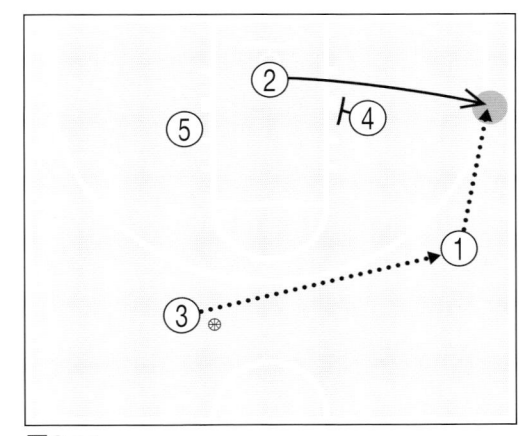

図6-11

🏀 カムバックの活用

──シューティングガードのカットバック

図6-12のように，カムバックでは，シューティングガード②が左コーナーにカットバックしてスリーポイントショットをねらう。

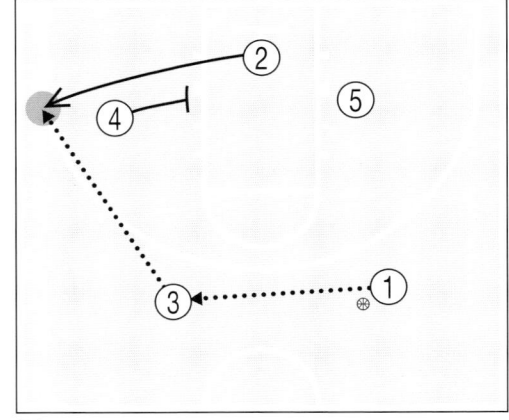

図6-12

🏀 ドリブルブロックの活用

——ポイントガードからのピッチアウト

図6-13のように，ドリブルブロックでは，シューティングガード②がポイントガード，あるいはセンターからのパスを受けて，スリーポイントショットをねらう。

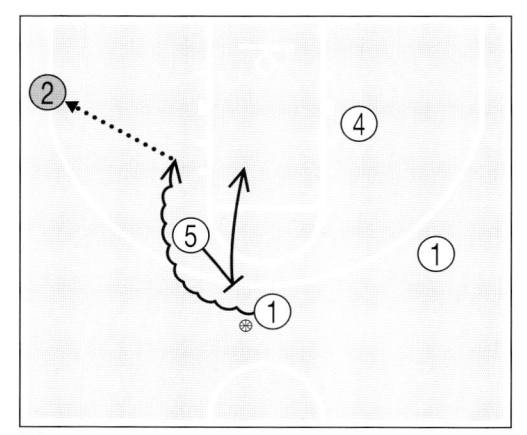

図6-13

＃3. フレアーアクション

フレアーアクションは，オッドマンフロント・ゾーン，イーブンマンフロント・ゾーンのいずれに対しても用いることができる。また，フレアーアクションを用いれば，時間をかけずにすばやくシュートチャンスをつくり出すことができる。

🏀 1-2-2, 3-2に対して

——ウイング・ディフェンダーに対するスクリーン

図6-14のように，①がトップにステップアウトした③にパスをするのと同時に，④はX_2に，また⑤はX_3にスクリーンをかける。③はスリーポイントライン外側のウイングエリアにフレアー[*79]した①もしくは②にパスを送る。③はなるべくシュート力の高いほうのプレーヤーにパスするように心がける。

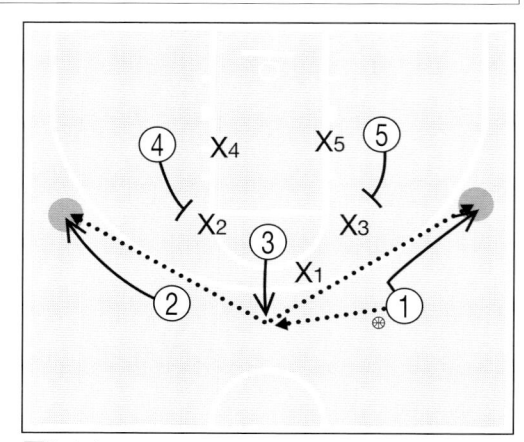

図6-14

🏀 1-3-1に対して

——ウイング・ディフェンダーに対するスクリーン

図6-15のように，①がトップにステップアウトした③にパスをすると同時に，④はX_2に，また

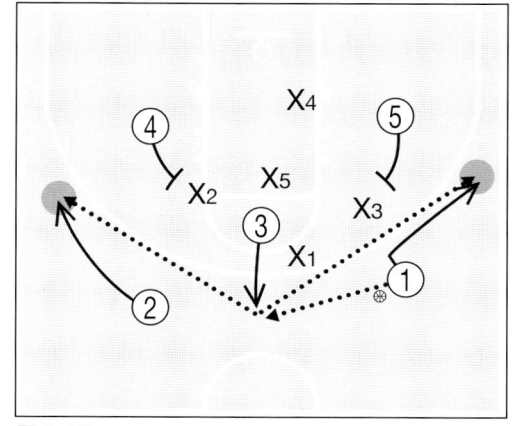

図6-15

[*79]. フレアー：アウトサイドに広がるような動きのこと。

⑤はX₃にスクリーンをかける。③はスリーポイントライン外側のウイングエリアにフレアーした①か②にパスを送る。

🏀 2-3, 2-1-2に対して

──フロントラインのディフェンダーに対するスクリーン

図6-16のように，①がトップにステップアウトした③にパスをすると同時に，④はX₂に，また⑤はX₁にスクリーンをかける。③はスリーポイントライン外側のウイングエリアにフレアーした①か②にパスを送る。

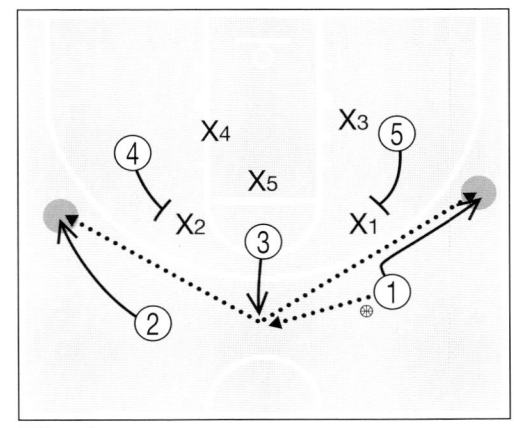

図6-16

♯4．モーション・オフェンス

スリーポイントショットを用いてゾーンディフェンスを攻略する方法についてさまざまな検討を重ねた結果，**モーション・オフェンス**[*80]を用いれば，ディフェンスがゾーンであろうとマンツーマンであろうと，オフェンスのスタイルをほとんど変えることなくシュートチャンスをつくり出せるということがわかってきた。もし読者の皆さんが，マンツーマンディフェンスに対してモーション・オフェンスを使用しているのであれば，ゾーンディフェンスに対しても同じオフェンスを使わない手はないだろう。

とりわけマッチアップ・ゾーンに対しては，4アウト1イン，もしくは5アウトのモーション・オフェンスが有効である。マッチアップ・ゾーンにはマンツーマンディフェンスの要素が取り入れられている。したがって，スリーポイントショットのチャンスをつくり出すためには，ボールとプレーヤーをしっかり動かすことが重要となる。この点モーション・オフェンスでは，ボール，プレーヤーともに次から次へと動くことになるので，ディフェンスがマッチアップするのは難しくなる。

4アウト1イン・モーションでは，4人がアウトサイドでプレーし，残りの1人がインサイドでプレーする。アウトサイドの4人は，パスの展開に合わせてカットやスクリーンをおこない，スリーポイントラインの内外を動きまわる。インサイドのプレーヤーは，ローポストからローポスト，あるいはローポストからハイポストにフラッシュするだけでなく，タイミングを見計らってアウトサイドのプレーヤーにスクリーンをかける。

5アウト・モーションでは，5人全員がアウトサイドでパスやカット，スクリーンなどをおこないながらシュートチャンスをうかがう。もちろんチャンスがあればポストアップしてもよい。

ここでは，モーション・オフェンスを用いると，スリーポイントショットのチャンスがどのように生まれてくるのか，いくつか具体例をあげておくことにしよう。

---

*80．**モーション・オフェンス**：フリー・オフェンスの1つ。プレーヤーは1つのポジションに留まることなく，自分自身の判断でスクリーンやカットをおこない，シュートチャンスをつくり出していく。

🏀 パス・アンド・スクリーンアウェイ

パスをしたらスクリーンアウェイ，すなわち逆サイドにスクリーンをかけにいくというのが，モーション・オフェンスの基本である。この動きを用いれば，ただちにスリーポイントショットのチャンスをつくり出せる。

❶スクリーンアウェー

図6-17のように，①は③にパスし，②にマッチアップしているディフェンダー，もしくはX_2にスクリーンをかける。③は①のスクリーンを利用してカットしてくる②にパスを送り，スリーポイントショットをねらわせる。

❷スクリナーへのスキップパス

図6-18のように，X_2がスクリーンを予想して②へのパスをディナイしてきたら，③は①にスキップパスを送る。

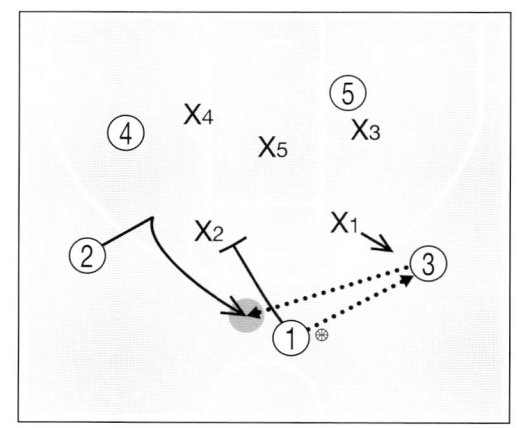

図6-17

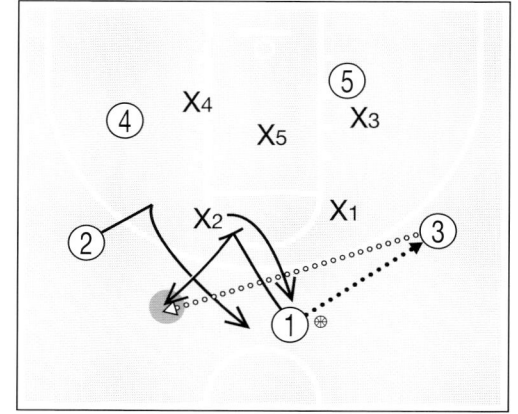

図6-18

🏀 フレアーアクション

モーション・オフェンスのなかにフレアーアクションの動きを取り入れれば，スリーポイントショットのチャンスをつくり出すことができる。

❶フレアーアクション

図6-19のように，①が②にパスを送る。③はX_1，あるいはX_3にスクリーンをかける。①は②からスキップパスを受け，スリーポイントショットをねらう。

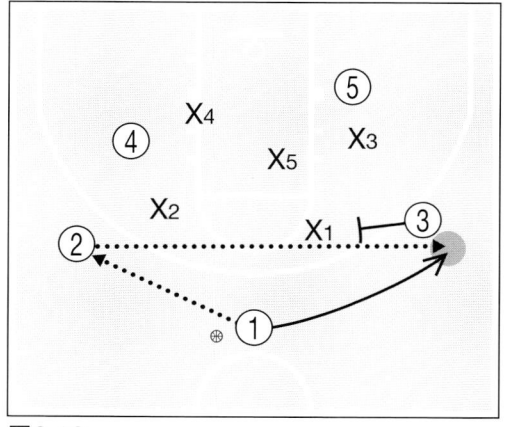

図6-19

❷スクリナーへのパス

図6-20のように，ディフェンスが①へのスキップパスをディナイしてきたら，③がスリーポイントラインの外側にステップアウトして②からパスを受ける。

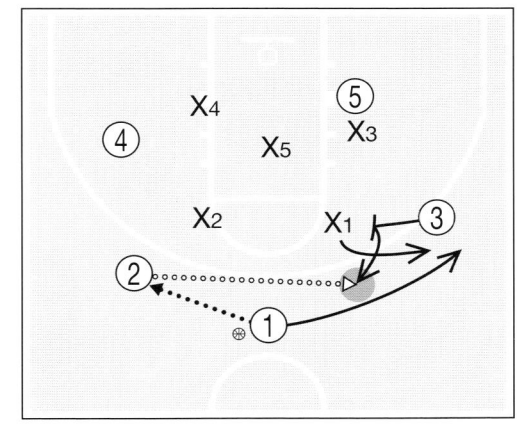

図6-20

🏀 ハイブロック

ドリブルからのショットが得意なガードや，スポットアップしてシュートするのが得意なプレーヤーがいるなら，ハイブロック，すなわちトップ周辺でのスクリーンプレーを利用するとよい。

❶ハイブロック

図6-21のように，③はX_1にスクリーンをかける。①は③のスクリーンを利用してショットをねらう。①はスクリナー③と肩と肩，腰と腰がぶつかるくらいギリギリのところをドリブルし，スクリーンを最大限に生かすよう心がける。

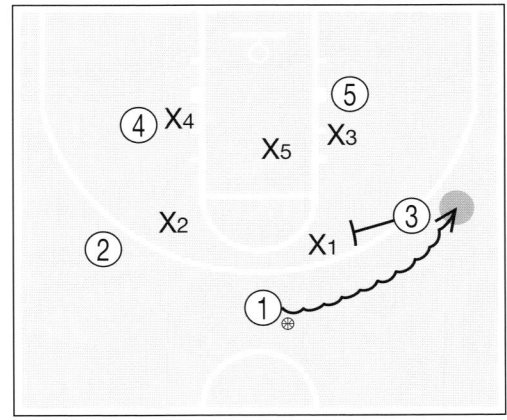

図6-21

❷スクリナーへのパス

図6-22のように，X_1が③のスクリーンを予想してファイトオーバーしてきたら，③がトップにステップアウトして①からのパスを待つ。

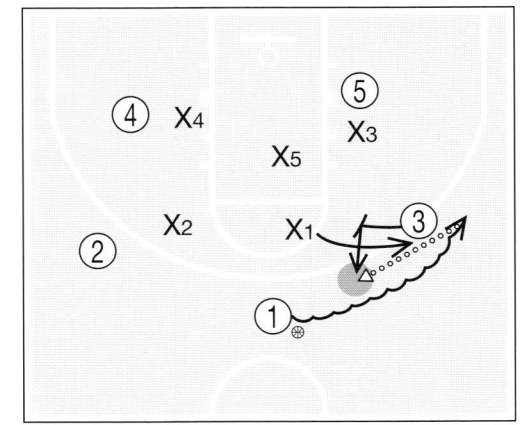

図6-22

🏀 パス・アンド・カット

次に，パス・アンド・カットを利用して，スリーポイントショットのチャンスをつくり出す方法を示しておこう。オフェンスは4アウト1インのモーション・オフェンスを想定している。

①は②にパスしたらゴールに向かってカットし，左右いずれかのコーナーに向かう。ディフェンス側からすると，①が左右どちらのサイドに向かうのか予想できないため，対応が難しくなる。

❶左コーナーへのカット

図6-23のように，①は②にパスしたら，ゴールに向かってカットする。もちろん，②はゴールに向かってカットした①へのパスをねらってもよい。しかし，②からのリターンパスがこないと判断したら，①はディフェンスの間を通り抜け，左サイドのコーナーに向かう。ここで④がX_4にスクリーンをかければ，①はコーナーでノーマークになる。

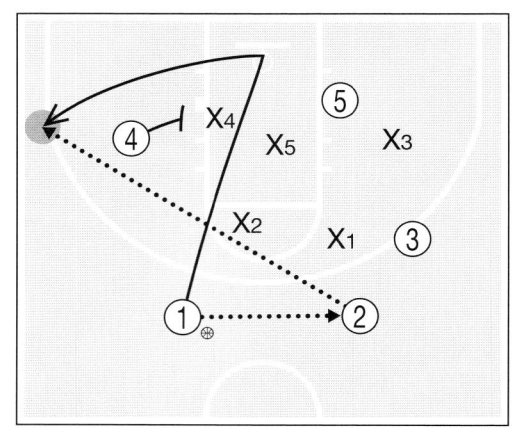

図6-23

❷右コーナーへのカット

図6-24のように，①は②にパスしたら，ゴールに向かってカットする。このときディフェンスがすばやく③にマッチアップしてきたら，右コーナーで①がノーマークになる。②は直接①にスキップパスを送ってもいいし，③を経由して①にパスを展開してもよい。

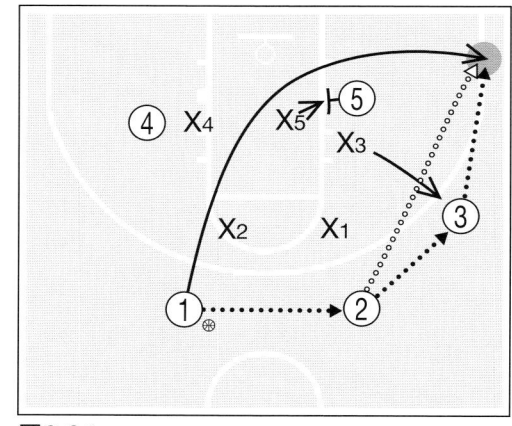

図6-24

4. 残り時間がほとんどない場合の対処

❶スリーポイントと2ポイントのどちらをねらうべきか

相手チームにリードされ，もはや絶体絶命というときでも，スリーポイントショットを決めることができれば点差を挽回できる可能性が高くなる。また，スリーポイントシューターがいれば，それだけでディフェンスにとってプレッシャーとなる。しかし残り時間がわずかしかない，あるいは点差が開いてしまったからといって慌ててスリーポイントショットばかりねらうと，自分で自分の首を絞めることにもなりかねない。ゲームでは残り時間と点差をよく考えて，ノーマークならスリーポイントショットをねらうが，ディフェンスがスリーポイントショットに対して過剰に反応してきたら，手堅く2点を取りにいくという考えでオフェンスに臨んだほうがよいだろう。

いずれのプレーを用いるにせよ，スリーポイントショットにばかりこだわるのは好ましくない。もしディフェンスがスリーポイントショットを抑えにきたのなら，2ポイントショットをねらった

ほうが効率的かもしれない。ディフェンスにぴったりマークされながらスリーポイントショットを2本ねらうより，ディフェンスが甘くなっているところで2ポイントショットを3本ねらうほうが確実である。てっとり早く6点を取るという意味で両者に違いはない。

❷残り時間とプレーの選択

残り時間がほとんどなく，何が何でもスリーポイントを決めなければならないときには，プレーの選択が重要なポイントになる。例えばコンティニュイティオフェンスの場合，スプリット，サーティーン，ブルー，スペシャルならワンパスで，またゴールドでは2，3回程度のパスでスリーポイントショットのチャンスをつくり出すことができる。もちろんセットプレーを用いることもできるが，スリーポイントショットのチャンスをつくり出すまでに最低でも3回ないし4回のパスが必要となる。このため，残り時間によっては用いることのできないプレーもある。

ショットクロックやゲームクロックが10秒を切っているときには，スプリットやサーティーンを用いるとよいだろう。残り時間が10秒以上あるなら，ゴールドを使ってコーナーからのショットをねらうとよい。ゴールドでは，スクリーンを使ってシューターをコーナーにフェードさせる。したがって，シューターは余裕を持ってシュートできるはずである。

Chapter 7
Inbounds Plays

7

インバウンズプレー

AP/AFLO

1. ベースラインからのスローインが持つ意味

　かねてよりアル・マグゥアイヤーは，ベースラインからのインバウンズプレーに対して，ゾーンディフェンスでまもるべきだと主張してきた。この見解は，1977年にマーケット大学のコーチとしてNCAAのチャンピオンを獲得した当時から，テレビのバスケットボール解説者として活躍している現在にいたるまで，まったく変わっていない。マンツーマンディフェンスでは，インバウンズプレーで用いられるすばやいスクリーンプレーやパスの展開に対応することができないというのである。

　恐らく多くのコーチは，彼の考えに同意するだろう。実際，インバウンズプレーに対しては，明らかに2-3だとわかるようにディフェンスしてくるチームも多い。また，ベースラインに沿ってゴール下を固めると，他のゾーンディフェンスを用いていても，2-3であるかのように見えるのである。

● オフェンス側の視点

　オフェンスにとってベースラインからのインバウンズプレーは絶好のチャンスとなる。スクリーンやカットを織り交ぜながらすばやくパスを展開すれば，ゾーンディフェンスに特有の弱点を突くことができるからである。ではなぜ，インバウンズプレーがオフェンスにとってチャンスといえるのだろうか。その最大の理由は，ゲームがいったんストップするということである。ゲームがストップすることによって，オフェンスは余裕を持って残り時間と得点を確認し，どのプレーをコールすればいいのかを考えることができる。また，ハーフコート・オフェンスのときのように，わざわざドリブルでボールを運んでくる必要もないし，必ずしもポイントガードからプレーを始める必要もない。そのうえ，ゴールからわずか3ｍしか離れていないところからプレーを始めることもできる。いわばゾーンディフェンスの弱いところへペネトレート[*81]した状況から，オフェンスを始められるのである。そこからどのプレーヤーがスローインしても構わない。これらがオフェンスにとっていかに有利となるかは説明するまでもない。

　インバウンズプレーに対してゾーンディフェンスを用いる際には，フォワード，センターの3人をベースライン沿いに，ガードの2人をその後方に配置することが多い。この状況をうまく利用すれば，ディフェンスが苦手なプレーヤーや手薄になっているエリアを攻略でき，ミスマッチを突いて簡単にシュートすることが可能となる。

● ディフェンス側の視点

　ここで，ベースラインからのインバウンズプレーについて，ディフェンス側の立場に立って考えてみよう。オフェンスは，さまざまなオプションが考えられる理想的なポジションからプレーをスタートさせる。しかし，ディフェンスからすれば，「ボールとマークマンの間に立つ」という，ディフェンスの大原則が成り立たないポジションでプレーすることになる。すると，非常に大きなジレンマを抱え込むことになる。もし，ボールとマークマンの間に立つことに固執すると，ショットが決まるまでオフェンスの動きにまったく気づかないということにもなりかねない。これでは，他のプレーヤーはヘルプに向かうことさえできない。

---

*81．ペネトレート（ペネトレーション）：ドリブルでディフェンダーを抜き去り，ゴールに近づいていくこと。

2. インバウンズプレーの実際

カレッジ・オブ・チャールストンでは，コンティニュイティオフェンスからはビーシーを，また，セットプレーからはミドル，フェード，フィリー，アウェイ，アウェイ3をインバウンズプレーに応用している。これらのプレーを用いれば，インバウンズプレーとして新たにプレーを導入する必要もない。したがって，練習時間が足りず，インバウンズプレーの習得に十分な時間を割けないときには非常に好都合である。

しかし，場合によってはハーフコート・オフェンスとは異なるインバウンズプレーを用いたほうがよい場合もあるだろう。そこで本章では，インバウンズプレーとして新たに5つのプレーを紹介するが，いずれのプレーも，すばやくシュートチャンスをつくり出すことができるようになっている。

なお，インバウンズプレーでは，インバウンダーがボールをスラップ[*82]したら他の4人がプレーを始める約束になっている。

♯1. コンティニュイティ

🏀 ビーシーの活用

ビーシーは，ショットクロックやゲームクロックが残りわずかとなっているときのインバウンズプレーには適していない。しかし，インサイド・プレーヤーにショットをねらわせたいときには非常に有効である。また，第4章で説明したように，シュートチャンスをつくり出せるまで，何度でも「くり返し」プレーすることも可能である。

❶スローインとミドルマンへのスクリーン

図7-1のように，①は②にスローインしたら左サイドにクリアーする。もし②へのパスがディナイされたら，③が①からスローインを受ける[*83]。

①が②にスローインすると同時に，⑤はX₅にスクリーンをかけ，ミドルポストにスピンバックする。④は⑤のスクリーンを利用して右サイドのショートコーナーに向かい，③は左ローポストでリバウンドに備える。②は④もしくは⑤へのパスをねらう。

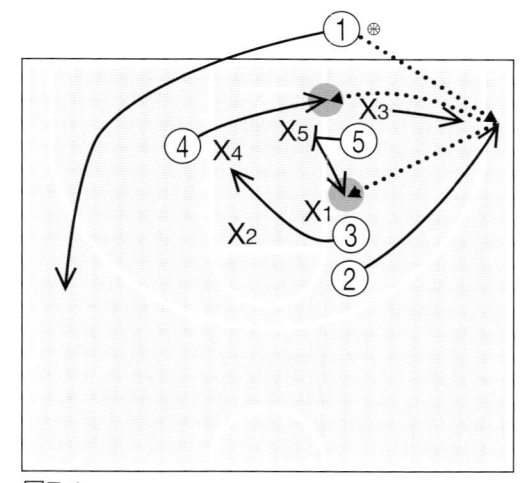

図7-1

[*83]. 訳者注：②へのスローインがディナイされたら，③は右ウイングに広がるか，ハーフラインの方向に下がって①からパスを受ける。

[*82]. スラップ：音が出るように掌でボールを叩くこと。

❷ダウンスクリーン

図7-2のように，②が①にパスしたら，④は左ハイポストに移動する。すると恐らく①に対してX_1が，④に対してはX_2がマークしてくるはずである。そこで⑤がX_5にスクリーンをかけ，③がゾーンの中央にできたスペースにフラッシュすれば，絶好のシュートチャンスになる。

②が①にパスしたとき，図7-3のように，X_3が③へのパスを防ごうとすれば，コーナーにいる②がノーマークになる。

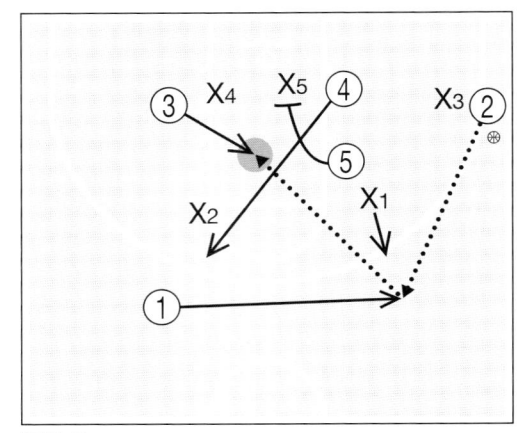

図7-2

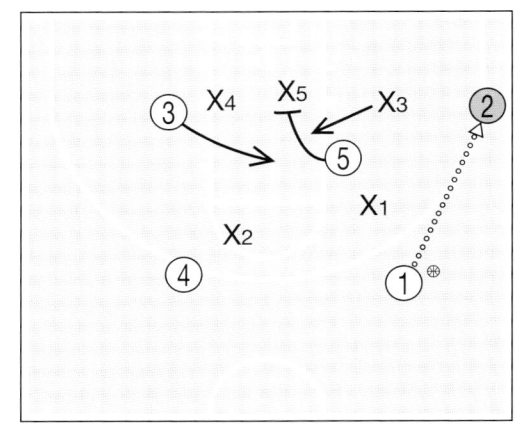

図7-3

＃2. レッドシリーズ

🏀 フェードの活用

ハーフコート・オフェンスのときとまったく同じように，シューティングガード②がパワーフォワード④のスクリーンを利用してショットをねらう。また，ディフェンスがスクリーンをかわしてマークにきたら，インサイドにパスを入れる。

❶スローインとセンターのフラッシュ

図7-4のように，②は，①もしくは④にスローインする。パスを受けたプレーヤーは左サイドにいる③にパスを展開する。①が③にパスすると同時に，⑤はレーンの中にフラッシュしてシュート

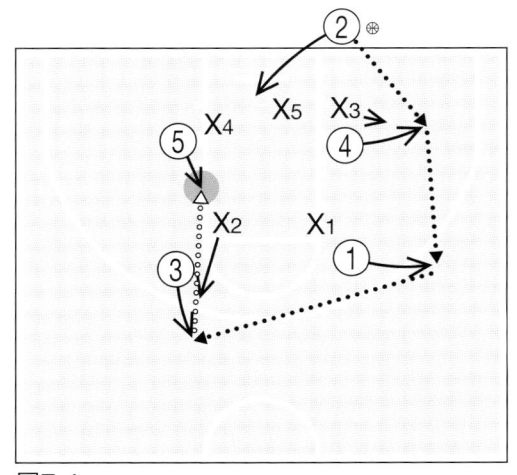

図7-4

チャンスをうかがう。

❷シューティングガードのコーナーフェード

　図7-5のように，③にパスがわたると，ディフェンスは左サイドにシフトする。すると右サイドにいる②，④がチャンスになる。

　③から①にパスが返されたら，④はX₃にスクリーンをかけ，②は④のスクリーンを利用して右サイドのコーナーに向かう。②は①からパスを受けたらすばやくショットをねらう。

　図7-6のように，③から①にパスが展開されたとき，X₃が④のスクリーンをかわして②をマークしてきたら，①は④にパスを入れる。

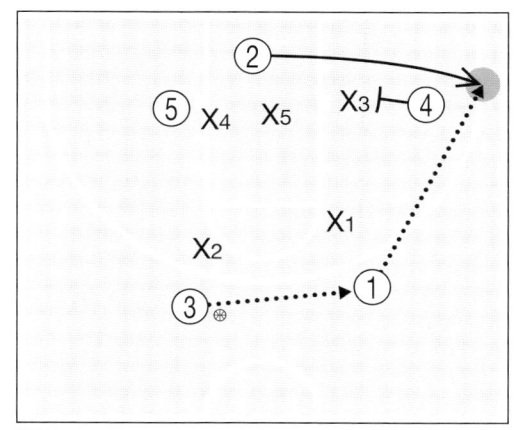

図7-5

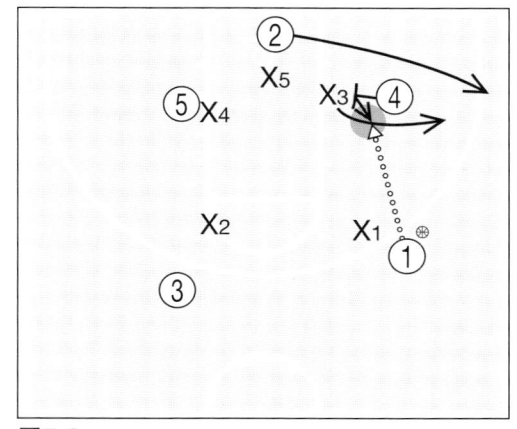

図7-6

ミドルの活用

　ハーフコート・オフェンスのときと同じように，④，⑤が2-3ゾーンの中央にできたスペース突いてショットをねらう。いずれにせよ，ディフェンスの状況をよく見てプレーすることが重要である。

❶スローインとシューティングガードのクリアー

　図7-7のように，ハーフコート・オフェンスの場合とは異なり，④は右ローポストからプレーを始める。④または①にスローインしたら，②は左サイドにクリアーする。

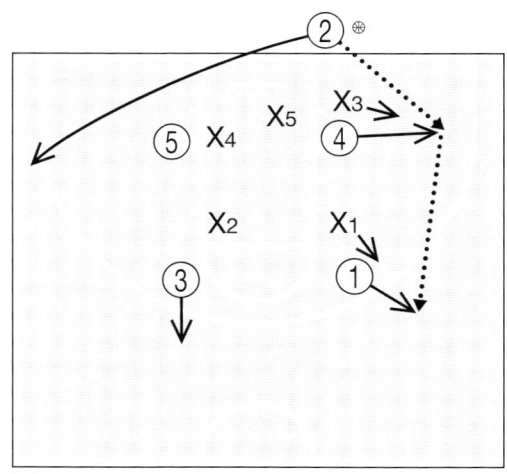

図7-7

❷センターのハイポスト・フラッシュ

図7-8のように，④はゴール下でディフェンスの死角となるようなポジションに入り込む。⑤は右ハイポストに向かってフラッシュし，シュートチャンスをうかがう。

❸パワーフォワードのフラッシュ

図7-9のように，X_5が⑤をマークしているようなら，①は③にパスを展開する。④はディフェンス中央のギャップにフラッシュし，シュートチャンスをうかがう。

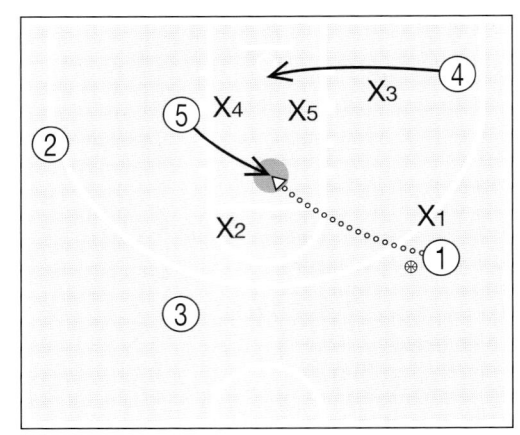

図7-8

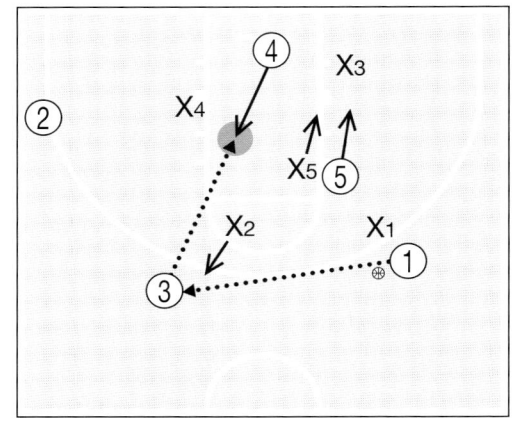

図7-9

🏀 フィリーの活用

フェードやミドルを用いるとおもに②，④，⑤がシュートチャンスを得るが，フィリーを用いると③がシュートチャンスになる。

❶スローイン

図7-10のように，②は④か①にスローインし，左サイドに向かって移動する。②からインバウンズパスを受けた④は，①にパスを展開する。

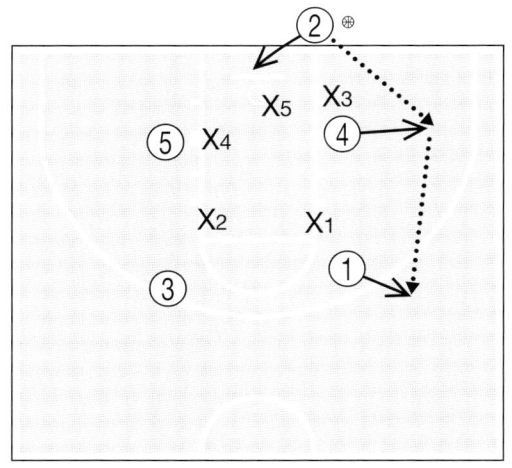

図7-10

❷スモールフォワードのフラッシュ

図7-11のように，①はトップに向かってドリブルする。同時に，⑤と③はスクリーンをかけるために左ローポストへ向かい，③はディフェンス中央にあるギャップに向かってフラッシュする。①が③にパスすることができれば，③はインサイドで絶好のシュートチャンスとなる。また，①が②にパスすることができれば，②は左ウイングからショットをねらうことができる。

図7-12のように，X_5が③をマークするために慌てて飛び出してきたら，①は⑤にロブパスを送ってもよい。

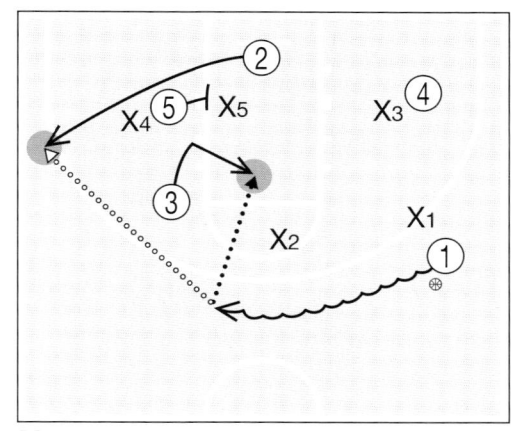

図7-11

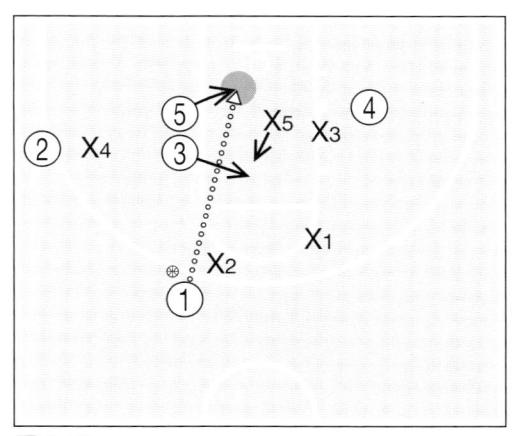

図7-12

#3. ロブプレー

🏀 アウェイの活用

アウェイやアウェイ3を用いると，ディフェンスの背後を攻略し，ロブパスを使ってシュートチャンスをつくり出すことができる。

まずはアウェイだが，④がロブパスを受けてショットをねらう。

❶スローイン

図7-13のように，②は③にスローインしたら左サイドにクリアーする。

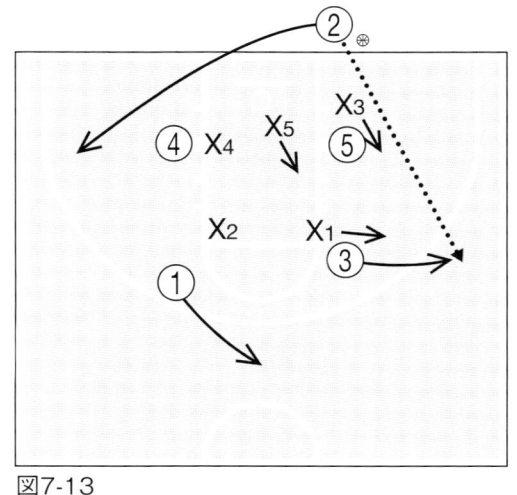

図7-13

❷パワーフォワードへのロブパス

図7-14のように、③が①にパスすると同時に、⑤はX$_5$にスクリーンをかける。④は右サイドに移動し、X$_3$を押さえて①からのロブパスを待つ。

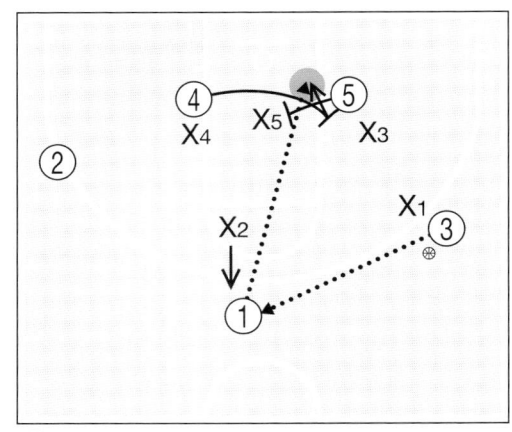

図7-14

🏀 アウェイ3の活用

アウェイ3では③がロブパスを受けてシュートをねらう。

❶スローイン

図7-15のように、②は③にスローインしたら左サイドにクリアーする。

❷スモールフォワードへのロブパス

図7-16のように、③が①にパスを展開すると同時に、⑤がX$_5$にスクリーンをかけ、続いて④がX$_3$にスクリーンをかける。③は④のスクリーンを利用して、①からロブパスを受ける。

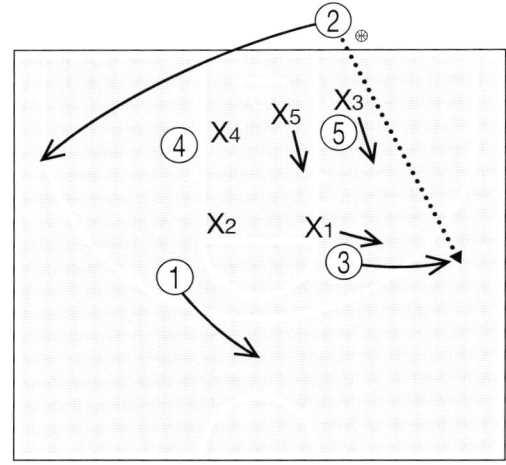

図7-15

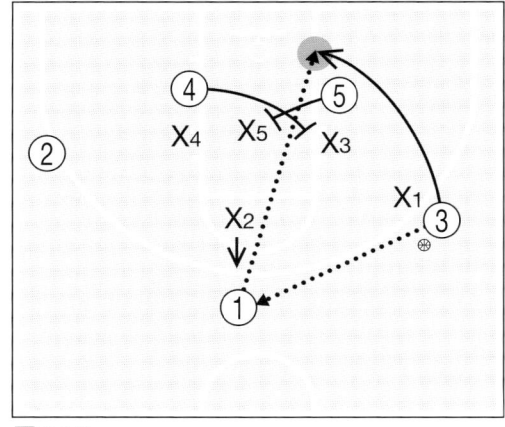

図7-16

♯4. その他のインバウンズプレー

　プレーヤーの状況など，さまざまな条件を考慮すると，コンティニュイティオフェンスや，セットプレーとは違うプレーをインバウンズプレーとして用いたほうがよい場合もある。そこで，ここでは新たに5つのプレーを紹介する。いずれのプレーも，これまで述べてきたゾーンオフェンスの基本原則に則ったもので，それほど時間をかけずにシュートチャンスをつくり出すことができるはずである。

🏀 インバウンズプレー♯1

　インバウンダーがスクリーンを利用して，ディフェンスの中央にあるギャップからショットをねらう。

❶スローイン

　図7-17のように，③は②にスローインする。

❷センターによるダウンスクリーンとスモールフォワードのフラッシュ

　図7-18のように，②が①にパスしたら，⑤はX_5にダウンスクリーンをかける。するとディフェンス中央のエリアにスペースが生まれる。③は，⑤のスクリーンによって生み出されたスペースにフラッシュしてシュートチャンスをうかがう。

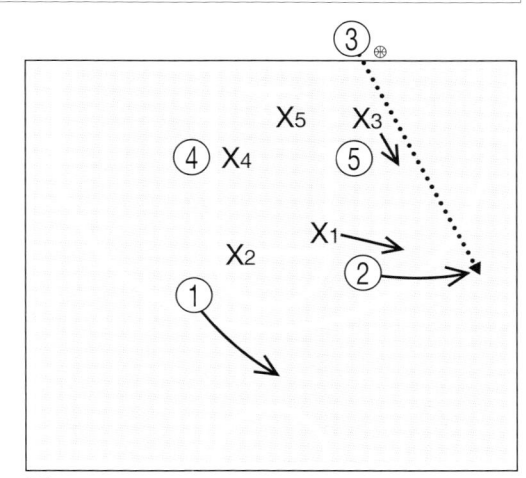

図7-17

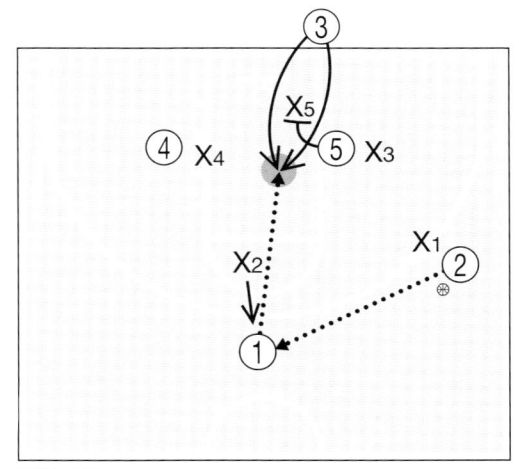

図7-18

🏀 インバウンズプレー♯2

　アウトサイドシューターを2人擁したチームが用いるときわめて有効なプレーである。

──シューターへのスローイン

　図7-19のように，④はX_1に，⑤はX_4にスクリーンをかけ，①または②にショットをねらわせる。

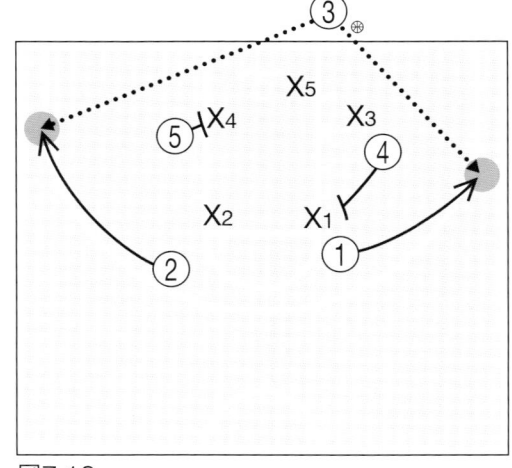

図7-19

🏀 インバウンズプレー#3

 ディフェンスの意表を突いて，インサイドでショットをねらう。④や②がパスをキャッチしてからショットまでに要する時間はほんの数秒にすぎない。したがって，ショットクロックやゲームクロックの残り時間がわずかしかないときに最適なプレーである。もちろん，その他の場面で用いることもできる。

──パワーフォワードへのロブパス

 図7-20のように，⑤はX_5にスクリーンをかけ，④はそのスクリーンによってつくり出されたスペースに向かう。④は①からのロブパスを受けてショットをねらう。図7-21のように，X_4が④をカバーしたら，①は②にパスを送る。

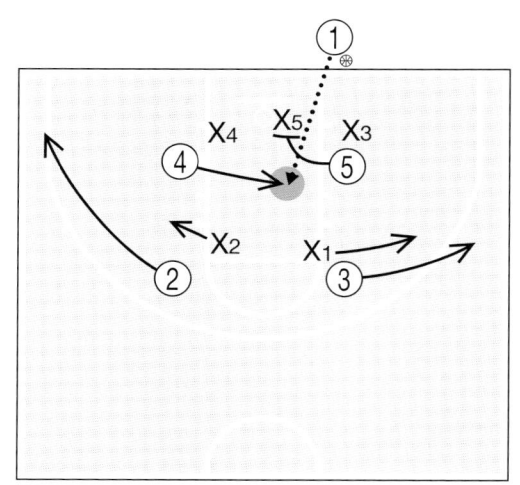

図7-20

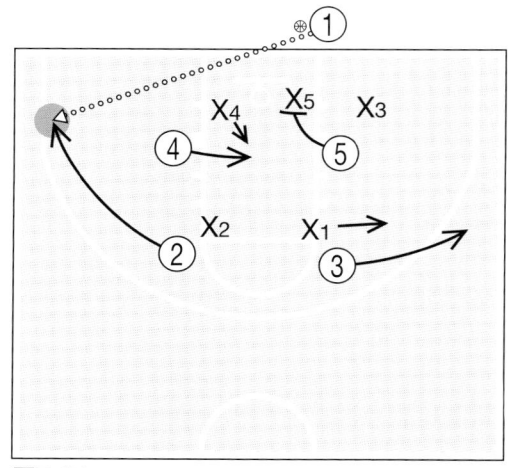

図7-21

🏀 インバウンズプレー#4

 インバウンズプレー#3のバリエーションである。

──センターへのロブパス

 図7-22のように，④はX_4にスクリーンをかける。①は⑤へのロブパス，あるいは④のスクリーンを利用してコーナー移動した②へのパスをねらう。

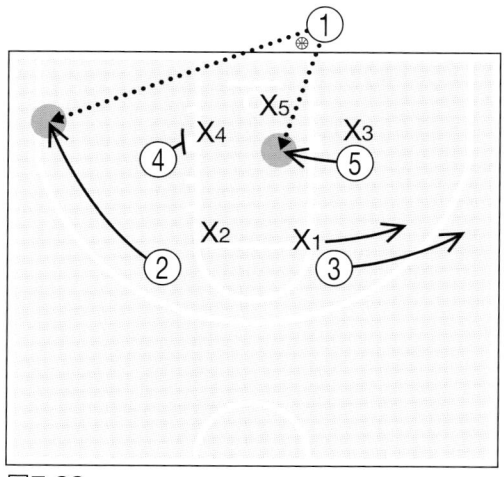

図7-22

🏀 インバウンズプレー#5

②にスリーポイントショットをねらわせるためのプレーである。場合によっては③がシュートすることもある。

——シューティングガードへのパス

図7-23のように，④と⑤は，左のハイポストでスクリーンをかける。②はスクリーンを利用して左コーナーに向かい，シュートチャンスをうかがう。また，③は右サイドでスポットアップする。

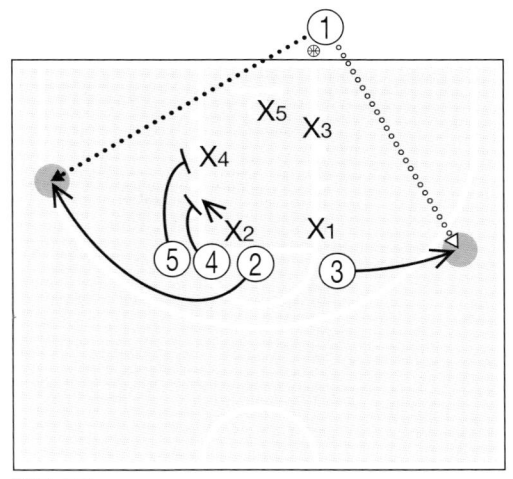

図7-23

訳者あとがき

ジョン・クレッセ氏について

本書はJohn Kresse & Richard Jablonski, Attacking Zone Defenses, 2nd edition (Coaches Choice Books, 1997) を翻訳したものである。原著第1版は1989年に出版され，1999年には第2版新装版が出版されている。訳者が知る限り，第2版新装版は2000年代後半の時点でもアメリカの一般書店の書棚に陳列されていた。したがって，この手の書籍としては比較的息の長いものだと言ってもよいだろう。

原著が出版されてから現在までのジョン・クレッセ氏の経歴については，著者紹介の頁にも情報を追加しているが，ここでもう少し説明を加えておきたい。

NCAAのバスケットに多少なりとも詳しい人であれば，1990年代以降のカレッジ・オブ・チャールストンの躍進ぶりを記憶しておられるかもしれない。新興チームながらノースカロライナ大学やメリーランド大学，スタンフォード大学といった強豪校とも対等にわたりあい，非常によくコーチングされたチームとして知られるようになった同校を率いていたのがクレッセ氏である。

クレッセ氏は1979年にカレッジ・オブ・チャールストンのヘッドコーチに就任。以来2002年に引退するまで，実に23年もの間同校のバスケットボールチームを率いてきたのである。成績に応じて契約が結ばれることが常となっているアメリカの大学バスケット界において，20年以上にもわたり同じチームでコーチを続けることはそれほどたやすいことではない。クレッセ氏の通算成績は560勝143敗。勝率(.797)はNCAAデビジョンⅠの歴代コーチのなかでも5位にランクされている。

クレッセ氏がヘッドコーチに就任して12年目の1990年，カレッジ・オブ・チャールストンはNCAAのデビジョンⅠに加盟するが，その後の戦績を見ると，1993年以降9年連続で20勝以上の戦績をあげている。また，この間同校を4度のNCAAトーナメント出場，2度のNITトーナメント出場にも導いている。この結果，NCAAバスケット界においてカレッジ・オブ・チャールストンの名は確固たるものになったと言えるだろう。

本書の利用法について

ところで，1年間を通じて自分が所属する高校や大学のコーチの下で練習をおこなうことができる日本とは違い，シーズン制を採用しているアメリカでは，コーチが指導できる期間や練習時間の上限などが厳密に定められている。これらのルール

を破ったチームに対してはかなり厳しいペナルティーが科されるので，コーチングはある意味時間との勝負にもなってくる。つまり，短い期間で効率よく自分の考えをプレーヤーに伝えることができなければ，コーチとして失格の烙印を押されかねないのである。

　しかし，バスケットボールの指導に真面目に取り組もうとすると，パスやドリブルといったファンダメンタルから，マンツーマンマンやゾーンでの攻防，インバウンズプレーやプレスアタックなど，次から次へと教えるべき事柄が浮上してくる。このようなときに重要なのは，コーチとプレーヤーがバスケットボールに対する共通理解を得られるような指導をしていくことであろう。

　本書の主眼はあくまでゾーンオフェンスに絞られているが，第1章から第3章を読めば，クレッセ氏がどのようなやり方でプレーヤーとの共通理解を図ろうとしてきたか，その一端を垣間見ることができる。また，第4章以降の各プレーを説明する際にも，どのディフェンダーを引きつければよいのか，またその結果どのようなチャンスが生まれるのかなどが明確に示されている。ここまで明確に説明しておけば，コーチとプレーヤーの間に齟齬が生まれる可能性はかなり低く抑えられるだろう。

　翻って，このような説明を欠いた指導は，よく言えば具体例に基づいたケースバイケースのアプローチであるが，結局は指導に一貫性を欠くことになり，コーチ，プレーヤーともに大きなストレスを抱え込むことにもなりかねない。このような事態を避けるためにも，システムを理解させることが重要なのである。

　もちろん読者の皆さんがクレッセ氏とまったく同じアプローチをとる必要はないし，それぞれのチーム事情に応じたやり方があってしかるべきである。しかし，本書で紹介されている考え方やプレーの多くは，読者の皆さんのアプローチをより効果的にするためにも応用できるのではないだろうか。

翻訳にあたって

　本書は原著版とは大きく異なる点がいくつかある。そもそも翻訳にあたっては，原著に忠実な直訳をしたほうがよいという考えと，内容を伝えることを優先して意訳したほうがよいという考えで対立がある。現在では後者の考えが主流を占めていることは間違いないが，実際に翻訳作業を進めていると，どこまで原著に手を加えることが許されるのか，判断に苦しむ場面も少なくない。

　本書の場合もどこまで意訳するかでかなり悩んだが，コーチだけでなくプレーヤーの皆さんにも読んでいただけるようなものに仕上げることを目標に，編集者と相談のうえ以下のような変更を加えることにした。

1つ目の変更点は，原著にはない小見出しをつけたことである。同時に文章の配列を若干変更するとともに，重複している箇所を思い切って削除した。

　2つ目は，プレーのオプションなど，文章の中で言及されているにもかかわらず，図が提示されていない箇所に，訳者の判断で新たに図を描き起こしたことである。また，図のみが提示され，文章による説明がない部分についても，原著の意図を損なわない範囲で文章による説明を付け加えた。

　さらに，原図がやや煩雑になっていると思われる箇所では，見やすくなるよう分割して描き直した。これが3つ目の変更点である。

　4つ目は，第4章以降の各図にディフェンス側の動きを描き加えたことである。原著でもディフェンスは示されているが，オフェンスのパスやカットに対応するような形では描かれていない。そこで，よりわかりやすくするために，訳者側の判断でディフェンスの動きを書き加えた。

　実は本書の翻訳過程でもっとも頭を痛めたのは4つ目の変更点である。当然のことではあるが，すべてのチームが訳者の描いたようなやり方でディフェンスをしてくるわけではない。むしろ，それぞれのチーム事情に応じて，ディフェンダーのカバーするエリアが違っていたり，ローテーションの方法が異なっていることのほうが多いのではないだろうか。

　ゾーンディフェンスの場合，このようなちょっとした違いでも，オフェンスからはまったく違ったもののように見えることがある。したがって，読者の皆さんにはこれから対戦する相手が第4章以降のプレーにどのように対応してくるのか，じっくりと考えながら読み進めていただきたい。

　なお，これらの変更を加えるにあたり，訳者なりにベストをつくしたつもりではあるが，力不足のため思わぬ誤訳などが残っているかもしれない。そうした場合には，読者の皆さんのご指摘を参考にしつつ，徐々に改善していきたい。

謝　辞

　訳者にとって本書は初めての翻訳であり，予想以上に時間がかかってしまった。これは先に述べたような変更を加えたうえで訳出した結果でもあるが，作業の過程では，佐藤光壱先生（大宮北高校），田中充広先生（都立高島高校），名児耶美久先生（浦和北高校），阪口裕昭先生（慶應高校）をはじめとする多くの方々のご協力をいただいた。とりわけ佐藤光壱先生には本書の草稿段階から目を通していただき，きわめて詳細かつ貴重なアドバイスをいただいた。

　また，ボブ・クロッペンバーグ（元シアトル・スーパーソニックス・アシスタントコーチ），ピート・ニューウェル（元カリフォルニア大学ヘッドコーチ），スタン・

モリソン（カリフォルニア大学リバーサイド校アスレチックディレクター）の各氏にはバスケットボールの歴史を，アーニー・ウッズ（元ベルビュー・コミュニティーカレッジ・ヘッドコーチ），ビル・マクリントック（トールウーマンズ・キャンプ・ディレクター），ゲイリー・クロッペンバーグ（インディアナ・フィーバー・アシスタントコーチ）の各氏にはバスケットボールの用語だけでなく，人名や地名の発音や由来などについても教えていただいた。記して感謝したい。

　最後に，本書の翻訳企画段階から出版にいたるまで，訳者のヘッドコーチ役を務めていただいた大修館書店編集部の粟谷修氏に厚く御礼申し上げたい。粟谷氏による叱咤激励や助言がなければ，本書は出版まで漕ぎ着けなかったかもしれない。また，出版事情が厳しい折，本書のようなある意味マニアックな書籍の出版をご決断いただいた大修館書店の皆さんにも心から感謝の意を表したい。

2010年5月

加藤大仁　木村和宏

[著者紹介]

ジョン・クレッセ(John Kresse)

1960年からセント・ジョーンズ大学でプレーヤーとしてジョー・ラプチック指導を受ける。その後，1979年にカレッジ・オブ・チャールストンに移るまでの14年間，ルー・カーネセッカのもとでセント・ジョーンズ大学とニューヨーク・ネッツのアシスタントコーチを務める。

1979年にカレッジ・オブ・チャールストンのヘッドコーチに就任。2002年に引退するまでの通算成績は560勝143敗。NAIAに所属していた1983年にはNAIAトーナメント優勝，1988年には3位入賞という戦績を収めている。1990年からNCAAのデビジョンIに加盟。以後チームを4度のNCAAトーナメント出場，2度のNITトーナメント出場に導いている。

リチャード・ジャブロンスキー(Richard Jablonski)

1979年から1988年まで，複数の新聞社でスポーツ記者やコラムニストとして活動し，1983年にはカレッジ・オブ・チャールストンのバスケットボールチームを題材にした報道により，サウスカロライナ新聞協会から最優秀賞を授与される。1988年から1993年まで，カレッジ・オブ・チャールストンのラジオネットワークで実況中継や解説を担当。

[訳者紹介]

加藤大仁（かとう ひろひと）

慶應義塾大学法学部政治学科卒業
慶應義塾大学大学院法学研究科政治学専攻修士課程修了（法学修士）
慶應義塾大学大学院法学研究科政治学専攻後期博士課程満期退学
現在,慶應義塾大学体育研究所准教授

〈経歴〉
慶應大学女子バスケットボール部のコーチを務めた後、サンノゼ州立大学で訪問研究員として活動する傍ら,男子バスケットボール部の国外交換コーチとしてコーチングの研鑽を積む。この間チームスタッフとしてNCAAトーナメントにも帯同。その後杉野女子大学,山村女子高校のコーチを歴任。JBLキッズスクールの主任講師やピート・ニューウェル・トールウーマンズ・キャンプのコーチ,各種クリニックや日本代表チームの通訳なども経験。

木村和宏（きむら かずひろ）

日本体育大学体育学部体育学科卒業
日本体育大学大学院体育科学研究科博士前期課程修了（体育科学修士）
現在,桐蔭横浜大学スポーツ健康政策学部専任講師,同大学バスケットボール部監督。日本体育協会公認バスケットボール上級コーチ

〈経歴〉
現役時代は能代工業高校,日本体育大学,三菱電機の主力メンバーとして通算9回の日本一に貢献。引退後は日立那珂,東京三菱銀行で女子バスケットボール部,日本体育大学で男女バスケットボール部監督を歴任。日立那珂監督時代には,関東実業団リーグに所属していたチームを日本リーグ2部に昇格させる。また,日本体育大学女子バスケットボール部監督時代にはインカレ3連覇を達成。ユニバーシアード北京大会やテグ大会など,コーチとして多くの国際大会を経験。

バスケットボール　アタッキング・ゾーンディフェンス
©Hirohito Kato 2010　　　　　　　　　　　　NDC783／xi, 149p／24cm

初版第1刷	─────── 2010年6月20日

著　者	─────── ジョン・クレッセ　リチャード・ジャブロンスキー
訳　者	─────── 加藤大仁（かとうひろひと）　木村和宏（きむらかずひろ）
発行者	─────── 鈴木一行
発行所	─────── 株式会社　大修館書店
	〒101-8466　東京都千代田区神田錦町3-24
	電話03-3295-6231（販売部）　03-3294-2359（編集部）
	振替00190-7-40504
	［出版情報］http://www.taishukan.co.jp

装丁／扉デザイン	─────── 井之上聖子
表紙カバー写真	─────── ロイター／アフロ
組版	─────── 有限会社　秋葉正紀事務所
図版作成	─────── 寺村秀二（イーアールシー）
印刷所	─────── 壮光舎
製本所	─────── 司製本

ISBN978-4-469-26689-4　Printed in Japan

Ⓡ本書の全部または一部を無断で複写複製(コピー)することは，
著作権法上での例外を除き禁じられています．